大夏书系·教育艺术

学生发展问题
咨询

钱志亮 著

华东师范大学出版社
全国百佳图书出版单位
·上海·

图书在版编目（CIP）数据

学生发展问题咨询 / 钱志亮著 . —上海：华东师范大学出版社，2021
ISBN 978-7-5760-1681-9

Ⅰ. ①学… Ⅱ. ①钱… Ⅲ. ①教学研究 Ⅳ. ① G420

中国版本图书馆 CIP 数据核字（2021）第 075987 号

大夏书系·教育艺术
学生发展问题咨询

著　　者	钱志亮
责任编辑	任红瑚
责任校对	杨　坤
封面设计	淡晓库

出版发行	华东师范大学出版社
社　　址	上海市中山北路 3663 号　邮编　200062
网　　址	www.ecnupress.com.cn
电　　话	021-60821666　行政传真　021-62572105
客服电话	021-62865537
邮购电话	021-62869887　地址　上海市中山北路 3663 号华东师范大学校内先锋路口
网　　店	http://hdsdcbs.tmall.com/

印 刷 者	北京季蜂印刷有限公司
开　　本	700×1000　16 开
插　　页	1
印　　张	16.5
字　　数	240 千字
版　　次	2021 年 6 月第一版
印　　次	2021 年 6 月第一次
印　　数	6 100
书　　号	ISBN 978-7-5760-1681-9
定　　价	59.80 元

出 版 人　王　焰

（如发现本版图书有印订质量问题，请寄回本社市场部调换或电话 021-62865537 联系）

目录 contents

前　言 // 001

第一辑　生理发展问题 1

1　旋转摇晃多蹦跳，前庭平衡不失调——前庭平衡失调问题的咨询 // 002
2　咯吱挤压多拥抱，触觉安平不急躁——触觉失调问题的咨询 // 007
3　攀爬跑跳活动多，本体感觉不惹祸——本体感失调问题的咨询 // 012
4　规范引导育英才，改变多动慢慢来——多动症问题的咨询 // 017
5　平静和谐加清淡，抽动秽语路漫漫——抽动 - 秽语综合征问题的咨询 // 023
6　对比夸张醒目色，视力提升有良策——视力问题学生的交往与生活策略咨询 // 027
7　简练准确夸张口，重听学生不用吼——听力问题学生的教学策略咨询 // 031
8　轻松说话加手势，慢条斯理治口吃——口吃问题的咨询 // 034

第二辑　行为发展问题 2

1　足够尊重适度罚，对症下药治假话——说谎问题的咨询 // 040
2　威逼利诱降犟牛，软硬兼施治违拗——违拗与对抗问题的咨询 // 045
3　搞清原因再下手，明白事理不再偷——偷拿问题的咨询 // 050
4　移情模拟加自控，减少侵犯少蛮横——侵犯攻击行为的咨询 // 055
5　孩子逃学或出走，细找原因再出手——逃学或离家出走问题的咨询 // 059
6　孩子早恋不难办，沟通转移解忧烦——早恋问题的咨询 // 063
7　手淫只为求放松，现象正常别常用——手淫问题的咨询 // 068

8　电子毒品害学生，戒除网瘾心需恒——网络成瘾的咨询 // 072

9　情感、言语和行为，学生自控需到位——自控能力问题咨询 // 076

10　舆论压力加监督，不吞云来不吐雾——吸烟问题的咨询 // 088

第三辑　社会能力发展问题 3

1　同伴交往处不好，不良心态最糟糕——人际交往问题的咨询 // 094

2　自我认识有偏差，不卑不亢是方法——自我认识偏差问题的咨询 // 098

3　心理效应易蒙人，结交朋友要留神——他人认知偏差问题的咨询 // 104

4　心生嫉妒是要强，努力超过是良方——嫉妒问题的咨询 // 108

5　积极乐观看问题，消极心态是大敌——消极心态的咨询 // 115

6　手足无措心发慌，克服恐惧多交往——社交恐惧问题的咨询 // 119

7　自私冷漠要不得，同伴活动消隔阂——自私问题的咨询 // 123

8　心理若是幼稚化，家校教育别再夸——心理幼稚化倾向问题的咨询 // 126

第四辑　个性发展问题 4

1　一提上学心头紧，疏导鼓励加脱敏——学校恐惧症问题的咨询与矫治 // 132

2 高压放纵不可取，苛求溺爱成焦虑——过度焦虑问题的咨询 // 139

3 看开看淡好情绪，学会消气抗忧郁——忧郁症问题的咨询 // 144

4 学会放心不疑虑，改变强迫靠自律——强迫症问题的咨询 // 148

5 赏识参与树自信，矫治退缩向前进——退缩问题的咨询 // 154

6 责任意识重培养，成长路上有担当——责任心缺失问题的咨询 // 158

7 树立理想选榜样，挫折帮助毅力长——学习毅力问题的咨询 // 162

第五辑　非智力因素问题 5

1 准备充分跃龙门，孩子要当小学生——入学准备问题咨询 // 168

2 磨磨蹭蹭费时间，提高效率是关键——磨蹭问题的咨询 // 172

3 学习动机常激发，快马加鞭锦添花——学习动机问题的咨询 // 176

4 学习兴趣重培养，激发引导加理想——学习兴趣问题的咨询 // 180

5 鼓励能开"乐学"花，纠正厌学重方法——厌学问题的咨询 // 186

6 考试综合征可恶，自信放松能克服——考试焦虑问题的咨询 // 190

7 生活学习相迁移，习惯养成从小起——生活习惯问题的咨询 // 195

8 回家作业八部曲，按部就班添情趣——作业习惯问题的咨询 // 199

9 自理能力大点兵，缺一都会伤脑筋——自理能力问题的咨询 // 204

10 丢三落四没收拾，粗心大意把亏吃——粗心问题的咨询 // 210

第六辑 学业发展问题

1 熟视无睹真痛苦，巧用训练补不足——视知觉问题的咨询 // 218

2 听觉训练不能少，口拙话少心明了——听知觉问题的咨询 // 222

3 运动缺陷手脚笨，运动训练要勤奋——运动知觉问题的咨询 // 226

4 知觉风格有差异，取长补短有奇迹——知觉风格问题的咨询 // 230

5 算术障碍有原因，对症下药增信心——算术障碍的咨询 // 233

6 视动结合多读写，拼音障碍能化解——拼音障碍的咨询 // 237

7 书写障碍缺技能，坚持练习贵有恒——书写障碍的咨询 // 241

8 阅读障碍眼不灵，究因训练脱困境——阅读障碍的咨询 // 245

9 写作障碍发现晚，补救及时也不难——写作障碍的咨询 // 249

前言
preface

我时常感念生命的伟大，感念我与每个学生的相遇。芸芸众生中你我有幸成为万物之灵的人而不是其他动物甚至植物，我感念每个人自有其存在的理由。父亲当年播种了近两亿个精子却只有我们成功了，其实我和学生当年都绝对是两万万个中最杰出的那个，不管他今天在班上的排名，当年我们都有过骄人的辉煌：我和他都不是每八个受精卵中胎死腹中的那个，我们逃过了生命中的重大劫难，见到了天日；我和他也不是每二十五个中先天残疾的那个，娘胎里的我们经受住了病毒、辐射等各种各样的考验；我和他都不是遇到如难产、急产、窒息等出生困难的十五分之一，我们顺利地来到了这个美好的人世间；我和他都不是每四十个中五岁前就夭折了的那个，我们顺利度过生命中最艰难最脆弱的磨合期；父母都很爱我们，我们被看作他们"把根留住"的家族骄傲而没有遭遗弃；我们都没有生在贫穷饥饿的非洲，没有生在兵荒马乱、战火纷飞的伊拉克和阿富汗，我们幸运地生活在和平的、正在崛起的中国！我和他居然生活在同一空间，他能到我执教的学校来上学并且正好在我所教的班级里，今生有缘神奇般地相见相识甚至相知。如同孩子不能选择父母一样，学生也不能选择教师，教师也是服从校长安排不能随意选择学生，师生关系的无可选择性有时会使双方都无可奈何。我曾就师生关系请教净空法师，老法师告诉我这是一种先天注定的缘分！大概科学没法解释的东西就只好追溯到这个"形而上"的高度了。

每每想到这些，我不得不敬畏每一个与我相遇的生命！珍惜每一份师生缘分——倾心相助每个需要帮助的学生，引领他们健康成长！

生命何等坚强，有时却又是何等脆弱，现代社会中稍有不慎便会使得孩子在发展中出现这样或那样的问题。且不说家族遗传问题、母亲生育年龄不合适、怀孕季节失策、孕期营养失调、孕期错用药物、孕期病毒感染、孕期受到辐射或其他不良影响、产期安全失误等先天不足，就是儿童期感染及外伤、婴幼儿时期的脑损伤、神经系统功能失调、内分泌腺功能失调、维生素缺乏等后天出现的伤害就足以折磨孩子一辈子！如果遇上家庭不和睦、不懂科学抚育等家庭抚养贻误，加之过于保护、过高期望、过早教育、过多指责等早期教育失当，再赶上社会转型的挑战、幼儿园教育异化、社会学习的不可控性、人伦日益崩溃、城市环境的负面影响等社会处境不利因素的影响，儿童在发展过程中不出现任何问题几乎是个奇迹！

学前时期的问题若没有得到很好的解决，到小学时这些问题不会自动消失，只会放大；小学时的问题若没有解决，到中学时不但会放大还会衍生；中学时的问题若没解决，人生就会变异扭曲……在实施了二十几年人口控制国策的中国，一个孩子的问题往往就是一个家庭乃至一个家族的问题，一群孩子的问题就是一个民族的问题！

学生发展问题指的是学生发展过程中出现的各种偏差，有被克服、矫正的可能性，是一个满怀期望与发展期待的概念。可现实中人们习惯把他们称为"问题学生"，"问题学生"是一个结论性的、终止性的概念，是带有歧视性的称呼，其烙印的后遗症无可估量。

其实，每个人的成长中都会遇到或多或少的发展问题，包括我自己在内。我在幼年的时候体弱多病，甚至连大夫都劝父亲放弃治疗回去再生一个，两次全身麻醉手术虽然挽救了命悬一线的生命，但明显脑子"慢钝了许多"（母亲所说）；从小学到高中毕业一直瘦弱矮小、发育迟缓，坐在教室第一排（直到读大学还长了7厘米）；经常以自己有病、身体不能累为借口偷懒不写作业（因为父亲出面和老师讲过，我家孩子能活着就万幸了）；读大学时偶尔的一次坐在教室后排发现自己很容易分心看前面人的发型、发卡、毛衣颜色而不专心听课（实质属于注意缺陷）……好在我有个知书达理、善于管教的父亲，他耐心调教，软硬兼施，"威逼利诱"，更庆幸我幸运地遇到了很多胸怀宽广、因材施教的好老师，把我的问题一点点地逐步矫正了，我最终考上并留校执教于"学为人师、行为世范"的北京师范大学。

  学特殊教育专业出身的我从"特殊需要"角度关注和研究儿童发展问题是受启发于读本科时儿童心理学老师林崇德教授、硕士生导师朴永馨教授和博士生导师劳凯声教授，众多恩师的点拨和鼓励让我发现了另一番天地。后来我到北师大实验小学做管理工作，天天和孩子们打交道，积累了大量的实践经验。2002年我开始招收学校咨询方向的硕士研究生，工作、学习中又增添了更多的伙伴。从业至今数十年，遇到很多来咨询的教师、学生、家长，帮助他们解决了学生发展中的各种问题。

  本书旨在帮助读者根据书中所描述的案例和症状迅速判断问题的性质，了解问题现象与实质并进行诊断，分析成因，参照提出的矫治或教育策略实施救助。

  衷心地感谢生命中所有给过我帮助的人！感谢我所遇到的每一位学生和来访者，教学相长，是你们促进了我的成长！水平有限，书中有不妥之处万望指正！（100875，北京新外大街19号北京师范大学教育学部，英东教育楼418室，qianzhl@bnu.edu.cn）

钱志亮

2020年岁末

第一辑
生理发展问题

1 旋转摇晃多蹦跳，前庭平衡不失调
——前庭平衡失调问题的咨询

案例介绍

6岁的英某，上学第一天学习了"a，o，e"和"0"的写法，感觉挺好；第二天学习了"i，u，ü"和"1"的写法，感觉也挺好；第三天学完"b，p，m，f"和"2"的写法后就开始犯糊涂了，"圆圈加个棍儿的那个圆圈干吗老是上下串游？""小鸭子2是向哪边游来着？"学习了"q"和"p"之后就更迷糊了，数学"小旗4"也不知道刮的是东风还是西风，"秤钩5"钩向哪边经常搞混，"气球9"偶尔也反了，"拐棍7"也拿到右手了……语文汉字书写"二""三"横的长短经常搞反、"七"和"九"易混，生字认读缓慢，汉字书写常出错……一个月下来他就厌倦上学了。有经验的老师都知道，对英某来说，难的还在后面呢！语文的阅读，数学的数字认读与书写、竖式对齐、借位退位、几何图表等涉及空间关系的学业对他来说都将是"拦路虎"，因为他是典型的前庭平衡失调的孩子。

早在1969年，美国南加州大学临床心理学博士艾尔斯（Ayres）已经指出，前庭平衡觉是人类生活和学习所需要的最基本、最重要的感觉。儿童在成长过程中通过视、听、嗅、味、触、重力感、摩擦等来调节前庭平衡系统，大脑在接受外部信息时，会指挥前庭平衡系统对功能区的协调、整合、统一作出多种正确的反应和信息反馈。在某种程度上讲，前庭平衡系统是脑部发育的基础，对孩子的学习成绩有着较重要的影响。

一、儿童前庭平衡失调的表现

存在前庭问题的儿童会出现前庭平衡功能失调,具体表现为:在学习和生活中存在一定的视觉空间判断障碍,常常观测距离不准;左右不分,方向感不明;分辨不出相似的图形或物品;不会玩拼图游戏;协调能力差,动作笨拙;常打碎东西;经常磕磕碰碰,跌倒,撞人;空间定向困难,转圈就晕;不记路,常有头晕或跌倒的感觉;怕上高处或跨越水沟;不喜欢被高举,怕搭乘电梯;不喜欢玩秋千;在学校里则表现得好动不安,注意力无法集中,上课不专心,爱做小动作,喜欢捉弄人;浮躁,爱发脾气,常遭受挫折,易丧失信心,影响情绪;常写错字、写反字、读反;丢三落四;很难与他人分享快乐,也不愿和他人分享玩具和食物,不能考虑别人的需要;有些儿童还可能出现语言发育迟缓,说话晚,语言表达困难等。

二、儿童前庭平衡失调的原因

个体感知前庭平衡主要靠内耳里的椭圆囊、球囊和三个半规管,小脑中的古小脑部分掌管着个体的机体平衡功能。儿童的前庭平衡觉是先天在母体内初步形成的,出生后被抱、被摇晃,自己翻身、抬头、爬行、走动,得到进一步巩固与加强,为个体的视知觉中的空间关系发展奠定基础。

如果母亲怀孕期间,运动不足、保胎、胎儿胎位不正、羊水过多等都会导致胎儿前庭平衡机能发育迟缓。胎儿在母体内是悬浮在羊水之中的,母亲的运动会导致胎儿的臀部等部位接触到胎盘的内壁,从而使胎儿产生一种不舒服感,胎儿感受到姿势发生变化后会本能地设法调节自己的身体,以保持悬浮状态,胎儿的这种运动是其前庭平衡觉、触觉学习的基础。胎位不正的胎儿本来其前庭平衡就没有正确定位,空间、方位等处于混沌或错觉之中,是典型的先天不足。保胎的母亲往往由于害怕运动后产生激烈反应导致流产,因此常常拒绝运动,胎儿在母体内所得到的刺激相对有限,导致孩子前庭平衡系统和触觉系统发展先天不足,感觉运动统合失调表现明显。羊水过多的母亲,尽管自己运动较多,但由于孩子在更多的羊水保护之中很难有机会与胎盘内壁接触,导致孩子失去诸多必要的触觉和前庭平衡觉学习机会,诱发感觉运动统合失调。

儿童早期活动不足，爬行不够也会导致前庭平衡失调。儿童从仰卧向俯卧过渡的过程是儿童练习颈部肌肉的过程，儿童在抬头的过程中视野由过去的仰视到俯视完全发生了改变，有的甚至旋转了180度，这对形成和发展儿童的空间知觉具有非常重要的意义。视野的改变刺激儿童探索新奇世界的欲望，儿童不断地抬头促使颈部肌肉不断地发展，而颈部肌肉的发展又是个体保持头部平衡的前提，头部的平衡又是个体前庭平衡觉发展的前提。儿童抬头机会越多，平衡觉发展的可能性就越大，空间知觉就会发展得越好。儿童在学会坐立、爬行的过程中，前庭平衡觉和空间知觉得到了充分的发展，感觉（视觉和前庭平衡觉）与运动之间实现了充分的统合。

实践证明，翻身抬头越好，爬得越多越好的孩子，在后天的学业发展过程中出现问题的可能性越小，反之，没有爬过的儿童后天学业的困难会越多——前庭平衡问题导致的感觉运动统合失调。

导致儿童前庭平衡失调的另一个人为因素是坐小推车。许多父母认为不为孩子买一辆婴儿车就不足以表达或证明其对孩子的爱——躺在里面被推着走而不用被抱着或自己走路，表面上是让孩子更舒适些，其实会使孩子失去许多前庭平衡学习的机会。由于推车的轮子直径有限，而轮子越小，克服阻力的可能性就越小，所以家长不得不挑最平整的道路行走，这不但剥夺了孩子被背、被抱的机会，还减少了儿童获取外界刺激的机会，从而影响了儿童前庭平衡功能的发展。

三、儿童前庭平衡失调的矫治策略

通过给予前庭平衡器官各种不同程度的刺激，可以使前庭平衡功能正常化，在接受前庭平衡刺激的同时，还有助于其他感觉的统合。前庭的功能对大脑整体功能起着重要作用，刺激前庭在知觉运动训练中得到广泛使用。可以让孩子接受下列各种运动的训练：

◎ 旋转类。如：小孩自己原地旋转玩"转飞机"的游戏，玩木马、旋转椅子，或在儿童乐园里玩"疯狂老鼠""过山洞"等。

◎ 摇晃类。如：婴儿时期善于使用摇篮，采取腹卧位、仰卧位、侧卧位、头脚颠倒等体位进行秋千、吊床等游戏。

◎ 平衡类。如：走平衡木、平衡板等，爸爸多让孩子骑在脖子上"骑大马"，孩子自己练习走道牙、学习滑旱冰、骑自行车等。

◎ 跳跃类。如：多在床上跳动、翻滚，多做垫上运动等，或经常玩"蹦蹦床"。

◎ 姿势反应类。如：婴儿时期家长多背多抱，让儿童多玩踏板车、滑梯、腹部爬行等游戏。

◎ 速度感、位置感、距离感的体验。如：让孩子来回跑上下坡。

在训练中，被动地旋转、摇晃的速度以一分钟25~30次的频率为宜。不同儿童对前庭刺激的持久力个体性差异较大，有的孩子表现为恐惧不安，对这样反应的孩子要特别注意，例如，可将吊床高度降低，缓慢地、安全地进行旋转或摇晃。

前庭平衡问题还可以通过一些游戏来进行矫治。如：踢毽子是十分普及的民间游艺活动。踢毽子的花样十分丰富，可以用单脚的内侧（外侧）踢，用同一只脚的内侧、外侧轮流踢，还可以两只脚轮流踢、交叉踢等。这项活动对幼儿目测空间距离的能力有一定要求，经常练习可以提高这项能力，进而改善感觉统合失调儿童空间定向困难的问题。同时，踢毽子也能提高儿童身体的平衡能力。

跳绳是深受儿童喜爱的一种游戏，它可以分为单人跳、双人跳、多人跳等形式，花样则更多，可以单腿跳、双腿跳、单摇、双摇、编花等等。跳绳讲求手臂的摇动和起跳时间的配合，这可以发展儿童的本体觉，提高儿童对身体的控制能力及平衡能力。

"抓子儿"游戏也是儿童喜爱的一种游戏。游戏的关键是要做到不停地"掷、拾、承"。"子儿"可以是小石头、杏核、核桃等，玩的时候把手中的"子儿"先向空中一掷，反手接住其中一枚。再把接住的这枚掷起，趁未落之际，很快抓起下面的"子儿"，还要把掷起的再接住。抓"子儿"的时候有一定的规矩，有的规定第一次抓起一枚，第二次抓起两枚，递增上去，直到抓完为止。有的抓这个不能碰那个，抓这边不能碰那边。有的规定要隔几个抓几个，或者一把都抓起。规定不同，玩法多样，十分有趣。"抓子儿"游戏对手的精细动作要求较高，抛得要高、抓得要迅速准确，这就要求游戏者要眼明手快。

"摇煤球儿"游戏是亲子游戏，两个大人抬着一个小孩子（脸朝上），一个人攥着孩子的双手，另一人攥着孩子的两脚，一齐左右摇晃，边摇晃边唱："摇啊摇啊，摇煤球呀！"被摇的孩子"咯咯"地笑着。在这个逗耍的过程中使小孩子获得了类似于摇篮的经验，前庭平衡得到发展，而且还增进了触觉方面的感受和亲子间关系。

还有许多民间的游戏可以用于治疗前庭平衡失调，比如跳房子、跳皮筋、编花篮、叠纸、踩高跷、滚铁环等。

2 咯吱挤压多拥抱，触觉安平不急躁
——触觉失调问题的咨询

> **案例介绍**

幼儿园大班的宁宁，几乎天天向老师或家长告小朋友的状："他老是在后面捅我。""他老是贴我贴得特别近。""他今天又在后面推我了。"后面的小华每次总是很委屈地申辩。老师发现宁宁排队的时候总是歪到队伍外面，提醒她走进队伍后，一会儿又冒出来；别人想帮她掸去衣服上的灰尘，她却认为别人要打她，不等别人的手碰到她就先打回去了；有时别人只要稍微走近她，她就哇哇大叫；吃饭每次都是最后一个吃完，而且还总是满嘴包饭。宁宁的问题是典型的触觉失调中的触觉防御。

触觉系统是个体最大的感觉系统。皮肤有多种不同的感受器，接受触摸、压、冷或热、疼痛以及皮肤上汗毛的拂动等感觉。触觉系统是个体在母体内最先发展的感觉系统，当视觉和听觉系统刚开始发展的时候，触觉系统已经能有效地发挥功能了，因此触觉对人的整个神经组织起着非常重要的作用。孩子出生过程中胎盘的包裹、子宫和产道的收缩，以及出生后吃奶、穿衣、吹风、洗澡等都不断为触觉提供丰富的刺激，促进个体的正常发展。

医学研究的结论是：触觉性接触可以增加迷走神经的活动，增加机体的体液和细胞的免疫功能，使婴儿对疾病有抵抗力。通过按摩，可促进婴儿肌肉的协调，使其全身舒适，易安静入睡。实验证明，经抚触的新生儿奶量摄入高于对照组。抚触可以使胰岛素、胃泌素等能促进食物吸收的激素分泌增加，从而使婴儿奶量摄入增加，促进体重的增长。因此，抚触能增加机体免

疫力，刺激消化功能，引起全身（神经、内分泌及免疫等系统）一系列的良性反应，从而促进婴儿身心的健康发育。触觉统合失调，主要是因为触觉神经和外界环境协调不佳，从而影响大脑对外界的认知和应变，即所谓触觉敏感（防御过当）或触觉迟钝（防御过弱）。

一、儿童触觉失调的表现

触觉防御的孩子一般会表现出对外界的新刺激适应性弱，喜欢固守于熟悉的环境中；喜欢保持原样，有重复语言、重复动作，对任何新的学习都会加以排斥；不喜欢他人触摸，任何细微的刺激都会引起反应；人际关系冷漠，常陷于孤独之中；怕人，远离别人；害怕拥挤，拒绝排队；胆小，害羞，缺乏自信；不喜欢碰触某些粗糙的衣料或物品；怕风吹（空气流动会使得其汗毛拂动，产生痒痒的感觉）；大热天也要穿长袖衣服；常拒绝理发、洗头或洗脸；挑食、偏食；用指尖拿东西，对不经意的碰撞敏感甚至会反击；注意力不集中等。这种儿童个性孤僻、不合群，在团体中很难交到朋友，容易与人发生冲突争吵，攻击性强。

触觉迟钝的儿童一般反应慢（拖拉行为的生理基础）、动作不灵活、笨手笨脚、大脑的分辨能力弱、发音不清楚、缺少自我意识、学习积极性低，所以也表现出学习困难、人情冷漠的问题。还会表现为黏人，喜欢搂搂抱抱，需要父母特别多的抚摩；总喜欢摸别人的脸或某个玩具、卧具等，否则不肯入睡；缺乏安全意识，意外碰伤或流血时，自己常未察觉；对打骂不在乎，过分喜欢碰触各种东西，有强迫性的行为（一再地重复某个动作）等。

二、儿童触觉失调的原因

导致儿童触觉失调的原因除了母亲为保胎而缺乏运动使得胎儿很少有甚至没有机会与胎盘内壁接触而失去早期学习机会，羊水过多的母亲尽管自己运动较多，但由于胎儿在更多的羊水保护之中很难有机会与胎盘内壁接触，胎儿也会失去诸多必要的触觉学习机会而导致触觉防御。相反，羊水过少的母亲哪怕是轻微地运动，胎儿都有可能与胎盘内壁产生接触，胎儿触觉学习的机会过多导致触觉刺激的"饱厌"现象，胎儿不再对类似刺激作出反应，也会导致胎儿触觉迟钝。

剖腹产胎儿没有经历宫缩的挤压，不能从狭窄而屈曲的产道娩出，这就剥夺了孩子最原始也是最重要的触觉学习机会，从而导致儿童触觉防御。孩子出生后如果不是母乳喂养，也容易导致儿童触觉防御，因为母亲在哺乳孩子时一般都会不停地抚摸轻拍孩子，孩子不断地运动口腔，通过包卷母亲乳头致密组织和乳晕获得大量的口腔触觉刺激，因此母乳喂养也是儿童触觉学习的重要途径。而非母乳喂养的儿童则没有这些触觉学习的机会——哺乳者一手抱孩子，一手拿奶瓶（为了防止呛着和不影响牙床发育一般需稍微向后拽着点），没有第三只手再为孩子提供触觉刺激了，况且目前市场上销售的奶嘴都比较光滑、细腻、单孔，无法与富有弹性与张力、既不粗糙也不细腻、多孔的母亲乳头相比。

如果孩子出生后缺乏搂抱、抚摩、轻拍，也会导致触觉防御。人类普遍存在着皮肤被触摸的需要，即人们常说的"皮肤饥渴"问题。儿童成长过程中除了"饮食饥渴"必须得到解决之外，"皮肤饥渴"的问题也必须得到解决，否则严重缺乏会导致死亡，第二次世界大战后许多孤儿院实验都证明了这一点。国外心理学家研究表明：一个正常的个体每天需要11个拥抱，否则就会产生情绪情感问题（因为西方抚育文化中强调亲子分床而睡，小时候没有被抱够，长大后相互拥抱以便补偿）。传统的东方育儿方式与西方相反，孩子一生下来就和父母睡，父母为孩子提供必要的搂抱、抚摩、轻拍等触觉刺激，所以长大后彼此见面一般都非常强调保持"个人空间"与矜持。而现在有些年轻的父母盲目向西方儿童抚养模式靠拢，孩子一出生就"分床"而睡，结果导致孩子触觉防御。

有些看护孩子的祖辈由于害怕意外，特别强调安全，延长"襁褓期"，过度保护，这不让摸、那不让碰，这里有细菌、那里太脏……从而使孩子错过触觉学习的关键期。

小推车、学步车也是导致儿童触觉防御的原因之一。许多父母为了让孩子更舒适些，让孩子躺在婴儿车里面推着走而不用自己走路，但由于推车只能与孩子身体单面接触，而不是被背、被抱时的双面接触，这就减少了儿童获取外界刺激进行触觉学习的机会。学步车是为家长省力而设计的，但减少了亲子间的交流，对于儿童感觉运动统合能力的发展也是很不利的。

现代的儿童缺少同伴，缺少户外活动和各种运动，电视与手机游戏成为主要玩具等，这些都会导致儿童在成长过程中应有的各种感觉刺激机会大幅度减少，严重削弱他们的感觉运动统合能力。

如果父母抚养孩子比较粗放，如婴幼儿内衣不够柔软，用洗衣粉洗孩子的内衣，穿之前没有搓柔软等，则会导致孩子触觉迟钝。

三、儿童触觉失调的矫治策略

触觉在人类感觉系统机能中占有很重要的位置。胎儿在胎内的感觉体验，出生时通过产道的感觉体验，出生后与外界的温度、事物以及和他人皮肤接触的感觉体验等，对提高胎儿和新生儿神经系统的机能起着重要的作用。可以用软毛刷、干毛巾或丝绸等柔软的布类轻擦孩子的背部、腹部、腕部、面部、手脚等部位的皮肤。手背及前腕部和正常的环境相互作用接触最多，是触觉防御最小的部位；而身体的腹侧部、面部、足部对刺激敏感，触觉防御大，往往难以接受摩擦训练，切记不要强制进行摩擦，可使用绕上骆驼毛的电动旋转轴辅助进行摩擦，使产生的刺激轻快而舒适。

根据临床观察，摩擦口腔周围皮肤对孩子触觉的正常发展以及语言的发育都有益。另外，还可以让孩子进行皮肤刺激的游戏，如水中游戏、泥土游戏、抓痒游戏、涂料游戏、吹风机游戏、抓沙、草坪上的裸足游戏等。一般来说，触觉刺激对神经系统产生影响的时间约在刺激30分钟以后，时间越长，效果越好，但也要根据孩子的耐受程度而确定合适的时间。

除了专门的训练，家长还要注意平时多爱抚孩子，如摸后背、亲脸等，为孩子提供干净、自由的活动空间，给孩子毛绒玩具、用感统刷刷手脚、进行关节推拿、玩胳肢游戏、玩挤压活动、玩钻洞游戏，这些都有利于促进儿童触觉的正常发展。

捏面泥、盲人摸象都是可以发展触觉能力的游戏，对触觉防御和触觉敏感的儿童有一定的治疗效果。捏面泥是让孩子用橡皮泥或和好的面团捏各种小动物，进行手部感觉刺激。盲人摸象是蒙上儿童的眼睛，用一纸盒装上多种玩具，让儿童用手触摸物品并说出物品的名字。儿童通常会根据触摸物体的大小、形状、质地辨认，可训练触觉区别能力和比较能力。

3 攀爬跑跳活动多，本体感觉不惹祸
——本体感失调问题的咨询

案例介绍

  6岁的栋栋是一年级的几个"小精豆"之一，从生理发育角度来看，无论是体重还是骨骼，他都明显不如同龄孩子。用"文弱书生"形容他一点也不过分，细胳膊细腿，小手比鸡爪子胖不了多少，说话细声细语，胆小，经常哭哭啼啼，站着"七歪八扭"，坐着"东倒西歪"，经常懒散地"瘫"在座椅上。课后老是跟在几个大孩子后面"捡乐"，一直处于"被领导"的地位。

  肌肉和关节是本体感觉的感受器，本体感指的是肌肉的收缩与伸张、变曲、伸直、推拉，以及两根骨骼间关节的压缩所引起的感觉信息，也是个体随时掌握自己身体各方面信息的能力。本体感正常的人不用眼睛看便能上楼梯，不照镜子就能摸到鼻子，不用瞄准就能打着身上的蚊子，这些都是本体感作用的结果，而本体感不正常的孩子不用眼睛看着做事就很难完成。通俗地讲，本体感正常的个体好比身体在大脑中有地图一样，随时都掌握着身体各个部位的信息。本体感帮助我们行动，如果缺少本体感，身体的动作会迟缓、笨拙。

一、儿童本体感失调的表现

  本体感出现问题的儿童在对大、小肌肉的控制，手眼协调，手耳协调，身脑协调以及动作灵活性等方面存在一定的问题。大脑对手指肌肉控制不好，孩子写作业当然会慢，写字写不好，容易出格；手眼不协调，看到的和写出来的就会不同，常出现抄错、写字颠倒等问题；手耳不协调的，听到的与写出的不一致，听写就容易出问题；身脑不协调的，大脑对身体控制不良，上课、写作业时身体老转来转去，不安地乱动，小动作多。

本体感不足的儿童，除了有上述症状外，一般在体育活动中动作不协调（不会跳绳、拍球等），动作记忆差，学技术困难；在音乐活动中发音不准（走调、五音不全等）；站无站相，坐无坐相；发胖（虚胖）或精瘦；与人交谈、上课发言时会口吃；挫折感多，情绪不好；较多服从，没有创造力；特别怕黑，在暗处经常不知所措而哭闹；经常迷路或迷失方向；不会自己穿衣服、扣扣子、系鞋带、拿筷子、写字或绘画，或者虽然会做这些，但比同年龄的儿童慢很多。

二、儿童本体感失调的原因

本体感的发展是以前庭和触觉发展为基础和前提的，前庭平衡失调、触觉失调的个体，其本体感也会失调。孩子出生的过程是最早的本体感学习过程：反抗胎盘内壁的贴附以及子宫和产道的收缩是很好的本体与运动学习过程。孩子在后天成长过程中的转头、翻身、抬头、坐立、爬行、站立、行走等大小肌肉运动的发展，也促进了个体的本体感发展。

导致儿童本体感失调的主要原因包括以下几个方面。

（1）剖腹产。在正常的分娩过程中，子宫肌、腹肌和提肛肌的收缩，最后经过狭窄的产道挤压，胎儿的肌肤、关节、头部都受到节律性挤压的刺激，胎儿接受了强有力的触觉、本体觉、前庭觉的学习。快捷的剖腹产则剥夺了孩子最原始也是最重要的本体感学习机会。

（2）隔辈老人的看护。如果孩子由爷爷奶奶等长辈抚养，他和同伴一起玩的时间会相对较少，父母与孩子相处、爱抚孩子的时间也大为不足，加上老人对孩子的过度保护、娇生惯养，甚至一切代劳，剥夺了儿童学习的机会，他们的本体感则会相对较差。

（3）幼儿园教育忽视室外运动。现在幼儿园对儿童的教育偏重认知，此外，由于害怕出安全事故，一些幼儿园的室外活动更是尽可能地减少，这也减少了儿童本体感觉学习的机会。

（4）家庭教育的误区。父母对儿童寄予很高的希望，迫不及待对儿童进行过早教育、过度教育，为孩子报名参加各种各样的补习班，唯独忽视了儿童应有的户外运动。此外，随着电视、电脑、手机等各种媒体过多地进入孩子的生活，家中又缺乏适合孩子的活动项目，儿童应有的活动减少，导致儿童出现本体感差的现象。

三、儿童本体感失调的矫治策略

本体感是天生的，但更加需要后天的运动来强化和完善它。本体感是需要关节、肌肉等各组织合作协调运动的，所以，只有在后天的运动中，才能够使本体感的感官协调统合更好、更完善。虽然在孩子1岁以内就可以对他进行本体感的训练，但一般而言，训练孩子本体感的最佳年龄是在4~12岁。科学实验表明，孩子在8岁以前，运动感知的发育基础比较好，而80%的大脑细胞都在这个年龄阶段成熟，所以这个年龄段的孩子可塑性最强，训练效果也最好。

在具体训练矫治中，使肌肉紧张、收缩的运动都是很有效的本体感觉刺激训练，因为肌肉紧张、收缩有助于中枢神经系统本体感觉信息的输入。例如，婴儿期的翻身、滚翻、爬行训练，幼儿期的拍球、滑梯、平衡等训练，儿童期的跳绳、踢毽子、游泳、打羽毛球等训练，此外，孩子舔、咬、撕、拉、拽等动作，游泳、摔跤、拔河、爬绳、踩童车等都对他们本体感的发育有非常重要的作用。

家长需要多给孩子自由活动的机会。不少家长怕孩子摔着，不让孩子到处爬；过早使用学步车，没让孩子爬就直接走路；老抱着孩子，而不让他自己活动；让孩子看电视、看书、学琴、学画多，运动少，结果阻碍了孩子本体感的发展，最终影响到学习能力。

此外，要注意对孩子的口腔肌肉训练，这与语言能力有关；家长不要一听到孩子哭就把孩子抱起来，可以适当地让孩子哭一哭，让孩子感受自己不同的音调、音量，使大脑神经与声带肌肉联系起来。如果是人工喂养，给孩子喂奶的奶嘴上的孔不要太大,让孩子通过嚼、吸、咬等动作训练口腔肌肉;小孩子都爱吃手,一开始吃自己的拳头,后来是手指,从4个手指吃到1个手指,这是孩子对自己身体感觉的分化,家长不要限制。

在精细运动的训练方面,家长要允许孩子涂鸦、拆东西,鼓励孩子用剪刀,穿珠子,鼓励孩子捏泥巴、面团等;家长还要注意训练孩子的生活自理能力,让孩子学习使用筷子,自己洗脸、洗手、擦屁股、系鞋带、扣扣子。有的家长看孩子手笨,老让孩子用勺子吃饭、穿不用系鞋带的鞋子、替孩子擦屁股等等,更不让孩子做家务。其实越是手笨、动作慢的孩子,越应多锻炼。大脑指挥手干活的过程与大脑指挥手写字的过程是一样的,手笨、协调性差的孩子,写作业也会很慢。

另外,家长还要尽量创造条件让孩子走出高楼,让孩子在与人的交往和沟通中,接受刺激,调整与强化自己的各类感觉运动统合能力。在日常生活中,家长不要包办孩子的一切,只要可能,孩子的事就让孩子自己去做,这样,孩子不仅乐意、有积极性,而且可以不断提升孩子的心理素质。

本体感训练还可以借助于一些传统游戏:

◎ 手影儿:这是晚上在屋中常玩的一种小游戏,用手做成一些姿势,灯光一照,在墙上显出好玩的影像。通过一些有趣的表象吸引幼儿活动自己的肌肉关节,形成本体感。

◎ 翻饼烙饼:两小儿相对站立,双手对握,摇晃胳膊,一人由怀臂间探头翻过,另一人随之,变成二人背对站立,曰"翻饼",然后翻回,曰"烙饼"。边动作边唱:"翻饼,烙饼,油炸焰儿饼,翻过来瞧瞧!"这个合作性的游戏能锻炼幼儿的大关节活动,但要防扭伤。这也是一种借助同伴认识自己身体的探索过程。

◎ 玩棍儿:拣冰棍之类小木棍若干,玩时将大家的木棍合在一起,拿在手中,向平地上一撒,用一根木棍从下挑弹起撒出的木棍,每挑一根不许触碰其他木棍,挑成功者木棍归己所有,挑坏,则由下一个人来挑。这种游戏在挑弹过程中要求细心和动作精细,动作稍大则有可能挑坏,在娱乐中不知不觉促进了精细动作的发展。

◎ 指头立毛掸：找一个鸡毛掸，将扎有鸡毛的一端朝上，光的一端立于手心或手指上，身体随鸡毛掸倾斜而走动，使鸡毛掸立于手心或手指长久不掉下来，还能做鸡毛掸在手上移动和倒手等花样儿动作。这一过程既要平衡身体，同时又要求视触协调一致。此外还有丢沙包游戏，也是幼儿在跑跳躲闪中锻炼协调能力的不错选择。

家长应尽可能多让孩子参加体育活动，如打球、游泳、跑步等。适当的体育活动不仅使孩子健康、充满活力，而且能刺激、调整、提高孩子的本体统合能力的发展。

4　规范引导育英才，改变多动慢慢来
——多动症问题的咨询

> **案例介绍**
>
> 　　明明是小学四年级的学生，在家里是让爸爸妈妈头疼的宝贝，天天喝可乐、雪碧，上蹿下跳，没有一刻安稳，情绪不稳定，冲动任性，一不高兴就对家里的东西摔摔打打。在学校是让老师头疼的"问题学生"，上课注意力不集中，活动过多，手脚动个不停，课堂上需要老师多次提醒；好捉弄人，常干扰或打断别人的说话和活动；自控力差，脾气暴躁，智商正常但学习成绩时好时坏，一事未完又换另一件事……爸爸妈妈怀疑明明是多动症孩子。

　　注意缺陷多动障碍（ADHD）又称儿童多动症，多发生于儿童时期（多在3岁左右），与同龄儿童相比，多动症儿童表现出明显的注意集中困难、注意持续时间短暂以及活动过度或冲动，且伴有学习困难、认知功能障碍。

一、儿童多动症的表现

　　多动症儿童的问题核心为自控能力差，主要表现在以下四个方面：

　　（1）活动过多。多动症孩子不论在何种场合，都处于不停活动的状态中，上课不断做小动作，如敲桌子、摇椅子、切橡皮、撕纸头、拉同学的头发或衣服等。平时走路急促，爱奔跑，轮流活动时迫不及待，经常无目的地乱闯、乱跑，手脚不停而又不听劝阻。他们常常胆子很大，不避危险，可能出现不良行为，如说谎、偷窃、斗殴、逃学等。喜争吵打骂，常称王称霸。

　　（2）注意力不易集中。多动症孩子的注意力很难集中，或注意力集中时间短暂，如上课时常东张西望、心不在焉，或貌似安静，实则"走神""溜号"、听而不闻。做作业时，边做边玩，随便涂改，马马虎虎，潦潦草草，错误不少。不能集中注意力做一件事，做事常有始无终，虎头蛇尾。

（3）冲动任性。多动症孩子由于自控能力差，冲动任性，不服管束，常惹是生非。当玩得高兴时，又唱又跳，情不自禁，得意忘形；当不顺心时，容易激怒，好发脾气。这种喜怒无常、冲动、任性，常使同学和伙伴害怕他，讨厌他，对他敬而远之。多动症儿童常常因此而不易合群，久而久之可能造成其反抗心理，发生自伤与伤人的行为。

（4）学习困难。多动症孩子由于注意力不集中，上课不注意听讲，对教师布置的作业未能听清楚，以致做作业时，常常发生遗漏和理解错误等情况。这类孩子考试成绩波动较大，但因智商正常，如课后能抓紧复习、辅导，尚可赶上学习进度。

二、儿童多动症的原因

国内外学者虽然对多动症进行了深入的研究，但目前还不完全清楚其发病原因，以下几点可能是多动症的主要致病因素。

（1）遗传因素。大约40%多动症患儿的父母、同胞和其他亲属，在童年也患过此病，同卵双生儿中多动症的发病率较异卵双生儿明显增高，多动症同胞比半同胞（同母异父、异母同父）的患病率高，而且也高于一般孩子，这均提示遗传因素与多动症关系密切。

（2）脑损伤或脑发育不成熟导致的脑功能轻微失调。研究表明，大约85%的患儿是由于额叶基底核系统或尾状核功能障碍所致，包括：（1）母亲孕期疾病如高血压、肾炎、贫血、低热、先兆流产、感冒等；（2）分娩过程异常如早产、难产、钳产、剖腹产、窒息、颅内出血等；（3）出生后1~2年内，中枢神经系统有感染、中毒或脑外伤的患儿，发生多动症的机会较多。

（3）脑神经递质数量不足。脑内神经递质（如去甲肾上腺素、多巴胺）浓度降低，可降低中枢神经系统的抑制活动，使孩子动作增多。而治疗多动症的药物，其化学结构与去甲肾上腺素相似，服药后可增加去甲肾上腺素的含量，使患儿动作减少。

（4）环境与教育因素。近年来，许多独生子女家长"望子成龙"心切，由于教育方法不当及早期智力开发过量，学习负担过重，使外界环境的压力远远超过了孩子的承受能力，这也是当前造成儿童多动症（注意力涣散、多动）的原因之一。此外，家庭结构松散，矛盾冲突多，父母养育孩子的方式偏于过度保护等，都有可能诱发儿童多动症。

（5）饮食习惯。研究发现，多动症与儿童饮食中含有的氨基酸多少有关。儿童摄入含有过多酪氨酸或色氨酸的食物，如驴肉、鱼片、干贝、奶酪、鸭掌、猪肉松、腐竹、豆腐皮等，都可能诱发多动症。儿童摄入过多调味剂、食用色素以及水杨酸等化学物质也可能诱发该病。此外，儿童摄入含铅量过高的食物也会导致多动。临床检测多动症孩子血中维生素、铁、锌等微量元素缺乏而血铅含量过高。

三、儿童多动症的矫治策略

对多动症孩子的治疗一般侧重于教育安抚，教育安抚是需要家长、老师密切配合的过程，二者缺一不可。矫治过程是很复杂的，双方应长期坚持。在矫治过程中家长应充分发挥主导作用，以积极的心态影响孩子，诚挚地请求老师的配合，共同帮助孩子进步。主要有以下几点：

（1）培养多动症孩子合理的作息习惯。对多动症儿童，家长订立合理的作息制度，培养他们规律的生活习惯，保证充足的睡眠时间，并要求他们在生活细节上一心不可二用、做任何事要专心。如吃饭时不让看书报，写作业时不能玩手机等。从日常生活习惯的训练开始，培养孩子遵守纪律的习惯，加强组织性，对于他们在学校中适应集体生活等大有裨益。

（2）对多动症孩子的要求应简单、明了。如要改正冲撞同学的鲁莽行为，克服上课时东张西望、多动的行为等，应明确提出主要的要求。对他们的攻击性行为或破坏性行为，应严厉予以批评制止，切不可姑息放纵。但也注意不要给他们订过多的规矩，他们比一般儿童更难接受繁琐的要求，如条条框框太多，会使他们感到动辄得咎，不知如何才好，最后什么规矩也不遵守了，则达不到教育目的。

（3）注意对多动症孩子安静、守纪行为给予及时的鼓励。对这类儿童，教师和家长应根据他们的爱好，逐步培养静坐、集中注意力的习惯，如听故事、看图书、画画、弹琴等，每天逐步延长时间，但内容要集中，不可太杂，以免他们分心。对表现好、安静、守纪的行为，应及时表扬，予以强化。

在有条件的学校，对这类儿童宜单独开班，每班最多10余人。教学环境要特别安静，课桌采用两边遮挡式的，按"一"字排开式摆放（减少无意注意），常常可收到较好的效果。老师应有丰富的教学经验及儿童心理学知识，并有足够的耐心与同情心。

为减少多动症孩子过多过密的活动，提高他们的注意力，老师可以在讲课时请孩子将手坐在屁股下面，通过晃动腿或动脚（逐渐过渡到动脚指头）的方法代替手的活动，从而达到控制双手、预防多动的目的。可以要求学生写作业时轻声将其正在写的内容口述——自我陈述训练，这样保证孩子视觉、听觉、运动觉等感知通道处于繁忙之中，消耗更多能量，无暇顾及其他而达到抑制多动、自我关注的目的。在跟多动症孩子讲话或布置任务时可以用手扶着他的头或肩膀，或者拉着他的手，注视着他，与他交谈。实践证明，一定的身体接触对引起其注意有辅助作用。平时如果孩子在一定时间内表现良好，家长或教师可以用奖励口香糖的方法，通过孩子的动嘴过程替代身体其他部位的多动，从而达到抑制和奖励的双重效果。

此外，对多动症孩子过多的精力给予出路。多动是儿童大脑内神经化学物质传递异常的表现，其根本原因是由于早期运动不够、能量释放不足，如果给儿童一定的时间和空间任其自由活动，待其能量宣泄之后，儿童必然会安静下来。多动症儿童特别好动，有使不完的精力，故应有意识地组织他们参加一些需要精力的活动，如跑步、打球、登山、游泳等各种高强度的体育活动，使其旺盛的精力有处发泄。感觉统合疗法中的一些高强度刺激训练尤其适用于他们。但对他们在室内追追打打的游戏应予以劝止。对儿童而言，静和动是守衡的，越是限制动，越会多动，动够了必然有安静的过程。

在食物治疗方面，应认真分析孩子的食谱，并记录儿童的行为，找出引起儿童多动的食物，如过量高蛋白、脂肪、糖类，西红柿、橘子、苹果等含水杨酸类的食品，含防腐剂、色素、膨化剂、激素、香精、咖啡因等有害儿童神经系统健康的休闲食品，含亚硝酸盐的腌制食品、烟熏食品、油炸食品，各种饮料等，控制孩子的此类进食。同时注意适当增加蔬菜、谷类等碳水化合物食品的比重，尽量食用绿色食品，及时补充维生素等。

在游戏方面，教师和家长可以与孩子一起玩在背上写字的游戏：在孩子的背上（隔着单衣）、手心、手背等部位写字，让他猜猜写的是什么，使孩子高度集中注意力，减少多动现象。也可以让孩子学习擦桌子、扫地等需要顺序和耐心的家务活。还可以和孩子玩一些促进中枢神经协调发展的游戏，如"木偶人"的游戏，四目相对，比赛看谁先笑（比自制力和面部表情控制），"你拍一、我拍一"的游戏，以及练习穿针、拣豆子、穿珠子、搭积木、剪纸、用筷子夹玻璃珠、走迷宫等。由于这些游戏本身需要集中注意力，也需要耐心，所以它们对于培养幼儿的注意力（尤其是有意注意）、意志力、恒心等品质，有很好的效果。

以下的小游戏是父母可以在家中和孩子一起来玩的，这些游戏对于提高孩子的注意力会有帮助，家长们不妨尝试一下。

游戏一：找数字

内容：在一个25格的正方形图案中，写出数字1~25，然后要求游戏参与者用手指按顺序找出数字1~25，并记录时间，越快越好。

方式：

（1）可以和孩子轮流找，比赛速度。

（2）和孩子交替找。孩子找1，妈妈找2，孩子找3，妈妈找4，以此类推，不可以停顿，停顿者受罚。

（3）格子里的内容可以不断变换，数字、英文字母、各省会名称按照由南向北的顺序排列、把一堆水果名称按照首字母顺序进行排列，等等。家长可以根据孩子的年龄段、学校里的学习内容、孩子的知识面以及孩子感兴趣的话题等不同方面，来变换游戏内容，尽量保持和利用好孩子的好奇心和挑战心理，达到训练的目的。

游戏二：扑克牌

内容：取三张不同的扑克牌（去掉花牌），随意排列于桌上，牌面向上。让孩子自己选取一张要记住的牌，如红桃6。然后将三张牌倒扣在桌面上，家长随意变换三张牌的位置，让孩子说出红桃6现在的位置。说对了，双方交换角色继续游戏。说错了，就要接受处罚。

方式：

（1）刚开始游戏时，速度要慢一些，让孩子有一个适应的过程。逐渐地加快倒牌的速度，增加难度。

（2）当这个步骤对孩子已经不构成难度的时候，可以把游戏升级成记住三张牌，并在倒牌之后正确指出三张牌的位置。

（3）另一种升级方法是增加牌的数量。

游戏三：乒乓球

内容：这是一个干扰注意游戏。把一个乒乓球放在球拍上，要求孩子端着球拍绕桌子走一圈，不能让球掉下来。在走的过程中，家长可以在边上进行"捣乱"，但不能碰到孩子的身体。可以一会儿拍手跺脚，一会儿大喊大叫，可以开着电视，放孩子比较喜欢的动画片，可以不停地说"掉了！掉了！"等。孩子可能会乐不可支，但又必须保持镇定和注意力集中以完成游戏。

当上述方法反复综合使用仍不奏效时，证明孩子中枢神经系统方面有病变，应在医师的指导下配合药物疗法。

5　平静和谐加清淡，抽动秽语路漫漫

——抽动－秽语综合征问题的咨询

案例介绍

磊磊11岁，上小学五年级，成绩一直很好。但近半年来出现不自主地反复做怪相、挤眉弄眼、摇头耸肩的举动，眼、面、颈、肩部等一组或几组肌肉不自主地快速抽动，紧张时加剧，入睡后消失。在发作前有眼睛不舒服或颈部不适感觉，随即出现单眼或双眼眨动，用力甩头部的动作，不适感可在一次动作中缓解，以后在无任何感觉和意识的参与下即出现刻板、多变、难以自制的肌群抽动。不自觉的变化让磊磊紧张而且自卑。

抽动－秽语综合征又称多发性抽动症，是以面部、四肢、躯干部肌肉不自主抽动伴喉部异常发音及猥秽语言为特征的症候群。多发生于5~15岁，男多于女，少数至青春期自行缓解，大部分逐渐加重，影响正常生活和学习。

一、儿童抽动－秽语症的表现

抽动－秽语症主要表现在慢性、波动性、多发性运动肌突然、快速、重复地抽动，并伴有不自主发声和行为改变等。早期以面部为主，继之颈肩部，渐至躯干、四肢。面部肌肉抽动表现为眨眼、斜眼、扬眉、皱眉、咧嘴缩鼻、做怪相等；头颈部肌肉抽动则为点头、摇头、扭头、挺脖子、耸肩等；躯干部则为挺胸、扭腰、腹肌抽动；上肢抽动表现为搓手指、握拳、甩手、举臂、扭臂；下肢则表现为抖腿、踢腿、踮脚甚至步态异常；喉部抽动则为异常发音，如干咳、吼叫、吭吭、呼噜声、咳嗽、清嗓音、咋舌、喷鼻、气喘等，或大声表达淫秽语言，或无端用脏话骂人，或随地吐唾沫等。极少数患儿还可能有裸露癖、遗尿、攻击性，以及行为幼稚、焦虑、抑郁、纪律问题、狂躁、恐怖症、口吃、自残行为等。

目前，我国对抽动－秽语综合征尚无统一诊断标准。各医家或引用国外诊断标准，或根据病情特点设立自己的诊断标准。以下是首都儿科研究所专家门诊多动症、抽动－秽语综合征治疗中心经过多年临床实践总结出的抽动－秽语综合征诊断量表。

抽动－秽语综合征的一些情况

1	起病于 2~20 岁
2	有肢体抽动或发声抽动
3	抽动能受意志克制数分钟至 1 小时
4	病状的强度或抽动部位可以改变
5	病程至少持续半年以上
6	多种抽动和发声抽动同时或不同时出现
7	每天发作
8	排除其他精神神经因素发病，其他原因引起的肌肉痉挛

注：符合以上 5 条即可诊断为抽动－秽语综合征。

二、儿童抽动－秽语症的原因

儿童患抽动－秽语症的病因较多。躯体性因素方面，在围产期母亲高热、先兆子痫、难产史、窒息、围产期脑损伤、婴儿出生体重低下等，儿童上呼吸道感染、腮腺炎、鼻炎、水痘、各型脑炎、病毒性肝炎等都可能诱发该病。

儿童可能因心理刺激而发病：受惊吓、情绪激动，如突然受到狗的袭击，过马路时几乎被车压伤等；紧张，如经常受父母、老师的训斥和打骂；

经常不开心，慢性焦虑，如父母不和，或父母长期生病，或母亲又生了孩子，分散了对患儿的宠爱等。

遗传因素也是儿童发病的一个重要原因。有多发性抽动症家族史，或家族中有各种抽动病例，包括癫痫、局部抽动症及精神方面异常史的孩子多发病。另外，过敏性鼻炎、咳嗽、哮喘也可引起多发性抽动症症状。临床也发现有些抽动症状加重与季节性变态反应、食用海鲜及使用易引起过敏反应的物质有关。

儿童在起始时，可能由于某些部位的不适感，产生保护性或习惯性的动作而固定下来，如眨眼动作，可因眼结膜炎或异物进眼引起；皱眉、皱额可因戴帽过小或眼镜架不适合引起；摇头或扭颈，可因衣领过紧等引起。以上原因去除后，动作本身虽已失去合理性，可是由于在大脑皮层已形成了惰性兴奋灶，因而可反复出现抽动动作。此外，顽皮的儿童也可能因模仿别人的类似动作而诱发本病。

三、儿童抽动－秽语症的矫治策略

教师和家长应首先帮助患儿树立信心，使儿童了解自己的病是可以治好的，从而积极主动地配合家长和医生的治疗。让儿童了解自己的症状是因疾病而致，同学们会理解的，从而不自卑，主动和同学交往；当病情影响学习成绩时，知道这是暂时的，通过努力会赶上去。平时要避免情绪波动，少看电视，不玩游戏机，不看恐怖影视剧，早睡早起，锻炼身体等。

家长要理解孩子，无论他的动作如何使人生气，既不要注意他的样子，也不要模仿他、取笑他。家长要千方百计地创造条件，让孩子生活在平静和自信的气氛中，在宽松平静的氛围中慢慢帮助孩子排除紧张感和恐惧感，不要认为孩子是故意捣乱而大声斥责孩子，不要强行制止，不管不问最好，以免强化症状，因为越责怪越强制，孩子越感到紧张，不自主动作就越频繁，这样孩子会渐渐变得胆小、自卑，只能使病情加重或反复。

家长要鼓励和引导孩子参加各种有趣的游戏和活动，转移其注意力。也可鼓励孩子从事适当的体育活动，帮助孩子摆脱自己的封闭状态，振作精神，完全放松。

要合理安排病儿的作息时间，督促孩子适时添加衣服，喝水，避免孩子感冒和劳累，尤其是反复感冒和劳累都会使病情加重。个别患儿有自残及伤害他人行为，家长要把利器、木棒等放在适当位置，不让孩子容易拿到。

饮食上要清淡，高营养、高蛋白食品会加重病情，尤其是虾、蟹、羊肉、牛肉。应多吃蔬菜，尤其是绿色蔬菜有镇静作用。

家长要尽量避免夫妻吵架，避免让孩子看激烈的枪击片、武打片、动画片、恐怖电影、小说和玩电子游戏等，以免使孩子过度兴奋，影响治疗。家长不必为这种抽动担心，尤其不要在孩子面前讲此病的难治，更不要担忧孩子长大会落下什么毛病。绝大多数孩子发生的习惯性抽动行为，可以采用正强化法，只要孩子的抽动行为有一点减轻，就及时给予适当的表扬和鼓励。

抽动-秽语症一般不需服药治疗。如症状严重，可在医师指导下采用药物治疗，治疗需用多巴胺受体阻断剂，以氟哌啶醇为首选药物，约85%患儿可获得明显的疗效，开始剂量为0.5~1毫克，每天两次，以后根据服药效果调节剂量，同时并用安坦，以减少锥体外系反应的发生。由于部分医生对此病不熟悉，以至常常被多种多样的症状所迷惑，将喉肌抽动而致的干咳误诊为慢性咽炎、气管炎，将眨眼皱眉诊为结膜炎，将皱鼻诊为慢性鼻炎等，家长尤其要注意。对有抽动-秽语症的患儿，应早治疗，绝不能治治停停，病情反复拖延，再治疗比初治疗要难得多。发病年龄越早，预后越差，更应该及时治疗。

6 对比夸张醒目色，视力提升有良策
——视力问题学生的交往与生活策略咨询

> **案例介绍**

　　文轩是6岁的低视力孩子，在家喝水会打翻杯子，吃饭时杯盘狼藉，错把酱油当醋用；在学校也常常踢到桌子、碰到墙壁，一不留神的磕磕绊绊弄得孩子伤痕累累。怎么照顾低视力的孩子，怎么让低视力的孩子照顾好自己？文轩妈妈提出了这个问题。

　　绝大多数普通人一听说"视力残疾"，马上就会认为是"眼前漆黑一片""暗无天日"……而实际情况并非如此，视力残疾包括盲和低视力两种，低视力者有部分视力是可用的。即使在"盲"类中，真正"全盲"的也只是极少数，大多数盲人都还有一些剩余视力。

　　由于视力残疾对个体的伤害相对更为残酷，人们总是把对黑暗的恐惧从"盲"迁移到视力残疾人身上来，"宁可死也不愿意盲""失明比死亡更可怕""一死百了，失明是活受罪"……加之视力残疾者生活的艰难、外貌的异常等会让很多人对视力残疾心存恐惧。视力有问题的人生活在视觉社会里，他们处处都感到不方便，对这个世界也有一种恐惧心理。因此视力残疾者和普通人之间的交流和理解非常重要。

　　视力残疾者生活在黑暗之中，失明导致其环境信息获得能力和环境有效控制能力的丧失。学习的不便、生活的艰辛、求职的不易使得视力残疾者这一弱势群体更易为人们所怜悯与关注。其实，对视力残疾者的怜悯之心是理解、关心、帮助他们的基础。但仅有怜悯是不够的，视力残疾者也是与普通人一样平等的人，他们渴望得到尊重、理解、关心和帮助。

一、与视力问题学生接触要注意

◎ 避讳"瞎说""瞎猜""瞎想""瞎……"等字眼,免得刺伤他们的隐痛;

◎ 第一次见面可以尽量多地告知对方关于你的信息,让他(她)有信任感和安全感;

◎ 和他(她)说话时先拉拉他(她)的手、拍拍他(她)的肩等,使其有亲近感;

◎ 保持正常的语音和语调与他们讲话,因为他们的耳朵没问题;

◎ 来到他们的身边和离开他们时一定要有声音或动作示意;

◎ 对他(她)讲话时先说他(她)的名字,提示正在对他(她)说话;

◎ 和别人说话时间别太长,免得把他(她)晾在一边让他(她)无所事事(普通人可以东张西望自己分散注意力,而视力残疾者则不可以);

◎ 指挥方位要清楚准确,如说"把水杯放在你自己的前面"而不说"把水杯放在那儿",说"在你左前方一米左右"而不说"在这里"……

◎ 别以为他们看不见而有时做些"小动作",其实他们有可能"看到",有可能听到,有可能猜到;

◎ 不断向他(她)解释你所看到的一切,周围环境(人和物)所发生的变化;

◎ 见到好几个视力残疾孩子时,要么都喊一遍名字都打招呼,要么谁也别打招呼,免得他们猜忌;

◎ 让他(她)等待的时候一定要让他(她)有所倚靠,而不是让他(她)觉得"孤苦伶仃";

◎ 遇到熟人时顺便向他(她)介绍一下;

◎ 让他(她)跟着你走,不要拽着他(她)走;

◎ 做他(她)的眼睛,而不要做他(她)的手,他(她)需要的是"借"你的眼并通过嘴翻译给他(她),而不是替他(她)做了;

◎ 鼓励他(她)使用仅存视力;

◎ 鼓励他(她)和伙伴进行交往。

二、视力问题学生家居环境布置策略

◎ 家具应尽量靠墙摆放，并固定化；

◎ 楼梯、门、窗涂上鲜艳醒目的色彩，阶梯边涂色；

◎ 地面必须防滑，并随时清除小障碍物，如板凳、鞋、玩具等；

◎ 低矮家具盖上色彩鲜明的桌布，浅色墙、玻璃应有显著标志；

◎ 脚垫等要与地面平齐，粘好地毯、地板等的边；

◎ 地板、地毯避免色彩缤纷，最好为单色，且浅色，便于寻找失落物

◎ 提高室内明亮度；

◎ 使用单色桌布、床单、床罩；

◎ 加大门把手与门的颜色对比度，使用转把按锁；

◎ 开关用固定上下式，且提高对比度；

◎ 沙发上放对比度大的物体作参照；

◎ 放大电话机和电话簿上的电话号码。

三、视力问题学生生活康复策略

◎ 用颜色不同的杯子盛不同颜色的饮料；

◎ 备深浅色刀面、案板，备深浅色碗碟；

◎ 将洗涤液、洗衣粉等先倒在手上再放，而不是直接进水；

◎ 按顺序地毯式扫地；

◎ 用不同瓶子装不同调料；

◎ 将炉灶上的开关指示放大并标明；

◎ 采用时钟定向法（吃饭时）。

四、视力问题学生日常生活策略

◎ 经常约见医生，通过手术或治疗使视功能得以保持或改善；

◎ 明白视觉的限制，认识并接受限制，不参与由于视障而变得不安全

的活动；

◎ 物品摆放井然有序，东西用完，物归原处，减少寻找困难；

◎ 将自己的情况转告所有家人及朋友，同时告知他们与自己交谈时只需正常音量。

五、视力问题学生外出行走及安全策略

◎ 不从相貌判断，而从体形、衣服颜色、行走姿态和声音来辨别对方；

◎ 与别人同行时，牢记那人的衣服款式及颜色，以便在人群中紧随；

◎ 等有人过马路时夹在人群中间走；

◎ 随时带上盲杖；

◎ 晚上外出携带手电并来回晃动，同时穿上浅色衣，便于他人发现；

◎ 外出时戴太阳帽或遮光镜；

◎ 适当学习一些定向行走技术，如随行、独行、杖行等。

六、常见视力问题与教育帮助策略

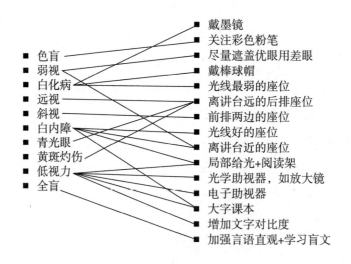

7 简练准确夸张口，重听学生不用吼
——听力问题学生的教学策略咨询

> **案例介绍**
>
> 小张刚刚开始做语文老师，班里有两个听力问题学生随班就读。他发现，听力问题学生对彩色的挂图和活动的教具有兴趣，能较好地保持注意力，而播放教学录音带时，普通学生会聚精会神地听，而听力问题学生则会很快分神。小张老师想知道怎样才能照顾到他们的听课。

听力问题儿童在普通学校跟随普通儿童学习（随班就读）是否成功的重要标志之一就是他们是否被所在的班级接纳并融入普通学生生活中。由于语言障碍、缺乏交往技能或不善交往，听力问题学生在与普通学生的交往中或多或少会出现一些问题。促进两类孩子间健康的人际交往不仅可以促进听力问题学生语言的发展，而且可以促进个体社会化的进程。普通班的教师应当努力营造两类孩子交往的氛围与机会。

在对待学生的态度上，教师不能过多地保护有听力问题的学生，不能让他们依赖教师去争取与普通学生交往的机会。过分的保护会引起普通孩子的反感，成为两类孩子建立和谐关系的障碍。教师应该一视同仁，不能因为听力问题学生的缺陷而对他们姑息迁就。要教育他们敢于正视自己的不足，自尊、自信、自强、自立，把自己视为集体的平等成员，积极地接纳周围的每个人，要乐观、开朗。同时还要发展他们的言语能力以及交往能力，丰富他们的知识和经验，使他们获得更多的交往手段。在此基础上，教师可以针对听力问题学生的具体情况适当地给予特殊的照顾和帮助。

教师可以对听力问题学生的座位定期调换。听力问题学生的座位应便于他（她）看到和"听到"教师讲课，最好让他（她）位于离教师2~3米的距离上。如果他（她）的眼与教师的口处于同一水平线上，则最有利于"看"话。因此，前几排靠边的位置比较适合他们。若室内只有一边开窗户，就只能让他（她）坐在靠窗户一边的位置。另外，在课堂中的分组讨论或是课外活动中的分组游戏中，教师可以有意识地变换听力问题学生的组别，这样便于他们与尽可能多的耳聪学生接近，加强他们之间的相互交流与联系。

教师在教学工作中应注意培养听力问题学生的"看"话能力。只要教师的嘴在发出声音，就不能背向听力问题学生，要让学生看到教师的面部。教师讲课时的位置很重要，不应背着光源跟学生说话。要保证教师面部的照明充分，光线最好是散射的，这样不会产生明显的阴影，不至于妨碍听力问题学生看清其脸部情况。另外，教师也不能边说边走动或边板书边说话，或者摇头、扭头。

教师讲课时的语言要抑扬顿挫、风趣幽默，这样的声音刺激更容易引起学生的注意，而且有助于学生选择重点来听。为了方便学生"看"话，教师说话的速度和发音动作的幅度要视教学水平和语言材料的性质而定。对低年级学生说话时，速度要适当放慢，发音时的口形要自然而清楚；对高年级的学生说话时，速度可适当加快，和一般说话差不多。对于熟悉的生活常用词语，可以说得快些；对于不熟悉的新教材，可以说得慢些。在必要的时候要作适当重复和强调，确保学生能听清重点内容。

教师的语言还应简练、准确、通俗易懂，尽量不要让学生在听得不是很清楚的情况下，还要费神去理解一些晦涩的词句。教师讲课时无需大声叫喊，但关键之处需略夸张口形，以便听力问题学生"看"话。教师在读课文时，最好不要把句子分割开。逐字逐词地读，不利于学生确定字词之间的联系，妨碍他们理解句子的完整意思。短的句子，最好一口气说完；长的句子可以按意义分成几节说，中间可停顿几次。在平时的一般对话中，可以使用一些不完整的句子，但是在集体讨论时，提倡大家都使用完整的句子。

在教学过程中，教师应尽量使用直观教学法，尤其是教具直观（实物直观、模型直观）。教师在教室讲到某一物体时，要指出它、走近它、触摸它或实际地操作它，充分地利用教具。另外，也要适当地把视觉和听觉因素结合起来进行教学。这样，听力问题学生可以借助视觉捕捉更多的信息，以弥补听觉信息的损失。由于听力问题学生的注意不可能在听觉和视觉之间同时分配或同时在看书、"看"话、做笔记和答题等方面分配，所以听力问题学生低头看书、做笔记时，会错过看教师口形的机会。这时教师应稍作停顿，提醒他们看口形或使用投影仪，把内容逐一呈现在屏幕上，这对听力问题学生很有帮助。

课堂上，教师要鼓励听力问题学生在听不懂时提出疑问，请求教师重复不懂的内容。有些同音或近音词汇，单独说出时，无论听或看，都难以弄清，教师应该将相关词汇搭配成词组或句子，再呈现给学生。教师想要直接跟听力问题学生说话或要求他（她）注意时，叫他（她）的名字或对着他（她）讲话比较好。在讲解或讨论时，教师可以不时给听力问题学生提出问题，以及时检查他（她）是否紧跟教学进程。另外，教师在讲课的时候，一定要控制好课堂纪律，如果有学生在下面交头接耳、窃窃私语，课堂会形成多个中心，这会对听力问题学生的听讲产生很大的干扰。

听力问题学生比普通学生更容易疲劳，教师要注意学习时间的分配和学习内容的协调。年幼的听力问题学生每天下午放学前后都感到特别疲劳，原因在于他们既要使用残余听力，又要使视觉处于高度紧张状态，在参加各种活动时都需要耳目并用，紧紧地追踪说话者的言语。因为疲劳，他们就容易思想不集中、懈怠、散漫。教师应该注意，连续学习文化知识的时间不能太集中，可以适当缩短每节课的时间，课内活动的形式要多样，尤其要重视书写活动和言语活动的交替，并安排适当的课内休息。

教师应对普通学生进行一定的沟通和教育，让他们平等地看待听力问题学生，理解听力问题的实质，了解听力问题给患者带来的困难与不便，使他们自觉自愿地支持和帮助听障同伴克服困难。教师要鼓励两类孩子相互学习，取长补短，共同进步。另外，经常与听力问题学生打交道的人，也需要了解一点手语。

8　轻松说话加手势，慢条斯理治口吃
——口吃问题的咨询

> **案例介绍**
>
> 　　三年级的大成异常烦恼，老师问的问题都能回答，但从不敢举手——因为口吃，想好了的答案，一站起来就卡壳，有时憋得满脸通红，直咂嘴、咽唾沫（其实没有口水），同学们老笑话他；后来他发现只要伸一下脑袋，症状就减轻了，可是他妈妈说那是怪动作。我告诉他不妨在回答问题及稍感紧张时加入手势动作和体态语言，后来回馈是没问题了。

口吃是指说话时言语中断、重复、不流畅的状态，是儿童期常见的一种语言障碍。口吃儿童约占儿童总数的5%，大约一半的口吃儿童，是在5岁以前发病的。口吃多在幼儿期形成，也最易在幼儿期纠正。如果在幼儿期不纠正，有时口吃可伴随终生。

口吃儿童有的还伴有挤眼、唇颔颤抖、歪脖子、摇头等动作。口吃儿童会为口吃而痛苦，往往回避集体，少言寡语，变得孤僻、胆怯、自卑；有时易于激动、情绪不稳、敏感、恐惧、焦虑，也有睡眠不佳或食欲不振的。口吃影响儿童的人际关系，也可能产生学习困难，严重影响儿童身心发展。

一、儿童口吃的原因

儿童由于环境压力使情绪过度紧张以至声带处于紧张状态，儿童试图挣扎解脱便会口吃，所以归根结底口吃也属于情绪问题。当儿童感到害怕、紧张、焦虑、担心时，往往就会口吃。有的儿童由于性格方面或其他方面的原因，在与生人、自己害怕的人讲话时，十分紧张，言语表达就不太流利；这时，如果受到对方或他人的挖苦、嘲笑，就会更加紧张，说话时压力很大，可能会失去信心而发生口吃。如此反复恶性循环，久而久之，不流利的言语习惯就会在孩子身上固定下来，从而造成口吃。

儿童受到惊吓、严厉的训斥或惩罚以及突然而强烈的精神打击，如父母去世、离异，或遭遇环境改变，如儿童入学后对众多陌生人说话，会产生胆怯和紧张的情绪，说话时就会结结巴巴，时间久了也会形成口吃。另外，儿童学说话时，由于发音器官跟不上思维的速度，可能出现暂时的口吃，这是正常的，但如果家长和老师用过于严厉的方法来对待儿童的口吃，过分注意和纠正儿童的口吃，或者指责批评，或者模仿讥笑，会使儿童更加紧张、焦虑，反而还起了强化作用，造成真正的口吃。

语言是从通过模仿学习得来的，故有人认为口吃是一种学习获得行为——"习得学说"。张未报告在577例口吃者中模仿致病者占77.5%。杨宗奇根据多年的实践经验认为："如果一个错误的发音习惯在大脑皮层形成，讲话人就始终摆脱不了，这时需要有意识地模仿别人正确的发音，更换发音控制的中枢，放弃错误的条件反射，建立新的语言条件反射。"这个理论实际上也是继承了"习得学说"。因此，儿童的父母或周围的人有口吃，当儿童学习语言时，会有意或无意地模仿而受影响。

另外，父母强迫左利手儿童改用右手时，往往也导致儿童发生口吃。

造成儿童口吃的因素还有可能是遗传，支持这种观点的主要证据是口吃患者男性比女性高以及家族口吃的出现率偏高。双亲患有口吃，孩子的口吃出现率为60%；父母之一患有口吃，孩子的口吃出现率为40%。国内报道有家族史的口吃儿童占20.1%。这说明口吃和机体的本质有密切的关系。

有研究发现口吃者皮质绝对血流量下降，在数个区域血流不对称，其中包括涉及语言的区域。国内有研究发现，口吃是儿童智力水平偏低的表现。儿童患了百日咳、流感、麻疹、猩红热或大脑外伤以后，大脑功能受到损伤，容易产生口吃，时间长了便形成习惯，这说明口吃者存在脑功能异常。

统计表明，学龄儿童真正患口吃的只有1%~4%，其中80%的儿童不经治疗会自发痊愈。口吃延续到青春期、成年期的只有1%。9岁以后的儿童很少出现口吃现象。男孩的口吃比女孩几乎多4倍。

二、儿童口吃的诊断

口吃是语言障碍的一种。语言诊断的过程是为了确认异常存在与否,需要根据儿童的年龄和障碍的性质,选用不同的诊断方法。对口吃儿童的诊断,应从以下几个方面收集所需资料。

(1)儿童个案史的资料。收集儿童的成长过程、家族史、健康状况、学业成就、社会能力、语言环境的有关资料,如在儿童的成长过程中是否曾出现过口吃患者、其父母是否患有口吃、儿童是否曾患病而导致脑损伤、儿童是否曾是左手使用者等,以便充分掌握导致儿童口吃的资料,为未来进行矫治提供依据。

(2)生理检查。检查儿童的听力、发音器官、呼吸器官等的发育情况,必要时做脑神经生理检查,以确定口吃是否由生理原因造成。

(3)儿童的表现。口吃的基本表现包括:说话时经常重复音节或单词、拖长;经常出现间断而打断说话的节律,可随环境变化(如当情绪激动不安、当众发言、回答老师问题时)加重;经常使用较少的词句,避免使用难词或用简单的替换难词;讲话时常伴有面红耳赤、伸颈昂头、挤眼、摇头等面部和身体动作,只有当他想说的话说出来以后才会放松;大多数口吃者在唱歌、朗读、做游戏、学外语、自言自语时并不口吃,在有掩蔽效应时也不口吃。

(4)情绪方面的状况。与正常人相比,口吃患者存在更多焦虑、抑郁的情绪。口吃儿童在学校中常成为被嘲笑和被欺负的对象,多不能参加学校内的各项活动,特别是需要在别人面前用语言表达的活动。因此,口吃儿童缺乏自信,孤独,易产生被抛弃感,易产生抑郁的情绪。采用心理测验、访谈、行为观察分析的方法了解儿童的情绪,有助于对儿童口吃进行诊断与矫治。

三、儿童口吃问题的矫治策略

由于口吃是心因性疾病,所以对口吃的正确矫治应从心理治疗入手,着重消除孩子的心理障碍。然而,对于一时的口吃现象是不需要治疗的,随着孩子年龄增长和智力发展，口吃可以自愈。但是，父母千万不能让孩子产生心理压力，否则口吃现象就会发展成口吃病。如果孩子口吃与其内向、自卑、怯懦的性格有关，就要从优化孩子的性格入手，同时要注意当孩子表现出语言不清时，不要太在意，更不要挖苦、讽刺。如果孩子口吃是由于年龄太小（幼儿园阶段）、言语功能发育还不完善所致，不要忙于纠正孩子，更不要反复打断孩子的说话，可以让孩子重说。与处于这种情况的孩子讲话时，不妨说得慢一点，尽量说短句子。

日常生活中，让孩子多听声音优美、表达流畅、内容合适的语言，如儿童故事、儿歌等，听熟后，让孩子跟着一起讲，一起念。父母一定要耐心地多与孩子交谈，说话时速度略慢，边说边问，引导孩子答话。如孩子一时不愿回答，不必勉强。当孩子有一点进步时，就应给予鼓励和奖励。总之，要让孩子在不注意自己有口吃缺点时，自然而然地回答问题，使孩子说话时没有心理压力。

父母要创造条件，让口吃孩子经常同说话流畅的同伴们一起玩。同时，要设法教育小同伴们不要嘲笑口吃的孩子。家长应告诉孩子，矫正口吃需要有个较长的过程，不可急于求成。略有反复是正常的，绝不可恢心。矫正口吃，关键在于要有信心和恒心。

对儿童的口吃问题，父母也可以采取以下几种方法进行纠正。

◎ 书写矫正法。国外有人发现，患口吃的人写字时大多非常潦草，龙飞凤舞；而如果让他们经常练习一笔一画地写字，对矫正口吃有一定效果。

◎ 发音法。口吃者讲话有个坏习惯，即过重、过快、过急。发音法就是针对口吃者的不良习惯，强调说话要轻柔、缓慢。

◎ 呼吸法。口吃者在发生口吃现象时，会感到气停滞不动了。这是由于紧张引起的呼吸混乱，呼吸法既有利于放松又有利于正确运气。

◎ 松弛法。多数口吃者并不是讲话都口吃，而是有时口吃有时不口吃。他们在紧张时就口吃，不紧张时就不口吃。为了使口吃者在紧张时会放松就要让其学会松弛法。

◎ 暗示法。暗示对人的影响很大，负面暗示会给人带来不良后果，正面暗示会使口吃者对口吃的害怕心理消失，给人带来良好结果。

◎ 催眠法。对有些孩子进行催眠治疗，在催眠中进行暗示使其口吃现象消失。

◎ 通道代偿法。要求口吃孩子讲话时配合适当的手势，通过胳膊和手的运动通道释放能量，从而达到平和讲话的目的。

◎ 适应性训练。让儿童在自然环境和程度不同的恐惧情形下练习讲话。例如，让他先与朋友、熟人说话，开始时对话的人少一些，然后逐渐增多，最后引导他与陌生人对话。可先单独向他提问题，若儿童能顺利回答时，要立即给予表扬；进而老师在课堂上向他提问，鼓励他回答。这个步骤是让儿童自己体验在各种情境中讲话，但必须循序，逐渐加大难度，让口吃儿童慢慢适应。

◎ 对症训练。针对儿童口吃时伴有的某种不良反应，进行相应的训练。例如，儿童在口吃时有歪脖子或低头的毛病，就要求他站在镜子前看着自己正着脖子或者抬起头来说话，只要他能做到这点就给予表扬或奖励，通过多次训练使这种正常的行为固定下来。

◎ 说话练习。家长和教师与口吃儿童对话时态度要平静，速度要慢，发音要清楚，让他能逐字逐句地慢慢模仿并说出来。在儿童讲话的过程中，不要打断儿童讲话，也不要做任何动作和表情，以免分散他的注意力。有些儿童口吃是因为感到某个字词发音困难，因此要有针对性地多练习这些字词的发音。另外，有学者认为口吃儿童在练习时可以换一种语言习惯或语言形式来讲话。例如，以说方言为主的孩子可以改说普通话，也可以方言和普通话夹杂着讲，意思虽然一样，但其发音和用词不同了，往往可以避免口吃，久而久之，使用方言的口吃现象会逐渐减少，直至消失。

◎ 朗读训练。口吃从表现上来看，是词与词之间失掉了联系。因此，可让口吃儿童进行无他人在场的朗读练习。一篇文章反复朗读，直到读熟为止。这种方法有助于培养他们连贯、流畅的说话能力。

第二辑
行为发展问题

1 足够尊重适度罚，对症下药治假话
——说谎问题的咨询

> **案例介绍**
>
> 嘉嘉是小学二年级学生，为了得到老师的表扬，常常拿着自己兜里的五角钱，跑着交给老师，说是自己在操场上捡到的。次数多了，老师跟嘉嘉交流，才发现他的目的就是为了得到老师的表扬。

说谎是指儿童有意或无意讲假话。儿童如果发现可以从说谎中受益，只要正常方式无法达成愿望，就通过说谎解决问题，从而使说谎演变成一种固定化了的待人接物的行为模式，这对儿童今后社会适应性的发展、人际交往的顺利进行等都会产生不良的影响。

一、儿童说谎的表现

年幼儿童由于认知水平和思维能力所限，分不清自我与环境以及事物的真伪，常因幼稚无知而说谎；稍大的儿童富于幻想，常将幻想与现实掺和在一起，为了满足自己幻想中的某些欲望而说谎；有时成人会出于各种各样的考虑而说谎，当孩子了解到大人说谎时，往往就会自觉或不自觉地加以模仿；有些儿童由于环境及教养因素使之可从说谎中得到益处，因而常用说谎来达到自己的目的和愿望；孩子做了错事，为了避免受到惩罚，不得已而撒谎；有的学生觉得考试不及格或成绩低很难为情，怕同学讥笑，所以常常在考试时作弊，即通过欺骗的手段取得好成绩；说谎有时被孩子们当作一种引起别人注意的手段。当说谎成为一种待人接物的行为模式时，这种说谎就是一种越轨行为——欺骗。

二、儿童说谎的预防和矫正方法

1. 搞清孩子说谎的真正原因，制订相应的对策。

对由于心智功能发展不完善造成的说谎，只要指明其不对，在幼儿能够理解的前提下，尽可能使其明白想象与现实间的差异即可，这样做有助于孩子认知能力的发展。

对想逃避惩罚、推卸责任的说谎，在搞清基本事实以后，要严肃耐心地对孩子进行批评教育，指出说谎是一种恶劣而愚蠢的行为，使其了解说谎的有害结果。如果孩子说谎是模仿大人的结果，大人则应首先端正自己的行为，当好孩子的表率，平时做到与别人坦诚相见，特别是不要当着孩子的面说谎。当然，大人有时是出于善意而说谎，有时说的是无害的谎话，但这时要向孩子解释清楚，使孩子理解这种举动的真正含义，不至于对儿童造成消极影响。如果孩子是由于模仿影视作品中的人物而说谎，只要对儿童进行正确的引导，就不难改正。

对想凭说谎满足自己某种愿望的孩子，要认真分析其想得到什么，以及这种愿望、要求是否合理。在这种情况下，成人不能只看表面现象，认为孩子说谎是坏行为，从而一味地加以惩罚，这样可能只会加深孩子的对抗心理。正确的做法是：在理解孩子的基础上，根据具体情况采取合理的措施。如果孩子的要求是合理的，应当在指出孩子说谎不对的同时，设法满足他们，并告诉他们有什么愿望、要求都可以当面提出来，能够满足的一定尽量满足。如果孩子的要求是不合理的，应在告诫孩子说谎的危害时，耐心地向孩子解释为什么不能满足他们的要求。

对孩子因虚荣心而说谎，教师和家长应认识到，虚荣心是人类天性的一部分，它是人们为了维护自尊而产生的不良心理。儿童正处于自尊心很强的时期，他们非常注重自己在同伴中以及整个社会群体中的位置，也最关心自我价值的存在。适度地维护荣誉可起到提醒自己维护自尊的作用，但如果儿童经常以不正当的说谎方式去求得自尊心和虚荣心的满足，就需要我们给予更多的关注。具体可以从以下几点对儿童进行教育。

（1）教儿童树立正确的人生观，让儿童明白一个人的价值如何不在于他的自我感觉,而在于他行为的社会意义;只要树立了正确的人生观,具有远大的人生目标,就不会为一般的荣誉、地位和一时的虚荣所困扰,而为更高的价值努力奉献。

(2)教会儿童正确对待荣誉,让儿童明白每个人都需要成就、威望、名誉、地位和自尊,但这一切都应当与一个人的真实努力相符。例如,一个学生想取得好的学习成绩,就必须通过自己的刻苦努力,认真学习,否则用欺骗手段赢得的"荣誉"是虚假的,不光彩的。这样不仅得不到别人的尊重,还会受到他人的蔑视和否定。

(3)教会儿童要有自知之明,让儿童明白,在日常生活中,不仅要看到自己的长处和成绩,也要看到自己的短处和不足。只有对自己采取实事求是的态度,才能避免过高估计自己,从而克服虚荣心理。

(4)教会儿童正确对待他人的言论,让儿童知道,我们生活在群体之中,总免不了受到别人的品头论足。但对于这些议论,我们要提高辨别能力,对于正确的应当接受,不正确的要给予纠正或一笑了之,不能被他人的言论左右。

2. 给孩子足够的尊重。

一般来说,凡是受到家人的尊重,能够随意发泄自己的牢骚的孩子,一般都比较诚实;相反,父母过分严格管教下的孩子对父母有较少的亲近感,而有较多的恐惧感,他们常常为了逃避责骂而说谎欺骗。当发现孩子不诚实时,家长不一定非追问个水落石出不可,不一定非得让孩子承认自己说了谎,尤其是当着客人、孩子同伴的面时更是如此。当着外人的面,非得让孩子承认自己说了谎,无非有两种结果:一是孩子"顽抗到底",死不承认;二是孩子认了错,但自尊心大受伤害。所以,如果发现孩子有说谎或欺骗行为,不要当众揭发他、批评他,可以把他悄悄地叫到一边,单独跟他谈话,一是指出他说谎了,大人已经知道了实情;二是告诉他这次给他一次改正的机会,不当众批评,也不告诉会惩罚他的家长或教师;三是阐明说谎和欺骗的危害性,同时警告他下不为例;四是相信他今后一定能做得很好。

3.对孩子的错误要适当处罚。

当发现孩子犯了错时,教师和家长先要压压自己的火气,在气头上教育孩子,往往容易犯急躁的毛病。应当先想想孩子为什么犯错。如果孩子是由于顽皮、好奇、过失而犯错,不要对孩子太严厉,要耐心地向孩子指明错在何处,应该如何做;如果孩子的错误确实应当受到惩罚,或者旧错重犯,还要想一想孩子是否承认了错误。如能主动承认,就可以减轻惩罚,并说明之所以如此,是由于其主动承认错误的结果;如果不主动承认,还要蒙混过关,则要加重惩罚,并告诉他,他还多犯了一个错误——说谎或欺骗。

一旦教师和家长发现儿童经常说谎以达到自己的目的时,就应该采取必要的行为矫正措施,具体可推荐以下几种。

(1)差别强化法。对经常说谎的儿童,可以用强化和消失的原理来提高诚实行为的出现率,降低说谎行为的出现率。差别强化法强调儿童表现的说谎行为不是严重的说谎,为儿童提供的强化物确实是儿童所喜欢的。如果经常说谎的儿童在教师和家长的教导下偶尔表现出期望行为而没有说谎,教育者应对儿童及时、一致地进行强化,为儿童提供他喜欢的强化物,如物质性强化物、活动性强化物和社会性强化物。反之,在儿童出现说谎行为时,家长和教师应消除相应的强化。

(2)行为代价法。当儿童表现出不良说谎行为时,教师和家长将儿童本该享受的某种奖励或权利收走一段时间,以达到减少儿童的说谎行为的目的。教师和家长可以根据儿童近期的喜好选择必要的行为代价法,如让儿童失去操纵某物品的权利、不能参加某种活动、取消物品或罚收物品等。需要注意的是,教师和家长收走的正强化物或某种权利确实是儿童看重的,在没收之后,强化物应该被教师和家长真正掌握在手中,并且要坚持计划,不向儿童妥协。当儿童表现出诚实的好行为时,教师和家长应及时进行奖励,奖惩结合使儿童不良说谎行为的纠正效果更为明显。

(3)惩罚法。当儿童表现出不良说谎行为(如报复性说谎)时,教师和家长可以立即对儿童施予不愉快或厌恶刺激,从而使儿童表现该不良行为频率下降直至消失。不过,惩罚法针对的是儿童多次说谎且说谎的性质恶劣。

常见的惩罚法有言语惩罚法、任务惩罚法和体罚法。在发现儿童有严重说谎行为时，教师和家长可以根据儿童的犯错性质和承受能力选择不同的惩罚方法。教师和家长可以通过批评、责备、降低荣誉等言语方式对儿童施予惩罚，也可以罚儿童做清洁、做作业等来减少儿童说谎行为。对体罚法，家长应注意掌握体罚的尺度。不管是用什么惩罚方式，教师和家长在惩罚时一定要告诉儿童他为什么受到惩罚，在惩罚后教会他正确的行为方式。同时，要注意对孩子的惩罚一定是直接的，紧随说谎行为出现的。此外，还要注意确保惩罚的一致性，使有惩罚产生的刺激在说谎行为每次发生时都出现，以保证惩罚达到最好的效果。

2　威逼利诱降犟牛，软硬兼施治违拗
——违拗与对抗问题的咨询

案例介绍

二年级小云的妈妈找老师告状，说小云在家里非常不听话，常常无视妈妈的要求，有时反着来，叫她上东她上西，让她别干什么她偏要去试，跟她说话好像都听不进去，有时没有反应，有时拔腿就走，有时还要顶嘴争辩。老师反映，小云在学校倒没有类似情况。

一位 15 岁的初中男生，儿童时期偏于娇溺，从小没有养成劳动习惯，自我管理能力较差。上学以后，家长工作忙，对孩子具体的关心、教育、帮助均少。上了初中以后，家长认为孩子大了，应该帮家里做一些事情，但孩子却不会做，因而家长的责备增多，有时还打骂。到了初二期末考试时三门功课不及格，他自己认为成绩不佳是家庭造成的，说："家里总吵架，父亲更年期，跟我毫无道理地吵架，影响我的学习。"表现出对家庭的强烈反感，尤其是对父亲，不让父亲进他的房间，不许父亲动他的东西，动辄发火、骂人、毁物。一天他用破纸在厕所点火，母亲劝止则大骂其母，扬言要改名，单立户口，自己独立生活，不要家里的钱。还说要找个能赚很多钱的工作干，把钱积蓄起来，将来上高中、大学时用，但实际上生活懒散，游手好闲。一年多过去了，既没找工作做，也没有复习功课。

上述两例都是典型的违拗或敌视权威、盲目反抗的表现。当孩子在心里觉得有关的权威人士或法令规章不够公平，受了不应有的或不适当的待遇（如批评与指责等），或感到不被理解和接纳等，就会表现出对任何权威的敌

视态度。家长和老师，家规和校规，这是他们最早认定的权威，也是他们在遭受不能接受的待遇时所产生的不满和敌意情绪最早指向的目标和盲目反抗的对象。

一、违拗与对抗现象分析

儿童违拗（多见于幼儿或小孩）常常因父母未能满足其某些要求而爆发。儿童虽表现违拗与不服从，但内心感到焦虑与害怕，怕受成人惩罚。

儿童对抗（多见于年龄稍大点的孩子）常常是儿童因尽了自己最大努力仍达不到或实现不了家长或老师的要求，放弃目标之后胆怯，迫不得已、孤注一掷而采取的强硬措施。

父母、幼儿园教师、小学教师和初中教师都会遇到上述类似的现象，多数大人遇到违拗、对抗的孩子，常常是勃然大怒，觉得"简直是反了""怎敢如此猖狂"，因而用严厉的惩罚来对付他们，而事实证明，孩子们会"变本加厉"，搞得你不知所措。

此类问题行为多发生在儿童自主性发展过程中的几个反抗期内，处于这三个时期的孩子60%~80%都普遍存在着"不听话"的现象。违拗和对抗的孩子多见于大人常常对孩子要求高，质疑与批评多，唠叨多，限制孩子活动自由，常用羞辱、批评、体罚等方式对待孩子的家庭。有许多父母不了解孩子的发育规律和成长过程中必然经历的三个心理"反抗期"，对孩子本来正常的"自我主张""调皮捣蛋"等反抗行为给予斥责，甚至打骂，这种做法必然给孩子的心灵造成创伤。

第一反抗期：2~4岁很难对付。

2~4岁的小儿处于第一反抗期，这个年龄段的幼儿无论什么事情都用说"不"来反抗，许多事情要自己来做，很难"对付"。与其他小朋友玩耍，也易发生争吵。其实，这正是一个自发性正在顺利发展的幼儿的正常表现。自发性就是自己思考、自己行动的能力，自发性的顺利发育是培训孩子创造性的前提。受到父母过度保护、过度干涉的孩子，其自发性发育迟缓，往往被培养成"老实的好孩子"。儿童心理学家将淘气称作"建立在探索欲望上的行动",淘气对孩子自发性的成长起着很大的促进作用。培养孩子"自己来做"的热情,应该成为育儿的方针之一。

第二反抗期:8岁左右跟大人顶嘴。

8岁左右的孩子将出现第二反抗期现象。孩子的反抗常常是以跟大人"顶嘴"的方式表现出来的,并且显得理由十足。这表明孩子的"自我意识"正在顺利发展,并开始具有批评大人的能力。父母应对孩子的意见表现出尊重的态度,经常倾听孩子的讲话,也会培养孩子认真听取他人意见的良好品德,对孩子的成长起到重要作用。

第三反抗期:青春期情绪摇摆不定。

当孩子从小学进入中学阶段,即孩子进入青春期,第三反抗期也随之开始。这是孩子确立自我的关键时期,也被称为孩子精神上的"断乳期",这个时期孩子的情绪常常"左右摇摆",是心理上最容易出问题的阶段。"孩子不让人操心,一条直线地向上成长"是父母不切实际的期望,情绪摇摆才是孩子心灵成长的自然规律。家长应以宽容的心态接受孩子的"反抗心理"。

在反抗期不会反抗的孩子才是令人担心的孩子。由于父母的干涉和过度保护而对父母言听计从的孩子,虽然身体上进入青春期,但因自发性没有发育起来,其内心仍然幼稚、脆弱,稍遇困难便会承受不起,出现各种各样的问题。

二、违拗与对抗儿童的教育对策

对这类行为的矫治可采用多种行为疗法,如暂时隔离法和消退法等。孩子的违拗与对抗行为出现后,家长要注意根据不同年龄采取相应的对策,见下表。

年龄	阶段	目的	对策
2~3岁	第一反抗期	自主意识	放任顺应
7~8岁	第二反抗期	挑战权威	管制
青春期	第三反抗期	自立自理	交流疏通

父母在育儿中最重要的事情,并不是按照自己的愿望和想象来开发孩子的特殊能力,而是给孩子奠定一个宽广的心灵基础,让孩子挖掘出与自己能力相应的才干。

对孩子的教育问题,是不能用诸如"严加管教"这种简单方式解决的。在孩子人格形成的过程中,比管教更为重要的是营造温馨、和谐的家庭气氛。当孩子感受到自己被爱、被理解和重视时,当孩子生活在宽松、和谐、民主的家庭气氛中时,他的情绪必然是平和、安定的。因此,建议父母尝试下列教育对策。

(1)反省自己。别总是说孩子违拗、对抗、"死拧""犟驴",您自己是否也个性太强了点?您自己是否领导欲望、控制欲望太强了些?对孩子的占有欲望过分了些?自己是否忘记了"孩子越大越不属于妈"的规律甚至在违背规律?家里是否还有"老拧""老犟驴"?

(2)修复关系。修复父母与孩子之间的关系——爱,让孩子感受到父母的爱。用"爱"施加影响,用"爱"建立信赖,使孩子不忍心伤害父母的心,不希望父母烦恼或悲伤,使其良心发现、体恤父母。

(3)检讨管教方式。有许多家长对孩子的管教通常是过度关照、过于严格,严重"侵权",因而导致孩子的反感。如管得太多、太细,不该管的也管,甚至管错了;爱叨唠,婆婆妈妈没完没了;过分挑剔,爱找茬;等等。

(4)查明原因。通过调查了解孩子违拗或对抗的原因,找出症结所在,并适当反思其中的问题,根据情况作出合理的调整,同时吸取教训。

(5)加强沟通。与孩子进行诚挚的交谈,了解孩子的思想状况,也让孩子体验到父母或老师的一片良苦用心,通过讲道理的方式及时解决问题。

(6)坚持原则,不迁就。如果确实是正确的,不能因为孩子的违拗或对抗而放弃原则,否则孩子今后会以此为"武器"更多地来迫使父母或老师就范,满足其不合理的要求。

(7)避免粗暴。强迫压制虽可暂时消除孩子的表面违拗,但孩子常常口服心不服。强迫压制还给孩子提供了不良的示范作用,导致孩子今后更加违拗。

如果儿童从小不听管教,有了不良行为也未及时干预,问题会愈加严重，甚至导致违法犯罪。因此，对孩子要从小注意教育，既要解决违拗问题，又要帮助他们认识自己的错误。在孩子情绪平静时父母要说清道理，使其养成讲道理的好习惯。

"四季豆不进油盐"那是因为时间太急了，"犟拐拐"使着不顺手那是因为没雕琢！软硬兼施、"威逼利诱"、互谅互让、团结一致……各种策略都试试，记住：没有管不了的孩子，只有不会管的大人！

3 搞清原因再下手，明白事理不再偷
——偷拿问题的咨询

案例介绍

某日一学生放学前报告自己的画册不见了，老师让孩子们翻翻自己的书包检查是否"拿错了"，无果后老师拿出手机假装与公安局联系要求警察带狼狗来破案，一女生报告在同桌课桌斗里发现了（当时同桌正好不在场且该同桌平时很是淘气），几经周折后该女生终于承认自己的错误，老师让她写了经过及保证，家长来后在孩子面前一口咬定："我孩子不可能做这事，老师冤枉了我孩子。"结果女孩"翻供"，老师将他们分开分别做工作后，女孩坦白，最终家长也承认："这已经不是她第一次了，只是过去没声张、没教育而已，刚才那是要面子。"

人们习惯于将那些把不属于自己的物品悄悄地占为己有的本能占有欲行为称为偷窃，而偷窃的定义对儿童来说使用时就必须慎重了。幼儿园的儿童往往会把自己喜欢的玩具带回家，认为好玩的东西应该与他永远在一起，因为他还没有分清楚"自己的"与"非自己的"的概念，道德的概念还没有完全形成，还不能认识到别人的东西不能带走，只是原始意义的"恋物"而已。家长经常会对孩子偶尔的顺手牵羊行为反应过度，马上将孩子联想为"潜在罪犯"，这可能导致问题激化。对年幼的孩子来说，错误的标准与成人的不同。因此父母必须区分孩子对偷窃行为的认识：很多时候孩子的行为是无意识的，对成年人定义的偷窃标准，孩子并不能完全理解。作为家长应该防微杜渐，针对其中某一次认真进行教育，使孩子搞清楚"我"与"非我"，通过道德形成孩子的罪恶感，矫正"恋物"行为。

一、儿童偷窃的原因

偷拿、窃取、贪污等将不属于自己的东西占为己有的行为一直被重视诚实的中国传统文化唾弃。小学阶段的孩子如果还"恋物"则应引以为戒了,针对孩子的这种行为家长要具体情况具体分析。孩子偷窃的原因可能是各种各样的,父母应在找到原因之后对症下药。一般来说,孩子偷窃的原因有以下几点。

(1)为了满足对物品的需要。一般来说,4~5岁的孩子,拿别人的东西纯粹就是因为喜欢。他们还不懂得什么是自己的,什么是别人的,还不懂得别人的东西未经许可不能随便拿的道理,但是,这个阶段的儿童已经具备学习判别的能力。因此,家长要帮助儿童区别自己的和别人的东西,并要告诉孩子别人的东西不能拿的道理。

当一个孩子已经知道什么东西是自己的,什么东西是人家的时候,明知拿别人东西是不对的、不光彩的,但是看到别人的东西好,又控制不住自己,故意把别人的东西悄悄地带回家,这就属于是有意偷窃了。对此,家长不能姑息迁就,也不能粗暴解决,而应认真对待,寻找针对性强的矫正方法。

(2)家庭的不良影响。许多孩子的偷窃行为与家长教育不当及家庭不良影响有关。

有时,问题虽然出在孩子的身上,但根子却在父母那里。比如家长爱占小便宜,在外面占了小便宜,便在家里沾沾自喜,孩子看在眼里,记在心里,也悄悄地跟着学,随着占小便宜的愿望逐渐增加,孩子往往也沾上小偷小摸的行为。当家长发现孩子有偷窃行为时,有的家长姑息不管,有的家长棍棒相见,这样做的结果往往会使孩子走向极端,滑得更远。应该说,孩子偷窃,家长是有责任的。

(3)偷窃是一种条件反射。孩子在偷窃之前,往往先有说谎、厌学、吸烟、逃学等不良行为。如果这些不良行为未经发现并及时进行教育,则容易发展成偷窃行为。一般是先从家里小偷小摸开始,一旦成功后,就从家里渐渐偷到社会,从小偷小摸发展到见了别人的东西,不管是否需要,都要把它偷到手的恶习。也就是说,偷窃已形成了条件反射。

（4）无意成习惯导致偷窃。父母在家乱放钱财，当父母不在家的时候，子女由于急需买某个学习用品或要缴老师规定的活动费用，在未征得家长同意的情况下拿了钱，结果父母没有发觉，孩子也忘记告诉父母，久而久之，从开始时无不良动机发展到在外面乱花钱。

（5）作为自我吹嘘的手段。有的孩子错误地认为，自己拿走别人的东西而不被人们发现，是"英雄"行为，是"有本事"的象征，显示自己"聪明""能干"，有时还将赃物送给同伴，换取他人的好感。

（6）泄私愤导致偷窃。两个学生因故吵架斗嘴，老师不公正地只批评一个学生，另一个学生愤愤不平，就偷偷拿走了那位同学的钢笔。他的本意不是偷窃，只是为了报复。但后来觉得钢笔很好使，就留了下来，并觉得心安理得。

（7）拾物不还发展为偷窃。有些孩子由于从小受到的教育和引导不够，偶尔拾到了物品或钱财，不是交还给老师、家长，而是自己用了，并逐步发展为偷拿同学的小东西。有时同学的东西放在他身边忘记拿了，被他无意中拿回家，也不还给别人。甚至还有的孩子为了出别人的"洋相"，开玩笑拿走同伴的东西，由于东西适用而留下了，慢慢养成坏习惯。

（8）取得别人的注意。我们经常听到一些有严重偷窃行为的儿童出生于富裕的家庭或者父母是高级知识分子。这种儿童有偷窃行为并不是真正需要某件东西，而是通过偷窃行为获得别人的注意。这类儿童的父母往往忙于工作，较少注意孩子的情感，很少关注他们的学习和生活，致使孩子经常从家里偷了东西出去给朋友以换取他们的好感，或者偷了同学的东西以吸引老师的关注。可以说，这类孩子的偷窃行为是由于缺乏感情和关注而引起的。

（9）不公平感觉的结果。有的偷窃行为是由于孩子受到不公平的待遇引起反抗的表现。例如，有的老师偏爱某些孩子，给他们更多的表现机会，其他孩子遂由嫉妒发展成反抗；有的孩子在学校或家里受到处罚，得不到自己想要的东西，他就设法通过偷来满足自己的需要。

（10）贪婪自私人格的变态——偷窃癖。有人反复出现不可克制的偷窃冲动，并非是为了满足自己的需要或经济目的，而是将偷窃物隐藏或抛弃，或暗地还给主人。

二、儿童偷窃行为的矫治策略

对于孩子的偷窃行为，要谨慎教育，公开批评孩子可能会伤及他的自尊心，让情况变得更糟，所以应努力让孩子理解自己的行为，找机会与孩子正式地讨论关于偷窃问题，向他说明公共财产和私人财产、自己的东西和别人的东西之间的区别。不动别人的东西是社会的公共准则，大家都必须遵守。一定要让孩子从小就知道这种行为是被人所唾弃的。

对于儿童常出现的一些说法和行为，父母可以这样教育孩子：

"那我确实很喜欢那件东西怎么办？"——顶多走近它多看几眼或者伸手摸摸它就够了！任何人都不可能得到自己所希望的一切事物，每个人都不得不学会克制自己的欲望。你并不是世界上唯一的愿望得不到满足的人。日常生活中谁都会遇到自己心爱的东西，如果人人都不问自取的话，社会就乱套了，你心爱的东西都会被别人拿走，这样行吗？

"那我通过什么正当途径来获得呢？"——买，自己努力学习长本领，将来长大了自己挣钱买！我们大人看哪个孩子好，标准是谁懂道理、谁知道的事情多、谁善良正直、谁乐观向上、谁的成绩好等，而不是看谁的玩具多、文具好、衣服贵等，因为这些都不是他自己挣的，都是父母买的。

"我确实是无意把同学的东西带回家了。"——家长立即表现得深恶痛绝以及对失主的歉意与难过，十分严肃认真地迅速作出决定：赶紧还给人家，向人家道歉，解释清楚，要保证接受教训，今后永不再犯！

"妈妈，我今天又不小心把别人东西拿回家了。"——家长立即捶胸顿足、万分自责、痛苦无比，甚至痛哭流泪，并唠叨"我怎么生出这样的孩子""我的孩子怎么会这样""我以后怎么见人"的话语，让孩子体会问题之严重、父母之伤心，从而受到教育。或者让孩子将其最心爱之物找来，当面扔进垃圾堆："请你感受一下你的东西永远不再属于你的滋味。"事后，父母应耐心找孩子谈话，了解他为什么拿人家的东西，有针对性地进行教育。例如，儿童真正需要的是情感和关注，而不是某件东西，那么，父母或老师就应更多地给予热情关怀，让他感到温暖体贴，逐渐克服为了求得人们注意而产生的偷窃行为。如果孩子的偷窃行为是由于父母乱放钱物的诱惑，或是偷了没有及时被家长发现而制止所引起的，那么，父母一方面应减少或消除这种诱惑，另一方面要细心观察并发现儿童的不良行为，及时给予教育。

发现孩子有偷窃行为，如果只是粗暴地辱骂他或严厉地惩罚他，或者限制他一切行动，冷淡、厌弃他，而不去细致地了解他偷窃行为的内在原因，那么，他可能会出现其他的不良行为。有时严厉的惩罚可能会使孩子的偷窃行为消失，但引起偷窃行为的某种因素如引起他人注意的需要仍然存在，儿童就可能产生别的行为问题，如欺侮他人，在教室内出洋相或做出各种令人讨厌的行动，以求获得人们的注意。

4 移情模拟加自控，减少侵犯少蛮横
——侵犯攻击行为的咨询

◆ 案例介绍

> 李某，在幼儿园时三天两头就会把别的小朋友打哭，曾多次把别人的鼻子打出血；上小学时又是"孩子王"，什么违纪捣乱的事情都少不了他；上初中后是"霸王"，最后因勒索、抢劫同学钱财等问题而被送进少管所。

儿童表现出横行霸道、恃强欺弱、想当"小皇帝"，常对其他人的身体进行打、推、咬、撕、拧、踢、吐口水，或用其他物品伤害别人，强夺别人的物品，骂人等行为，统称为侵犯攻击行为。此类行为常见于父母过分溺爱、对其百依百顺的孩子，特别是男孩，也见于幼年缺乏父母关爱的儿童，或者自己感到懦弱的儿童。

儿童与小伙伴们一块玩时，往往有想当"领袖"的欲望，要人按照他的意图行事。如果有人不听从他的，他就欺负他们，偶然的这种行为是正常的。对这种行为不要加以惩罚，而是要好好引导和教育，减少这种行为。不过，如果有学生经常恶意欺侮弱小儿童或同学，就属于行为问题，必须注意为什么孩子会产生横行霸道的行为。

一、儿童侵犯攻击行为的原因

儿童的横行霸道行为主要是由环境因素影响逐渐形成的：自以为是、以自我为中心，处处要求别人按自己的意图做事情，这种性格是当前我国独生子女的特点。父母对独生子女的要求百依百顺，一切事情围绕着孩子转，把孩子当作家庭中心或"太上皇"来服侍。只要一不如他的意，他就会大发脾气,甚至殴打大人,大人非但不批评,甚至发笑或即刻满足他的要求。久而久之,儿童就养成了对一切人都采取横行霸道的行为的习惯。

横行霸道或攻击性行为是生活经验中学来的。如果一个孩子攻击他人或抢他人东西的时候,被欺负者只是哭着躲开,他就得到了他想得到的东西,下次他又会对别人采取同样的手段。被欺负者的退缩、避让行为对欺负者的横行霸道和攻击性行为起到了重要的强化作用,相反,如果被欺负者一旦采取对抗的攻击行动而且获得了胜利,他就懂得了只有采取攻击行为才能不受欺侮,因而他也学会了称霸或攻击行为。这种现象在幼儿园中经常可以观察到,所以,如何正确地引导孩子建立友好的同伴关系,是家长和老师的重要任务。

当幼年经常受欺侮的儿童不再甘心忍受而起来对抗时,他经常会诉诸武力来威胁其他孩子,显示自己不再是懦弱无能、甘心受欺侮的,从此一旦遇到冲突时,经常采用"先发制人"的方式,存在明显的侵犯倾向。幼年生活缺乏温暖和关怀、父母经常用强制或打骂方式教育孩子,或者父/母唯我独尊,谁都要听他/她的支配,剥夺了孩子应有的一切自主权利,在这种环境下成长的孩子可能模仿父/母的行为到外边去发泄自己的压抑,任意欺侮、威胁别人,强迫别人按自己的意图行事,以示自己的强大或取得人们对他的注意。

现代传媒经常通过武打、抢劫、暴力等内容吸引青少年儿童的注意,青少年儿童由于好奇、情绪发育欠成熟(崇尚体力、武力)、爱模仿等特点,很快学会媒体中的攻击性行为。孩子遭受挫折后,常常会表现出某种攻击行为,以发泄自己的愤怒、寻求心理平衡。如果孩子平时自我感觉良好、鲁莽、易冲动、缺乏生活经验,孩子会将其愤怒的情绪直接发泄到使其遭受挫折的人身上(如同学、朋友、父母等);如果孩子平时缺乏自信心、情绪悲观、力量较弱或自制能力较强,通常会将攻击转嫁到其认为可以攻击的人身上(如更弱小的孩子、父母等)或进行自我攻击。

二、儿童侵犯攻击行为的预防和矫治

侵犯攻击行为如果不加以矫正,表面上孩子不会"吃亏",但实际上孩子会养成蛮横的习惯，将来很难适应社会，甚至会诱发违法犯罪，后果不堪设想。

综合心理学关于侵犯行为的种种理论和实证研究结果，可以用以下方法预防和矫治儿童的横行霸道或攻击性行为。

◎ 对孩子的侵犯行为进行分析，适当的自卫不应被视为侵犯或欺负，相反应该予以鼓励。如果不问青红皂白，得知孩子在外面与别人有争执了，就将他痛打一顿，实际上是教他用打人来对待自己不满意的人，同时也会使自己的孩子今后变得更加懦弱。

◎ 对儿童的日常环境进行适当的控制。孩子的行为易受环境的影响，实践证明，具有多种多样的玩具、充裕的玩耍时间及适度气氛控制的环境，可以避免侵犯行为，而活动能使孩子之间增加相互交往、相互影响的机会，从而不断调节自己的行为。家长应注意尽可能减少学生接触侵犯行为的机会，如观看武打、凶杀、暴力性的电影和电视节目，不让孩子玩暴力电子游戏等。

◎ 平时加强对孩子的交往指导，要鼓励孩子与朋友交往，并让孩子懂得打架是不良的行为，是大家讨厌的；喜欢打人、骂人的孩子是不会有真正的朋友的。要教育孩子与同伴友好相处，团结互助，使孩子懂得侵犯别人是不对的，对于孩子的侵犯行为，要予以批评教育，绝不可姑息养奸。

◎ 注意家庭抚养方式。爱孩子不等于百依百顺，适当通过一些挫折使孩子学会控制自己的情感。

◎ 教会孩子发泄自己不满的方法。对着玩具或枕头拳打脚踢、大哭一场、大喊大叫、蒙头大睡等。

◎ 如果发现孩子在与伙伴的冲突中以非暴力的方式解决问题，家长或老师则应立即给予表扬。

◎ 移情感受、模拟被侵犯的痛苦。在孩子身上模拟其侵犯他人的动作，让好打架的孩子受到皮肉之苦，通过"移情"的方法使其感受到对方的痛苦，从而达到行为改变的目的。

◎ 尽量不用武力对付孩子。"你在外面打了别人，回家我就要惩罚你！"这种因果式暴力解决问题的方法，会使孩子错误地认为谁强大就听谁的——

成人在打孩子的同时也在教会孩子解决问题的暴力手段。

◎ 关禁闭。每次孩子侵犯别人后，把他关进没有可能导致发生任何意外和危险的房间，平静地命令他："好好想想你错在哪儿。"等他安静下来之后再给他讲道理，重点申明，之所以关他的禁闭是由于他的侵犯行为。

◎ 家长也应杜绝自己的侵犯行为。夫妻间争吵、漫骂或大打出手，如果孩子在场，会对孩子产生极为恶劣的影响。

5 孩子逃学或出走，细找原因再出手
——逃学或离家出走问题的咨询

案例介绍

> 十岁的小山读小学四年级，他本是全家的骄傲：听话、成绩又好。前不久他托同学捎来假条说妈妈病了，他需要陪妈妈。老师为此感动得几乎流泪，晚上打电话慰问时是小山接的电话，说没事，就是还需要几天。第二天，老师不放心，直接和小山妈妈联系说别耽误孩子功课，小山妈妈说她没有生病，而且小山天天都背着书包上学去。小山逃学了！

逃学是指没有任何正当理由就不去上学。它与学校恐惧症不同，前者是意愿的问题，后者是病态的行为症状，一般需要心理医生来治疗。逃学的实质是学生发泄情绪、逃避现实的表现，是他们与社会沟通的一种独特方式。逃学，以及与此相似的另一类行为问题——离家出走，给教师和家长的教育带来了很大困扰。

一、儿童逃学和离家出走的原因

儿童逃学或离家出走是一次具体的行为，背后必然有具体的原因。一般来说，儿童逃学或离家出走的根本原因是由于对大人们的不满，对学校生活的厌倦，对外面世界的盲目向往以及个人贪玩等因素。逃学和离家出走行为的发生往往具有相似的原因，具体来说有以下几点：

（1）学校或家庭环境无法满足孩子的期望。比如，教师的教学枯燥无味，班级管理赏罚不明，学生在班级中地位不高，受到同伴排斥；或者家庭不和睦，父母管教过于严苛或过于放纵，缺乏家庭温暖或家庭贫寒等。

（2）学习上压力太大，感到承受不了，于是便以逃学的方式来回避压力。例如，有的孩子原本成绩就不太好，家长不是想办法帮他赶上去，而是不断地给他加压，用奖惩制度来要求孩子，约束孩子，这就易使孩子对学习失去信心，从而走上逃学之路。

（3）学校生活使孩子感到恐惧而逃学。学生与老师关系不协调导致学生厌恶学校生活。有的老师对孩子不能采取正确的教育方法，而是用体罚、羞辱等方式对待孩子，这种做法易使孩子对学校生活产生恐惧心理，并因此选择逃学。

（4）害怕校园暴力。有的学生在学校经常受大同学的欺负、打骂，又不敢告诉老师和父母，只好用逃学来躲避某些同学的攻击。

（5）社会上一些不良分子的勾引和教唆。这是逃学行为中较难处理的一种。刚上小学的孩子，辨别是非的能力很差，学校与社会是纪律与自由、封闭与开放的强烈对比，缺乏自制力的学生很容易受到诱惑而迷失方向，他们很有可能被几句好话、一点儿好吃的零食、一个有趣的玩具引诱过去。

不过，孩子个人因素也在其中占据重要地位。一些儿童性格内向、任性、蛮横，一旦遇到不顺心的事情，就会选择逃学出走这种极端方式来发泄心头的不满。有的小孩比较贪玩，如果遇到有趣的活动，或他人一怂恿，就很有可能忘乎所以地走出校园，痛痛快快地玩一场。有的孩子为了冒险而逃学或离家出走，他们的头脑往往既单纯又富有想象力，当听说或想象异地他乡有许多英雄豪杰或其他令其着迷的事情发生的时候，就会情绪冲动，毅然决定通过冒险出走来干一番"惊天动地"的事业，于是便离家出走。另外，也有一些学生对自身学习任务和目的缺乏认识，对自己的学生身份没有建立起责任意识。

二、儿童逃学和离家出走的矫治策略

儿童逃学或离家出走不仅荒废学业，而且很可能因社会不良风气的诱导而误入歧途。从心理健康的角度来看，逃学现象属于一种比较严重的儿童行为问题。因此，这种行为必须及时予以矫治。

要解决好这个问题，我们首先必须了解这些学生在学校及在家中的详细情况，想办法让他们能与更多心理健康的儿童交上朋友，多参与一些有益的集体活动，这样他们就会经常感到新鲜和快乐，真正领略到校园生活的乐趣。与此同时，老师与家长应经常保持联系，随时留意儿童的心理动态，加强防范风险意识的教育，杜绝外部世界的诱惑，教育他们安心学习，积极投入到丰富多彩的学校生活中去。具体来说，可以从以下几个方面着手：

1. 改变环境。

如果学校环境和家庭环境对孩子充满吸引力，那么就不会有人想逃离了。因此，可以对这些环境进行改善。

（1）学校要改进教学方法和评估制度，激发学生的学习兴趣，提高儿童的自我效能感；加强班集体建设，形成团结、友爱、合作、向上的班风，增强集体每一分子的责任意识。

（2）父母也要为孩子创造民主的家庭氛围，专制型的父母对孩子过于严厉，儿童与父母难以沟通，就会选择出走的方式来逃避问题，而溺爱型的家庭对儿童放任自流，容易滋养孩子的不良习气。父母要注意在管束儿童的同时，也要给予他们一定的自由度。

逃学或离家出走这类行为最可能发生在处于"叛逆期"的青少年身上，随着生理、心理的成熟，他们的自我意识膨胀，急切地想自主自己的生活。如果环境中限制太多，便会导致他们冲破束缚去追求一种自认为更自由的空间。因此，对于这一年龄段的孩子，教育者要给予他们一定的自主权，对一些问题可以征求孩子的意见或让孩子参与和他们有关的事情的决策。

2. 思想教育。

有的家长在发现孩子有逃学问题以后，往往顾不上考虑太多，先是气愤地训斥一顿，如果仍然解决不了问题，就会动用武力来教育孩子。殊不知，这样做的结果，非但不能使孩子改掉逃学的缺点，反而易把孩子推向堕落的深渊。如果家长对孩子的逃学不问青红皂白就是一顿狠打，便易使孩子因怕被打而撒谎，编出一些理由来搪塞家长。再者，如果家长揍得太重了，就会给那些不良分子以可乘之机，使孩子更快地向那些人靠拢，这样做的后果是不堪设想的。而有的家长在找回第一次出走的儿童后，往往是惊喜交加，连忙用好言好语安抚他们，一改以前自己的做法，有时连正确的做法也不敢再坚持。这反倒让有些孩子产生了一种"胜利"的自豪感，他们更加得意，加上有了第一次出走的"经验"，以后有什么不如意时，他们会再次离家出走，毫无初次出走时的那种胆怯。有些学生就这样长期滞留在外面并染上偷盗的恶习。个别人甚至被一些社会上的不良青年拉拢入伙，走上了危险的道路。

因此，正确的家庭思想教育对于矫治孩子逃学问题非常重要。

首先要增强儿童的责任感。儿童作为家庭与班集体的一分子，对家庭与班级的维持负有不可推卸的责任。教育者强调儿童对于班级和家庭的作用，会使儿童认识到自身的价值与责任。其次要加强儿童对规范的认识。刚从幼儿园升入小学的儿童，往往不能理解学校的一些规章制度，比如回答问题要举手，不能随意离开座位等。但随着儿童受教育时间的加长，认识水平的提高，会逐渐理解规范对个体的约束。无规矩何以成方圆？教育者应帮助儿童建立规范意识。同时，教育者要对儿童进行自我保护的教育，帮助儿童抵制社会不良刺激的诱惑，学习分辨是非，建立正确的道德判断。

总的来说，矫治孩子逃学问题要靠家长和老师营造良好的生活学习环境，在此基础上，运用正确的教育方法对之进行教育和引导，相信以上方法对减少儿童逃学或出走问题能起到很好的作用。

6 孩子早恋不难办，沟通转移解忧烦
——早恋问题的咨询

> **案例介绍**
>
> 邻居张老师在跟我聊天时提到班里的两个同学小冰和小雷。他们是初二年级学生，小冰聪明好学，成绩在全校名列前茅，而且各方面的才能俱佳，人也长得很漂亮；小雷高高大大，性格开朗，多才多艺，是班里的文体委员。两个积极上进的孩子最近上课总是精神恍惚，不能集中注意力，还不时频频对视、窃窃私语；下课后同入同出，有说不尽的悄悄话。张老师怀疑小冰和小雷早恋了。

"爱神"已过早地闯进中小学的校园，近些年来学生早恋的问题已经得到了家长、老师和教育专家的高度重视。孩子早恋是家庭教育中最棘手的问题之一。孩子早恋，轻则影响学业，重则导致孩子陷入误区。因此，如何有效地教育孩子预防早恋以及如何解决早恋问题显得非常重要。

一、学生早恋的原因

首先，家长和学校教育工作者应该从孩子早恋的原因着手，弄清可能导致孩子早恋的因素，从而做到有效预防，未雨绸缪。儿童早恋的主要原因有以下几点：

（1）青少年发育早熟。孩子性早熟，有成人的身体和孩子的大脑，儿童性成熟提前问题是全世界的父母都不愿面对又不得不面对的事实。很多父母抱怨自己的孩子"该懂的不懂，不该懂的太懂""童年太短，成长太快"。青少年性成熟提前对心理的特殊影响，就是性意识的过早觉醒，它导致青春期少男少女过早产生性兴趣、性冲动和性幻想，以及异性吸引和性代偿现象（手淫），更主要的是其性烦恼的加剧。

（2）性教育缺位和滞后。我国由于长期受封建观念的束缚，不少人认为，对青少年进行性教育会助长他们的性尝试。为了保持青少年的纯洁性，便杜绝他们对性知识的任何接触。有些学校尽管进行这方面的教育，但往往遮遮掩掩。在家庭教育中往往把性行为说成是低级下流的事、见不得人的活动，或闭口不谈。由于这种禁锢，青少年对自己身体的第一性征与副性征的发展变化不甚了解。越是得不到正确的科学的解释，越是觉得神秘，在这种特殊心理的驱使下，一些微不足道的小事，就会引发男女学生早恋的心理。有些家长仍坚持认为孩子长大后，有关男女间的事情，他们自然就会知道，就如沉睡的孩子，不必去唤醒他们。这种想法是欠妥的，在大众传媒发达的时代，孩子很早就接触到了大量的性信息，即使我们不去进行性教育，"社会"也已经在对他们进行"教育"了。

（3）社会上不健康文化的影响。社会、生活环境中男女青年亲昵的举动随时随处可见，影视文化中对爱情的描写，"黄色"录像、书籍的秘密流传以及同学之间对异性的谈论，使个别学生接受了错误的性知识和恋爱观。他们带着好奇心理，想体验一下与异性交往的感受。一旦有了反馈信息，就会增加感情因素，助长进一步探索的愿望，从而陷入早恋的旋涡。即使得不到应有的反馈，也不会降低这方面的好奇心。

（4）家庭因素。大部分出现早恋现象的学生，一般缺乏正常的家庭教育。由于这一时期的学生独立意识增强，有些困惑不解的心理生理问题无法向父母请教。此时，极希望有一个能理解自己、安慰自己、倾心交谈的知心朋友，这时男性的果敢、刚毅与女性的温柔、细腻的互补性使异性同学成为充当这一角色的理想对象。随着感情的交流，以友谊为开始的异性朋友会逐步发展为"早恋"。

（5）孩子寻找精神依托。现代社会学校中激烈的竞争使孩子神经高度紧张，异性间互相倾诉，或许能得到少许安慰，于是他们便希望通过恋爱寻找感情依托、缓解压力，逃避现实。

二、学生早恋的教育对策

西方有句谚语:"爱就像是炉火,关得愈紧,烧得愈旺。"言下之意就是不能强行遏抑,只能做潜移默化的教育。家长和老师可以采取一定的应对措施和策略来疏导、解决早恋问题。

首先,对于学校教育工作者来说,既不能简单粗暴地对待学生早恋问题,也不能听之任之,应全面分析,正确指导,妥善解决。可以采取以下对策:

(1)防御法。转变陈旧观念,大胆地对学生进行青春期教育。学校可开设《健康教育》课,由教师给学生讲解性器官的构成,青春期男女发育特点及性道德知识,帮助学生拨开心头迷雾,掌握自我保健知识,增强性保护意识和对不健康思想的免疫力,为他们的健康发展提供有力的保障。同时加强心理咨询,针对部分学生内心的困惑,采用书信或面谈的形式,使学生获得正确答案,卸下包袱以全新的心境对待学习和生活。

(2)转移法。用丰富的校园生活、健康的男女交往活动来转移学生的早恋。教育者要善于引导,支持和鼓励男女生之间正常的接触,教育他们破除封建的男女授受不亲的观念,同时,还得教育学生男女有别,在交往中应保持一定距离。可以开展相应的课外活动,如组织演讲比赛、主题班会、参加公益活动等,增大男女生交往的"透明度",使他们在活动中建立起纯真的同学友谊,扭转因活动少造成的兴趣偏移。也可以借此机会利用异性效应在许多方面使他们得到有益互补,促进青少年心理的健康发展。

(3)迁移法。教师应教育学生懂得,爱一个人,首先要自爱。作为学生来说,要做到自爱,关键是要努力学习,学好本领,才配得上人家的爱。把男女之间的情感吸引转移到相互帮助上,如果引导得好,也许会变成学习上的一种动力。由于学生心理的不成熟以及性格志趣等因素的不确定性,早恋结果往往以失败而告终。在晓以利害的基础上,使学生冷静、理智地分析早恋的后果及影响,本着既为自己的将来又对对方负责的态度,及时结束不合时宜的感情交往。

(4)升华法。人的需要是多层次的,情爱只是中层次的需要,人还有高层次的需要。要把学生爱恋的情感上升到人生的价值上来，引导学生树立远大理想，把个人情感和社会情感结合起来。

其次，家长应对孩子进行适时、适当的青春期教育，一旦发现孩子早恋，要慎重对待，切忌冲动行事，以免把事情推向反面。具体可从以下几方面着手：

1. 鼓励孩子坦率地与家长沟通。

早恋的孩子基本都怕父母知道他们的恋情，所以一旦父母要和他谈有关他早恋的事，他都会持有戒备心理。所以，父母一定要控制自己的焦虑、担心，或者愤怒的情绪，尽可能地做到心平气和，如果有可能，家长可以从自己十几岁的相关经历谈起，表明自己理解年轻人都可能对异性产生好感，都可能会面临如何处理两性关系的挑战，然后步入主题，询问孩子的情感生活。

如果日常亲子关系和谐，不经常发生冲突，孩子在家长营造的宽松、民主的谈话氛围中，都会说出实情。但家长要注意让孩子说出实情不是根本目的，更重要的是让孩子表达出他的感受，他对早恋的看法，他对早恋对象的认识，他对未来的设想。让孩子表达既有利于家长了解事情发展的程度，全面了解孩子的真实想法和感受，又有利于孩子梳理自己的情感和思维。为了让孩子能大胆地、无所顾忌地说，家长一定要耐心倾听，在听的过程中，不要作任何评判，无论家长认为听到的内容是多么幼稚和可笑。

2. 向孩子表达对他的情感生活的忧虑和建议。

许多家长害怕孩子早恋的一个根本原因是怕孩子早恋会影响孩子的学习。因此，家长在发现孩子早恋后，就千方百计地想让孩子明白早恋会影响学习，希望孩子放弃早恋。结果，孩子往往不会接受父母放弃早恋的要求，认为只要不影响学习，早恋就没有什么不可以。孩子之所以早恋，一方面是由于性生理成熟带来了性心理的变化，另一方面则是因为孩子没有成熟的爱情观，不能用成熟的爱情观驾驭自己的情绪情感。所以，孩子早恋，正是在提醒家长，孩子还没有形成成熟的爱情观，家长要对其进行教育和指导。

家长不能单纯从影响学习的角度谈孩子的早恋问题，在与孩子沟通的过程中，家长还要表达对孩子情感状况的忧虑。例如，家长可以说："成人在确定恋爱对象时，都会非常慎重、谨慎，你对你们的事情认真考虑过吗？你想过你们的未来吗？"家长还要给孩子提出建设性意见。例如，家长可以说："你们应该尝试着保持一种同学间的友谊关系。""你们需要探讨什么样的关系不会给你们双方带来压力，对你们双方都是有益的。"

3. 通过协商，引导孩子接受家长对他与异性约会的要求。

当孩子不能接受放弃早恋的建议时，家长要和孩子就约会的事情达成一致意见。例如，不可以在阴暗、密闭的场所约会；约会时也要注意自己的言行，不做与年龄、与中学生身份不符的行为；不把交往限制在两个人的小圈子里，要保证必要的和他人交往的时间。协商有关孩子与异性约会的规定，不是放纵孩子的早恋行为，而是避免孩子把早恋转入地下，避免孩子的早恋完全处于无指导的失控状态。

7 手淫只为求放松，现象正常别常用
——手淫问题的咨询

> **案例介绍**

　　某高二的男生在信中写道："我今年17岁，却过早丧失了金色年华，过早地衰老了，现在我精神倦怠，双目无神，面色暗淡，头昏眼花，无法坚持正常的学习，学习成绩跟不上，对什么都不感兴趣，这一切都是由于我手淫造成的。"心理学实验证明，暗示可以引起受试者身体上出现炎症等病理性改变，相信手淫有害的宣传正是一些青少年出现某些神经心理症状的根本原因。书上有什么记载，他们身上便出现什么症状。其实，医学研究表明，手淫并无害，而是心理暗示的负担带来了伤害。

　　手淫是一种用手或其他器具刺激自己的生殖器而获得性满足的行为，如滑滑梯、骑马，女孩子常用其双腿挤压生殖器、在家具突出部位来回摩擦等刺激生殖器官的行为。手淫可以发生在任何性别、任何年龄的人身上。例如，婴幼儿虽然性器官未发育成熟，但是通过手淫会出现牙关紧闭、全身肌肉紧张、两颊通红、额头出汗、眼神不自然等类似性欲高潮的反应。

　　儿童性放松包括性梦、性幻想和手淫。一个人性机能成熟之后，在晚上当抑制放松的时候，会在梦中体现出来，使那种紧张得到释放。性梦的表达方式基本上有两种。一种是直接的表达，例如梦见自己或异性的身体或以暴露生殖器为主体的排泄行为等，但很少有这样不加修饰的梦，通常都是通过性的象征来表达，如弗洛伊德所说，长棍、树干及雨伞代表着男性性器官，箱子、橱柜、炉子等则代表着女性性器官。男子的性梦频率高于女性，做梦的年龄和梦的内容有直接的关系。电影电视中、心目中有魅力的人都可能会

被当作"原料",在梦中进行加工。男性青少年在性梦之后会发生遗精,首次发生后,他们可能会非常困惑,甚至感到紧张和恐惧,担心自己患了某种不治之症,但又不好意思去咨询父母。此时,父母应注意或意识到这个问题,告诉孩子这对身体无害,它可以缓解生理上的性紧张,起到安全阀的作用。

性幻想与性梦不同,梦是无意识的,而性幻想可能发生在清醒的时候,或似睡非睡的状态,它可以发生在健康人身上,也可以发生在精神病人身上。发生性幻想的频率过多,则表现为一种精神病的症状。

一、手淫的原因

从生理方面说,手淫是一种追求快感的行为。儿童用手抚摸或无意中触摸自己的身体时,发现玩弄生殖器会产生快感,摩擦生殖器能引起生殖器肌肉的收缩和松弛,并产生欣快的感觉。有时候穿过紧的内裤、双腿的挤压、大人的逗弄等都会让孩子产生快感。儿童时期,性器官发育不成熟,但此时会有阴茎勃起、阴茎的节律性跳动等性高潮反应。对孩子来说,手淫只是他追求快乐的一个源泉,基本上是无意识的。儿童和青少年手淫的区别在于,青少年时期生殖器官的发育已趋于成熟并开始产生精液,当精液充满时,生殖器受到张力的影响,而产生一种不舒服的感觉,称为性紧张,手淫则成为缓解这种紧张的手段。

从心理方面说,手淫是一种自慰方法。当孩子孤独时,他可能会从手淫中找到自爱;当他感到厌烦时,他会从中找到自我消遣;当他受到疏远时,他会从中自我安慰。青少年在青春发育期,想检验自己的性潜能的愿望或者想要获得生理的愉快等,都可以成为手淫的原因。

从社会方面说,手淫是一种生物发展与社会之间不协调的产物。性繁殖生物自性成熟之后就产生性交的欲望。但自人类进入文明社会,这种性交的自由便被婚姻所限制。在青少年性发育成熟以后到结婚以前,将有一段漫长的禁欲时期,手淫不仅是缓解生理性紧张的手段,而且也能在一定程度上防止因冲动而产生的性罪错。

在以上三个原因中，起主导作用的是生理方面的原因。手淫作为一种原始的冲动，基本上是无意识的。由于个体差异，有些人无此习惯，而且各人手淫的频率和强度各有不同。不论怎样，我们不能根据手淫的有无和手淫的多少来判断一个人正常或异常，更不能据此来判断一个人道德水平的高低。

二、正确认识手淫

"手淫有害"的观点自古以来就占统治地位，来源于人们对性问题的迷信和偏见。古希腊的希波克拉底时期就认为手淫会导致"抽干脊髓""脊椎萎缩"等后果。《圣经》认为它是可以招致杀头的不赦之罪。建立在解剖医学、生理等试验基础上的现代医学，纠正了古代医学中许多不正确的认识。19世纪中叶，德国医生格瑞新格首次提出"手淫如有害处，那种害处并不是由于手淫本身，而是由于社会对手淫的认识，以及这种态度在神经敏感的人心理上所引起的反应"。此后，对手淫的客观研究，逐渐使得手淫无害说确立起来。有人用先进的仪器描记了实际性交和手淫所引起的身体诸种变化，结果毫无差异。

许多研究表明，手淫对于青少年熟悉自己的生殖器官及其功能、体验性感情有积极意义，尤其对女性青少年来说，有了这一步，其成年之后性生活比没有这一步的人能少产生一些性问题。然而，这并不是说要提倡手淫，下列几种手淫肯定是有害的。

一是排除其他任何性交活动方式，无法摆脱的手淫。手淫可以是青少年时期对身体的一种探索，也可以是青少年或成年人在独身情况下取代正常性交的暂时性代偿活动，还可以作为性功能障碍者的治疗手段。但是，毕竟它缺少了与异性间的情感交融和其他方面的交流所达到的心理满足，手淫之后的心理往往是空虚、失望和颓废。它太容易得到，因而也容易形成心理方面的自我封闭系统。

二是纵欲式的手淫。青少年如果过度接触性信息，比如受到文学作品中的性描写、"黄色"影视作品的刺激，经常发生性冲动，频频手淫，则容易造成纵欲的倾向。手淫与性交一样需要付出一定的体力和精力，所以，多了会使神经长期处于兴奋状态而失去控制能力，造成性功能障碍。

三是使用工具的手淫。有些青少年一心追求刺激，采用一切方便的工具进行手淫，结果可能因强烈收缩而使这些物品掉入体内，必须开刀取出，造成不必要的痛苦，也可能诱发感染，影响身体和将来的生活。

总的说来，大多数人都有过手淫，而真正造成危害的只是极少现象，不能根据极少数人的所为而引申到所有有手淫行为的人身上，得出手淫有害的结论。"手淫有害论"的危害远远超过手淫本身，所以我们要以实事求是的科学态度对待手淫，对自然发生、偶尔为之的手淫还是可以顺其自然的。

三、对手淫孩子的教育策略

其一，家长要格外关注青春期的孩子，注意孩子是否有手淫现象，如果有，就要格外关注他们的情感变化，使孩子摆脱孤独的感觉。家长要充分取得孩子的信任，使孩子在烦恼的时候能够将不愉快的事情痛痛快快地讲出来，而不是寻找其他不正当的方式去释放。

其二，不要嘲笑和训斥手淫的孩子。当孩子告诉你他有手淫的习惯时，不要嘲笑更不要斥责他，而是跟他讲清楚这种行为的利与弊，告诉孩子适度、节制的手淫不会有大问题，不要过于担心。

其三，培养孩子多方面的兴趣。让孩子养成多方面的兴趣，使他们的情感有比较积极的倾注对象，从而逐渐减少对手淫问题的关注。

8 电子毒品害学生，戒除网瘾心需恒
——网络成瘾的咨询

> **案例介绍**
>
> 初中二年级的小龙有一个十分响亮的网名"飞龙在天"，别看小龙在课堂上萎靡不振、哈欠连天，回到家里的他可是精神抖擞。每天一放学小龙就冲回家，在卧室里上网聊天或者打游戏。作为一个资深网迷，小龙有一系列应付爸爸妈妈突击检查的招数，实在来不及就拔电源迅速关机。小龙恨不得吃饭、睡觉都抱着他的宝贝电脑，每天在网上流连忘返，常常一天只睡四五个小时。

网络作为一种新兴的媒体和工具，被越来越多的人使用，特别是对新鲜事物充满好奇的青少年。青少年网络成瘾也渐渐成为家长和老师最头疼的事。新冠疫情后的线上教学，使得无论乡村还是城市的中小学生全员全面触网，互联网内容的庞杂性、新奇性、诱惑性以及使用的便捷性，使得很多学生对互联网使用出现失控行为：游戏成瘾、浏览短视频成瘾、信息收集成瘾、网络购物成瘾、网络关系成瘾等。便携的移动终端如手机、平板电脑几乎成为孩子们的"玩具"和"娱乐"，一旦"失联"便"魂不守舍"。其中13~17岁的初中生和高中生网络成瘾现象最严重。

网络成瘾是一种不自主的强迫性现象，称为"互联网成瘾综合征"，有时也简称为"网瘾"。简单地说，就是对以网络为载体的内容及形式发生过度迷恋而超出一般尺度，进而影响到正常的生活与学习状态。由于过度使用互联网，网络成瘾患者的社会功能、工作、学习和生活等方面受到严重的影响和损害。

从心理上来讲，它主要表现在对网络有依赖性和耐受性，患者只有通过长时间的上网才能激起兴奋来满足某种欲望。从生理角度来看，这类疾病对人的健康危害甚大，尤其会使人体的植物神经功能严重紊乱，导致失眠、紧张性头痛等，同时还可能使人情绪急躁、抑郁和食欲不振，长此以往造成人体免疫机能下降。长时间的上网还使人不愿与外界交往，行为孤僻怪诞，丧失正常的人际关系能力。

一、学生网络成瘾的原因

（1）生化因素。某些学者将网瘾症解释为脑化学失衡和神经递质过剩或缺乏（这些脑化学物质包括激素、染色体等物质）。这个理论认为上述因素会导致某些个体对成瘾的易感染性和多发性。有些药物可以起到填充大脑神经突触间隙的作用，从而使大脑发出错误信号和指令，这被认为是易于陷入药物滥用、赌博等成瘾行为的重要原因。这个假设可以应用于网瘾症的行为表现。

科学家还发现人体内有一种叫多巴胺的物质，它与过度使用网络有着密切的关系：当因上网获得刺激、兴奋或快感时，多巴胺水平较高，不断上网冲浪以获得满足时，多巴胺水平不断上升。多巴胺的不断释放是网瘾症蔓延和加强的重要化学因素之一。还有一些学者也找到了性格特征与网络成瘾的相关证据。

（2）心理需要。为什么青少年中网络成瘾的比例相当高？一方面是因为网络作为新生产物，自然首先捕获的是青年一代；另一方面网络可以满足青少年的各种心理需要，其中包括娱乐休闲的需要、探索求知的需要、获得成功的需要、情绪释放的需要、社会交往的需要、逃避消极体验的需要，等等。不同的孩子有不同的需要，有的孩子或许只是因为其中的一个原因迷恋上网络，有的可能有多种原因。总之，当人们的需要得不到满足时，他们就会通过各种途径来满足自己，而网络世界的博大与精彩正好可以满足一切需要。而且，一旦某种途径可以很好地满足人们的某种需要时，人们就会趋向于越来越依赖这种途径。

（3）家长与教师的态度。太多的网络成瘾导致家破人亡的负面案例报道，导致很多家长和教师视网络如洪水猛兽，似乎只要上网就有可能成瘾，有的孩子在家里可能根本没有上网的权利，甚至根本不能碰电脑，对于这种情况，孩子的成瘾完全可以归咎于家长。因为正常的上网行为是有意义的，而所谓成瘾则是超出一般尺度的迷恋。另外，处于叛逆期的孩子总是家长指东，他偏往西。父母和教师把网络视为洪水猛兽，孩子就偏偏要体验一把！

除以上原因之外，相关部门对网络环境和营利性上网场所的管理，孩子的伙伴交往小环境等都对学生网络成瘾有一定的影响。

二、学生网络成瘾的矫治策略

1. 满足孩子的合理需要。

孩子之所以会迷上电子游戏或网络，是出于自身的心理需要。无论是娱乐休闲的需要、探索求知的需要、获得成功的需要、情绪释放的需要还是社会交往的需要，家长和老师都应该尊重并满足他们。一方面，网络和电子游戏不是洪水猛兽，所以应该满足孩子正当的上网要求。另一方面，满足孩子的各种心理需要并非只有一种途径，我们也不鼓励完全通过电子游戏或网络来满足孩子。所以，通过其他途径满足孩子的心理需要是非常重要的。如果孩子因为缺少社会交往，通过上网来满足自己这方面的需要，那么家长和老师就可以鼓励孩子参加有意义的集体活动，通过多种多样的活动增加同伴交往，获得更多的朋友。

总之，家长和老师要分析孩子的心理，找到根源，对症下药。满足孩子合理的要求，避免过分压抑而造成不良的后果。

2. 转移孩子的兴趣爱好。

许多电子游戏迷和网络成瘾者把自己的兴趣完全集中在游戏和网络上，他们没有别的兴趣爱好，或者其他的兴趣爱好都被老师和家长规定和限制了。有的家长把孩子每周末逼不得已去参加的某些"兴趣特长班"称之为孩子的爱好，显然这样的"爱好"孩子内心是不接受的。所谓转移孩子的兴趣爱好是通过这样的方式：先是引导介绍，家长或老师让孩子了解各个项目的乐趣所在；再是自由选择，让孩子自己去体会其中的乐趣，感受成功的喜悦，然后自己作出选择；最后是自由发展，玩什么、练什么让孩子做主，家长和老师在必要的时候给予指导和帮助。孩子有了广泛的兴趣爱好，自然就会减少上网和玩游戏的时间，把精力分配到其他事情上。

3. 分享孩子的电子乐趣。

电子游戏中充满了竞争和合作，一个人玩的乐趣是有限的，所以现在网络游戏才能大行其道。如果家长能够和孩子分享其中竞争与合作的乐趣，不但可以增进亲子关系，还可以以同伴的身份管理和监督孩子。当然，这需要家长和老师首先抛开偏见，真正去了解电子游戏和网络。电脑、网络是新时代的重要工具，教师和家长不要把它当作孩子学习的大敌，试着去了解它，运用它甚至享受它，和孩子一起畅游，不仅有许多亲子间的天伦之乐，还可以更好地引导孩子。

4. 规范孩子的作息习惯。

作息习惯太重要了，而且培养作息习惯一定要从小开始，父母是孩子习惯养成的关键。很多网络成瘾的孩子都是从小作息习惯不良，经常无节制地上网、玩游戏。如果从小就有着规范的作息习惯，将来无论工作、学习还是娱乐都不会毫无节制。我们不能用学习时间来衡量孩子的用功程度，而应该以效率来考核。能够高效地在正常的工作、学习时间内完成任务，并将休闲和学习分开，保证良好的作息习惯，才是聪明的人。

5. 隔离处理。

对处于重度沉溺的成瘾学生，必须采取隔离处理，将其送到全日制看护的"隔离学校"（如"行走学校""择差教育""戒网训练中心"等），强制切断他与网络的联系之后，通过"洗脑""励志""育心"等环节，最终回归。与传染病治疗相似，学生隔离期间，原来的环境必须加以"消毒"处理，否则原来的环境没有改变，回来后复发的可能性很大；与戒毒相似，回来后必须做好监控工作，否则复发性很高。

9　情感、言语和行为，学生自控需到位
——自控能力问题咨询

> **案例介绍**
>
> 　　小亮是小学五年级学生，他很聪明，但也有一个明显的缺点，就是缺乏自我控制。在家里，常乱发脾气、说难听的话，在学校，上课爱说话、无故招惹别人，做事缺乏坚持性等。对此，父母和老师都很头疼。

自我控制是指个人对自身的心理与行为的主动掌握，使个体能自觉地选择目标，在没有外部限制的情况下克服困难，排除干扰，采取某种方式控制自己的行为，以保证目标的实现。自我控制表现为人的意识对自我的协调、组织、监督、校正、调节的作用，使自己的心理活动系统作为一个能动的主体与客观现实相互作用。

自我控制作为儿童社会性发展的一个重要方面，对于儿童良好的社会性、人格品质的形成，积极同伴关系的建立和社会适应能力的提高都具有积极的意义和价值。因此，作为家长，我们必须有意识地培养孩子的自我控制能力。

关于自我控制，美国心理学家曾经做过一个非常著名的"棉花糖实验"。被试者面前摆着一块糖，并且被告知如果在五分钟之内忍住不吃就能得到第二块糖。经过追踪调查，那些能够很好地克制自己，在规定时间内没有吃第一块糖而得到第二块糖的孩子长大后都考上了大学，有着较高的声誉和社会地位及一定的财富，而那些忍不住吃掉第一块糖的孩子长大后多表现平平，这就是自我控制对个人发展的重大影响。

同样的实验也在中国进行过。澳大利亚专家莫尼卡·屈斯克利博士曾设

计了一个关于儿童自制力的实验：孩子们面前有两盘巧克力，一盘多一盘少，只要能多忍耐 15 分钟，就可以吃到多的那盘，反之则只能得到少的那盘。这项跨文化实验结果是，在参加该实验的上百名 3~4 岁的中国儿童中，超过 80% 的儿童只忍耐了几分钟就按铃呼唤实验人员要求得到巧克力，而 66% 的澳大利亚孩子都得到了多的那盘。这意味着，中国孩子的自制力不容乐观。

就个体的发展而言，那些自我控制能力强的个体能有效地管理好自己的学习和工作，使身心达到一个较高的发展水平。

一、自控能力差的原因

学前孩子的自控能力整体较差，究其原因有二：一是与孩子的自然生理发育有关，孩子的年龄小，神经纤维还未完全髓鞘化，情绪的兴奋多于控制，因此表现出自我控制能力比较弱；二是与社会心理因素有关，孩子年龄小，社会经验不足，所受的教育不够，这些都影响到控制能力的形成与完善。

作为父母，我们首先要了解的是，自我控制能力并非生来就有的，它是儿童在后天的环境中，随着认知的发展和教育的影响而不断形成和发展起来的。儿童自我控制的发展主要分为以下几个阶段。

（1）外部控制阶段。这一阶段的儿童缺乏自我控制能力，易冲动，他们自身对事物缺乏独立判断能力，常常是因为成人的需求，为了获得奖励或逃避惩罚，或是为了自己可以获得好处而产生或抑制某种行为。处于这一阶段的儿童关心的往往是社会环境对自己的评价，尤其是在其心目中有重要地位的他人对自己的赞许或否定。

（2）外部控制向内部控制过渡的阶段。这一阶段的儿童逐渐由权威人士或同伴压力形成的外在力量的控制逐步向内在规则或道德力量的控制转化。如果放任自己的行为就会导致自我批评，同时，儿童还会考虑到不好的行为可能会伤及他人，并引起内疚，从而主动控制自己的行为。但此阶段儿童自我控制的发展还不成熟，外部控制还占有一定比重。

（3）自我控制阶段。在此阶段的儿童已经不再需要外界的压力，他们已经形成了内部的准则，可以通过自己的价值观和判断来形成对自己行为的控制，能够自己监控自己的行为，并通过自身的调控而克服自己内心的冲动，表现出适宜行为。

学前的孩子提高自我控制能力，对于更好地适应小学生活有着至关重要的作用，家长可以通过以下问卷了解孩子自控能力的程度。

你了解孩子自控能力的程度吗？

自控并不等于压抑，真正的自控是建立在合理宣泄的基础上的。我们常看到这样的情景：孩子受了委屈，伤心地哭，父母说："一点小事就哭，不许哭！"孩子受到了老师表扬，得意地对父母笑，父母又说："取得一点成绩就又开始骄傲上了，多想想你的缺点。"这样的孩子很可怜，他们的情绪似乎被父母"剥夺"了。这种压抑并不是自控。情绪的自控来自合理的宣泄。那么，你了解你的孩子的自控能力吗？

以下的句子描述了能够调节自己行为和抵制诱惑的，并且举止得当的孩子经常表现出来的行为。为了评估你的孩子在自控能力方面的情况，在每个句子后面的横线上写上你认为最能代表孩子目前水平的数字，然后加上这些数字得出总分。

评分标准是：5=一贯　4=经常　3=有时　2=偶尔　1=从不

1. 很少打断或随口说出师长提出的问题或答案。_____
2. 等待轮到自己，极少插嘴或打断别人。_____
3. 即使没有大人在，也能管住自己的冲动和欲望。_____
4. 激动、沮丧或生气时，能尽快地冷静下来。_____
5. 极少发脾气、火冒三丈或随时失控。_____
6. 能抑制攻击性行为，如打人、踢人、打架、推搡。_____
7. 极少不经思考而做出鲁莽的事。_____
8. 有耐心，并能抑制自己思想、行为上的冲动。_____

9.有自觉性，很少需要师长的提醒、哄劝或指责才会循规蹈矩。_____

10.有发泄不良情绪的能力，能轻而易举地从令人烦恼或沮丧的环境中摆脱出来。_____

总分_____

结论：

40~50分之间：你的孩子在自控能力方面是挺不错的。

30~40分之间：如果孩子的自控能力可以进一步提高，他将受益终身。

20~30分之间：孩子在自控能力方面有潜在的问题，身为家长的你，要反省与调整你的教育方式了。

10~20分之间：孩子存在潜在的危险，应该考虑如何得到帮助以提高孩子的自控力。

绝大多数孩子都有一颗上进的心，孩子们站在同样的起跑线上，在前进的过程中却渐渐地拉开了距离。究其原因，我们会发现随着孩子们年龄的增长而出现的分化，在很大程度上取决于孩子们自控能力的培养与发展上所存在的差异。不少孩子怀有雄心壮志，但如果不着力于自控能力的培养和发展，不是坚忍不拔地把自己的志愿付之脚踏实地的刻苦学习，经不起主客观各种因素的干扰和诱惑，结果或半途而废，或望洋兴叹，久而久之，便会成为思想上的巨人，行动上的矮子。

二、自控能力的引导与训练

自控能力也是逐渐发展的，并且可以引导和培养。研究表明，7岁是孩子自控能力发展的关键期，而这个年龄段的孩子刚刚进入小学。所以，学龄前儿童的家长需要了解孩子在学校里要遵守的规则，然后有针对性地进行引导：

◎ 轻轻走路，靠右通行。

◎ 站要像个小士兵，坐要像个小白鹅。

◎ 说话有礼貌，不骂人，不打闹，见到老师要问好。

◎ 有事要请假，进门要敲门。

◎ 铃声就是命令，下课铃响出教室，上课铃响回教室……每节课从头到尾要一直关注上课的内容，不能随意做其他事。

◎ 课间休息的10分钟，要及时利用这段时间上厕所，适当活动，即便是上厕所也要遵守规则排队、谦让。

◎ 不能随便吃东西，早餐、午餐时间固定。

◎ 及时完成作业。

小学生的自我控制主要表现在抵制诱惑，如对玩具、食品、好玩的活动等进行有意识的控制；也表现在面对选择是否犹豫不决，是否具有果断处理问题的品质；还表现在对情绪的控制，包括不随便发脾气、能忍让、经受得住批评、能承受失败与挫折等。具体而言，可以从以下三个角度对孩子进行有针对性的引导与训练。

1. 情绪自控。

小明是小学二年级学生。生理发育正常，智力发育良好，母亲较溺爱孩子，但当小明犯错误时，父亲却对他打骂。在学校里上课基本能够听讲，但情感自控力差，注意力易分散，心情好时能认真听讲，并能积极举手发言，而当其心情不好时，不但不听讲，还会打扰旁边同学，就算提问他简单的问题，他都不肯回答，甚至还钻到桌子底下去。经常因小事而大发雷霆，要求别人对其百依百顺，若稍有不顺就大哭大叫，或自残或打人发泄自己的情绪。

小明的例子是比较突出的，在小学低年级学生身上时常可以看到学前儿童那种容易冲动、可控性比较差、情感外露的特点。情绪调控能力是情绪智力的重要品质之一，这种能力能让人及时摆脱不良情绪，保持积极的心境。儿童的初步情绪调控能力主要表现在两方面：一是幼儿能对可能产生不良影响的情绪冲动加以适当调控，如孩子对任性、执拗、侵略性、攻击性等偏颇情绪的适当调控；二是幼儿能适当地调节情绪，并常常鼓励自己保持高兴愉快的心境。概括来说，就是既有控制，又有宣泄，把情绪调控在一个与年龄相称的范围内，以促进情感的健康发展。

现实生活中，孩子不如意时要宣泄其不满情绪，但孩子的宣泄有可能受阻，因为他（她）的情绪宣泄常常得不到父母的理解和宽容；在家庭生活中，孩子情绪的发泄可能较为频繁，父母难以忍受，于是造成冲突，结果可能是父母情绪占了上风，而孩子情绪没有发泄出来，抑郁纠结，逐渐积累，等待下次更猛烈的爆发。这样下去是危险的，孩子的情绪不仅得不到宣泄反而越积越多，情绪发展有可能走向消极方面。因此，发展儿童的情绪智力，应特别重视家庭情感氛围的作用和影响，要在血缘亲情的基础上建立起理解、宽容、和谐的家庭氛围，有目的地帮助幼儿实现其情绪的宣泄。

由于儿童注意力很容易发生转移，消极情绪状态持续时间不长，这也表现出一种对情绪的无意识调节。面对孩子的过激情绪，父母可讲究一些策略，如冷处理、设法转移幼儿注意力等。同时父母还要教给孩子一些自我控制情绪的方法。例如，告诉孩子，当他控制不了自己的情绪时，就在心里暗暗说"不能打人"或"不能摔东西"，或者在不愉快时想想其他愉快的事情。

关于情绪控制，有一个"钉子的故事"。

> 有个爱发脾气的男孩，父亲给他一袋钉子，告诉他，每次发脾气或者跟人吵架的时候，就在院子的篱笆上钉一根钉子。第一天，男孩钉了37根钉子，后来的几天，他学会了控制自己的脾气，每天钉在篱笆上的钉子也逐渐减少了。他发现，控制自己的脾气，实际上比钉钉子要容易得多。
>
> 终于有一天，他一根钉子都没有钉，他高兴地把这件事告诉了父亲。父亲说："从今以后，如果你一天都没有发脾气，就可以在这天拔掉一根钉子。"日子一天天过去，最后，钉子全被拔光了。父亲带他来到篱笆边，对他说："儿子，你做得很好。可是篱笆上

的钉子洞，将永远不可恢复。就像你和别人吵了架，说了些难听的话，你就在他心里留下了一个伤口，无论如何道歉，伤口还在那里，永远难以愈合。"

这位父亲的教育充满了智慧和耐心，让男孩学会了控制自己的情绪，学会了尊重他人，也学会了尊重自己。

2. 言语自控。

言语自控是指不骂人、不讲脏话、不插话。

有的孩子很容易和别人起冲突，起了冲突之后就控制不住自己要骂人，说脏话；有的孩子在上课的时候会不断地在老师讲课的时候插话，在别人说话的时候大声地抢话。一般来说，孩子的脏话没有恶意，但是父母不可听之任之。专家认为，如果孩子长期不受约束，会在性格发展上出现缺陷。

奇奇过年时得到一盒儿童拼图，于是他不亦乐乎地玩起来。拼错时，小嘴里会不时地蹦出"他妈的，怎么又错了"这样的话，妈妈不免感到担忧。奇奇的这句脏话不知道是从哪里听来的，或许是大人不经意间的口头禅。孩子特别敏感，很快就会模仿大人说的话、做的事。

对于这样的事情，父母不必过于强调，通常孩子并没有意识到自己在说脏话，只是一种模仿行为而已。需要注意的是，父母该由此反省一下，以后一定要格外留意，为孩子提供健康的语言环境。

5岁半的辰辰看《大头儿子和小头爸爸》这部儿童电视剧已不止一遍了。那天他又在乐滋滋地看，奶奶凑上来问他某个情节，却不料，辰辰冲着奶奶脱口而出："你怎么像个白痴？"奶奶和在场的妈妈听后都惊呆了。

在这样的情况下，父母不要粗暴地指责孩子，因为这个年龄的孩子不会故意侮辱他人，他甚至没搞清楚这句话的确切意思和恶劣程度，而只是无意中把不知道在哪里听到的这句话用了一下而已。父母可以问他："你认为'白痴'是什么意思？"并且告诉他："奶奶问你，你应该把自己知道的告诉她，因为这是儿童片，大人并不看这类电视剧。如果你这样回答大人的话，奶奶会很生气的。"如果孩子以后还再使用这句话,那么你就应该严肃地告诉他:"这样说很不好,大家都会不喜欢你。"

言语自控中,除了不骂人、不说脏话,不随便插话也是一项要求。一般而言,大人讲话孩子爱插嘴,这与儿童心理有关。他们年龄小,知识面窄,求知欲很旺盛。当大人讲到他闻所未闻之事时,便会提出许多问题希望得到解答。这是他们获得知识的途径,也是他们的可贵之处。

当孩子打断大人们的谈话时,大人通常会生气地说:"不要无礼,打断别人的谈话是很不礼貌的。"但是打断插话的人同样也是不礼貌的。父母在要求孩子懂礼貌时,不能用粗鲁的方式。这么说可能会好一点:"我希望能把话讲完。"事后要教导他们,应在大人讨论的间歇时插话,不能打断大人的谈话。这样,既不失礼貌,又可以让大人倾听,这才是懂礼貌、有教养的孩子。

说孩子不礼貌不会有好的效果,这不会让他们变得懂礼貌起来,而且这样做的危险是孩子可能会接受我们的评价,然后把它视为对自己的看法的一部分。一旦他们认为自己是无礼的,那么他们就会以这种形象生活下去。对于无礼的孩子来说,行为粗鲁是很自然的事情。

3. 行为自控。

行为自控包括规则意识、坚持性、无侵犯行为。

有家长反馈说孩子刚上一年级时,根本不存在什么规则意识,老师在课堂上讲课,孩子则钻到桌子底下了。可见,他们的规则意识是模糊的,更多的是从自身的需要出发来看待问题,自控能力也非常情绪化,时好时坏。

小强自制力很差,做事丢三落四,学习用品乱扔乱放,看电视没完没了,作业马马虎虎,弄得学习和生活都一团糟。父亲决定通过规则和纪律来帮助儿子拥有自制力。他先找儿子谈心:"作息没规律,损害身体,进而影响学习,甚至会弄得心情很差。可见,不按时睡觉、起床的小毛病也会造成严重的后果。"

孩子说:"我也想改正缺点,可就是控制不住自己。"父亲说:"那就让规则来帮助你。"通过讨论，父亲和孩子签下暑期规则：（1）每天只吃一次冷饮；（2）每天看半小时动画片；（3）做完一门功课，收拾好课本，再做另一门功课；（4）晚上9点30分上床，背两个单词后熄灯；（5）平时打篮球1小时，自己洗运动服。

规则不多，只有5条，但订了就坚决执行，不马虎不迁就，更不允许任性骄横，为所欲为。两个月时间，孩子进步神速。

因此，给孩子订立规则，要求他持之以恒地执行规则，对于自控力的培养十分有益。

孩子有了规则意识还不够，还要训练孩子的坚持性。家里是孩子通过不断摸索学会控制冲动最好的场所。在游戏与活动中，不断强化孩子的努力与行为，他最终能应付自如。

比如，孩子刚上学，还不适应小学生活，加上性格外向、急躁，更加难以控制自己。有的时候上课插嘴、坐不住，甚至抢同桌的文具。对7岁左右的孩子，说教很难起作用。后来，孩子的妈妈发现在家庭的游戏和活动中培养女儿的自制力效果极佳。比如让她当"老师"，她就很有耐心和礼貌。学校组织安全教育活动，让孩子当"交警"，她竟能站15分钟"指挥交通"而不乱动；和同伴玩娃娃家，女儿当"妈妈"，她立刻变得柔声细语起来。活动和游戏能让孩子的自制行为日益积累，内化成为习惯。因此，家长应鼓励孩子参与活动和游戏，孩子便能在自然的条件下发展自制力。

与成人相比，儿童行为的一个突出特点就是冲动性强，儿童在行动前常常不假思索，很少考虑行为的结果。针对儿童行为的这一特点，为了提高他的自我控制能力，家长要教育孩子学着在做事之前先想一想，根据自己以往的生活经验或他人的经验想一想这么做会有什么样的结果，对自己以及周围他人会产生哪些有利或不利的影响，在此基础上，对自己的行为进行调控，采取适宜的行为方式。比如说一名学生在上课时想说话、做小动作，如果这时候他能先想一想这样做的后果，认识到上课讲话不仅自己听不到老师的讲课，影响到自己的学习，而且还会影响周围其他同学听讲，那么他就有可能会有意识地控制自己，专心听讲。

三、培养自制力的原则

现代社会中，无论在何时何地做何事，都会有一定的规则制约着人的行为，因此，我们要让孩子潜移默化地、自然而然地理解和接受规则，维护规则，提高规则的执行能力。我们建议家长在对孩子进行教育、帮助孩子发展自制力的时候，把握以下四条原则。

1. 以身作则，家长示范。

要教会孩子自控，家长得向孩子展示自控。有个心理学实验，给幼儿看有关"自控力"的录像，比如等妈妈来了再吃饼干、公共场所不乱跑、参观画展时不乱摸等，结果这部分幼儿比没看录像的幼儿自控力强。可见，自控需要榜样。

生活中孩子最容易模仿的对象是父母，父母自控力的表现会影响孩子自控力的发展。比如妈妈跟朋友打牌，孩子就会坐在电视机旁做作业；周末父母不按时起床，孩子也趁机躺在床上看小说，放弃英语早读；父母忙起来顾不上整理房间，孩子书桌上讲义、卷子、本子也越堆越乱……所以，一个冲动的、情绪不稳定的、行动缺少自制的父母，必须先自己增强自制力，才能帮助孩子建立自制力。

2. 严格要求，反复训练。

孩子良好习惯的养成，要靠对孩子严格的要求和反复训练。

（1）要有规矩。习惯在父母所设之规矩下生活的小孩，会知道生活是有很多界限的。父母需要为孩子架构环境，在这环境里，孩子不准做那些他无法控制的事情。在孩子未上学之前就为他设限，等于是为他一生的自制力打下根基。

（2）让孩子学会自己负责。在孩童时代常常使用自行负责和违者受罚的方式管教他们，这两种方式让他们有自己的选择。小孩子经由这些选择，便知道哪些行为会让自己尝到负面的结果。

（3）有适当的惩罚。小孩若不尽责，就限制他的自主权。不过方法一定要积极，让他仍能抱着希望。可以对他说："我们再试一次，看看你是不是已经可以好好运用这种自由了。"

等到几天、几星期、几个月过去了，只要你认为时机已成熟，就可以再给他一些自主权。一定要让孩子知道他需要为这自由负责。

例如，对一个6岁大的小孩，可以说："你可以在前院玩耍（自主权），但是不可以跑到马路上（责任）。"如果他跑到马路上，就可以对他说："我刚刚说可以到马路上玩吗？今天你不能再和小朋友到前院玩了，你只能一个人在后院玩。明天我们再看看你有没有跑到马路上去。"孩子若不能控制自己，父母也要非常注意自己的态度，因为你的态度代表了对他的期望、信赖和爱。

3. 以理服人，巧用激励。

"被积极的强化刺激后的行为更能重复出现。"自控行为的多次重复就可形成良好的习惯，从而降低自控行为引起的紧张感，使自控行为容易完成和保持。例如，要求幼儿不随地扔垃圾，如果他每次都控制得住，以后就会形成有了垃圾不乱扔的好习惯。在实际生活中训练幼儿良好的自控行为，对他们自控能力的形成具有重要意义。比如一位奶奶同时带了几个孩子，她每天中午对孩子说："如果你们都安静地睡觉，等起床后我就给你们点心吃。"当孩子起床后，他们就得到了点心，所以，孩子们总是可以安静地睡午觉，从而养成习惯。

另外，父母在激励孩子时，也要讲究语言的艺术。例如，小阳被同学们推选为班长，当他回家把这个喜讯告诉父母时，父亲高兴地说："我儿子真棒，真有出息！"这种表扬毫无余味，对孩子并无多大激励作用。如果在后面再补上一句："当了班长，就该用一个班长的标准来严格要求自己，在各方面都起到良好的带头作用。"这既蕴涵着父母的信任和期望，又给孩子提出了更高的要求，对孩子产生激励作用，促使孩子更加努力进取。

4. 延迟满足，学会等待。

要让孩子在学习时间观念中学会等待。当孩子的有些欲望不能立即满足，而过一段时间得到满足后，就有了这样的体验：想得到的东西，等些时候会有的，于是就形成了等待的习惯。比如，孩子想得到一个他喜欢的玩具，父母并没有立即答应满足他，而是让他克服吃手的毛病，或提一些额外条件，孩子按大人的要求做了，父母便应及时兑现自己的诺言。

　　一位母亲告诉我这样一件事，一次她的孩子在路过肯德基时，非要吃肯德基。而她则告诉孩子假如这次不吃，下一个星期再来吃，到时他不仅能吃肯德基，还能得到一个玩具，结果孩子走了，坚持到了下一个星期再来吃肯德基，并得到了玩具。

10 舆论压力加监督，不吞云来不吐雾

——吸烟问题的咨询

> **案例介绍**

　　16岁少年陈某是一个职业高中的学生。因为父亲吸烟，他也经常模仿父亲的样子偷偷吸烟，结果成瘾。有一天晚上，他和同学李某酗酒后很想吸烟，但是没钱买。于是，两人决定出去"切"点钱买烟。他们在海淀巴沟一带的路边看到有一对谈恋爱的青年男女，陈某上去揪住男青年的衣领，说："哥们儿，借点钱花。"男青年说："没钱。"李某便上前翻男青年的衣兜，男青年反抗，双方扭打起来。陈某从路边捡起一根铁杆子朝男青年胸部猛戳，男青年当场栽倒在地，后来经抢救无效死亡。最终，陈某以抢劫杀人罪被判处无期徒刑，李某被判有期徒刑15年。

　　据统计，我国9~12岁小学生约有10%~15%的吸烟；12~15岁的初高中生约有35%以上的吸烟；16岁以上的高中生、大学生吸烟者则占75%；个别中等职业学校吸烟率达90%。

一、学生吸烟问题的成因

1. 社会的不良影响。

　　目前，我国社会吸烟的风气还很严重。各种公共场合和日常生活中，人们总是以烟相待，交友、办事等到处离不开烟。即使在电影和电视片中，也充斥着吸烟的镜头。青少年自小就生长在处处有烟的环境中，这对青少年吸烟行为起着潜移默化的影响。

2. 家庭的不良影响。

有关调查表明，大多数吸烟学生的家庭中有人吸烟，而且主要是父亲。许多学生吸的第一支烟，都来自父亲的烟盒，有的甚至是在父亲的鼓励下吸上第一支烟的。个别家长吸烟的时候，还会讲些吸烟的好处之类的话。中小学生对吸烟的危害缺乏足够的认识，生理和心理上还不成熟，好奇心强，模仿性强，缺乏自制能力，在这样的环境影响下很可能会开始吸烟。

3. 学校教育的失误。

在朋友、同学交往中，为数不少的学生，受社会不良风气的影响，错误地把吸烟当成是一种交际手段，互相鼓励吸烟、敬烟，这就是青少年聚在一起时吸烟更厉害的原因，也是最可怕的一个原因。此外，教师的吸烟行为，往往起着言传身教的作用，更不容忽视。而且，学校片面强调升学率，忽视了个别学习成绩不好的学生的教育，他们在学习上缺乏帮助和关心，且觉得前途无望时，便产生厌学情绪，开始沾染吸烟等不良行为。如果未及时教育，就会导致学生吸烟上瘾。

4. 青少年的心理因素。

（1）好奇的心理。好奇心是未成年学生较为突出的心理特点，青少年自控能力较差，对周围环境的不良影响缺乏辨别力及抵制力，很容易在周围不良环境的影响下，出于好奇、扮酷、玩个性等心理尝试吸烟，即便起初被呛得咳嗽、流泪、头晕，可在好奇心的驱使下，还是学会了吞云吐雾，大约有三分之一的学生是因此而吸烟成瘾的。

（2）模仿、盲目崇尚的心理。青少年处于学习成长阶段，为满足其日益增长的独立意识和成人感的需要，他们往往通过模仿成人行为来表现自己的成熟。父母、教师及影视人物是对青少年行为影响最大的三类人群，青少年尤其容易被影视作品中的吸烟行为所误导，他们认为吸烟潇洒有风度，是男人的象征，因而盲目地吸上了第一支烟。

（3）消遣、寻求慰藉的心理。为了解除烦恼，排除不快的情绪而吸烟。尤其是中等职业学校的学生，多数是经历了人生第一次选择后，处在失意、厌学、消极的心理状态，为寻求心理慰藉、消磨时间或为了表现自我而吸上了第一支烟，接着便一发不可收。此外，青少年普遍对吸烟有误解，认为吸烟能提神解乏，缓解紧张、焦急、沮丧的情绪。

二、学生吸烟问题的矫治策略

吸烟严重危害人体健康，特别是正处于生长发育时期的中学生吸烟，危害尤甚。如何有效地禁止学生吸烟，已成为许多中学德育工作者探讨的重要课题。

1. 正确认识中学生吸烟这个特殊现象。

烟草对人体害处大已成共识。经常吸即会成瘾，上了瘾的行为习惯要彻底改掉，并非易事，不能单凭口号，或一次"风暴"式的运动，或一次学校处分就想解决问题，而要从根源入手，循序渐进，创造一个良好的戒烟环境，在学校、家庭中杜绝"烟源"。

2. 从小学生开始，宣传禁烟。

通过专栏、讲座、班会，甚至渗透到课堂教学中，使学生认清吸烟的危害。

（1）对身体健康的危害：可导致肺癌、咽癌、口腔癌、食道癌等癌症，每天吸烟20支以上者，患肺癌的可能性为不吸烟者的15.9~43.7倍，患咽癌的可能性为不吸烟者的17倍，患口腔癌的可能性为不吸烟者的12倍，患食道癌的可能性为不吸烟者的5倍。国际专家认为，每吸一支烟，可缩短寿命6分钟，"吸烟等于慢性自杀"。青少年正处于身心发展的关键时期，吸烟对青少年学生的危害会更大。烟草多数成分对人体有害，特别是尼古丁（一支香烟里的尼古丁可以毒死一只鼠）。吸烟使心血管病加剧，损害神经系统，使人记忆力衰退、过早衰老，损害呼吸系统等。吸烟也强迫别人被动吸烟，被动吸烟同样是肺癌等疾病的肇事者。吸烟还涉及社会公德、危及他人健康的问题。

（2）对青少年品德修养的危害：吸烟者（学生）往往结伴成群，容易受同伴不良行为的影响，重"江湖义气"，缺乏真正的正义感，导致打架、盗窃、逃学等不良行为的发生，个别甚至被诱为吸毒人员。

3. 驳斥一些歪理。

如吸烟能"提神"，能"解乏"，能"增进记忆"，能"唤起灵感"等说法都是没有科学道理的。实验证明，吸烟者的联想、记忆、想象、计算和辨认力等智力效能均比不吸烟者降低 10% 左右。研究还表明，吸烟者的学习效率不如不吸烟者，而且吸烟支数越多，其学习效率下降的情况就越明显。吸烟学生比不吸烟学生的总体成绩要差一些，在不及格的学生当中，吸烟者比不吸烟者占更高的比率。

4. 预防学生吸烟的一些做法。

单靠严厉的措施，对中学生来说，也只是权宜之计，不能从根本上杜绝学生吸烟现象。在教育实践中，我们可以尝试以下做法：

（1）引导学生健康消费。中学生作为一个消费者，对于家里给的零用钱如果不能进行合理的消费，会导致不良行为出现。有些同学沾上玩游戏机、抽烟等恶习，就是由于不健康消费造成的。教师只有从消费观念上正确引导学生，才能从根本上杜绝学生这些不良习气。

（2）利用集体舆论的作用。没有健康舆论的支持，任何道德教育都是不可能的。集体舆论是一种强大的精神力量，对个人具有一种压力作用。舆论可以制约个人的行为，一个行为失检的人在集体舆论下会有所收敛。首先，可以通过主题班会等形式，宣传中学生吸烟的危害。然后让每一个学生谈谈对"吸烟危害"的认识，开展一次"对中学生吸烟的看法"征文活动，将征文在班内"德育专栏"中刊出。运用舆论的作用在班里形成一种禁烟的氛围，让吸烟者有压力，产生内疚，非吸烟者对吸烟现象产生排斥。接着，抓住时机，动员吸烟者主动戒烟，非吸烟者鼓励、帮助吸烟者戒除坏习惯。

（3）与吸烟学生个别谈心，让他们根据自己的实际情况作出戒烟计划，立下决心。要学生戒烟，并不能立竿见影，要切合实际提出相应的建议，相信学生，鼓励学生，树立起他们的信心，让他们感到集体的压力及温暖，使他们意识到坚持吸烟的危害性，产生戒烟的愿望。

（4）采用适当有效的戒烟方法。坚强的意志、良好的环境对戒烟成功固然重要，但采取有效的戒烟方法也很必要，尤其对烟瘾较重的学生。如厌恶疗法：采取一定的措施，让青少年从喜欢吸烟转变为讨厌吸烟，如让学生观看死于与吸烟有关疾病的患者的病理图片或在学生吸烟时放令人讨厌的声音，把吸烟与可怕、讨厌的景象和声音联系在一起，建立起条件反射，从而厌恶吸烟，戒掉烟瘾。

（5）成立专门的监督小组。经常提醒吸烟学生戒烟要坚持下去，切勿反复。同时，要让吸烟学生远离吸烟诱因，回避"烟友"。

（6）增强学生戒烟的意志力。鼓励、陪伴学生，使他们增强戒烟意志力，从而达到长时间稳定，将精力放在学习上。

（7）营造戒烟的良好环境。家长、老师以及好朋友要经常支持吸烟者戒烟，对他们戒烟要表示信任，增强他们戒烟成功的信心。这是他们戒烟过程中的一种无形的推动力量和监督力量，有助于戒烟成功并防止吸烟的复发。

（8）正确对待吸烟学生中的"反复"。某些学生在戒烟过程中出现反复，是正常现象。这些学生一旦出现反复吸烟，往往心理紧张、情绪不安，认为自己再不会得到老师的信任。在这个时候，教师要特别慎重，绝不能表露半点厌烦情绪，要仔细分析反复的原因，寻找积极因素。这个时候，教师的耐心与信心比什么都重要，只有这样，才能坚定学生戒烟的决心。在对学生进行批评的同时，以他们的"吸烟次数明显减少"作为他们的进步闪光点去鼓励、表扬他们，使他们做到彻底戒烟。

第三辑
社会能力发展问题

1 同伴交往处不好，不良心态最糟糕
——人际交往问题的咨询

> **案例介绍**
>
> 　　中科院心理所王极盛教授采用自己编制的中国人心理健康量表随机抽取了初一至高三各一个班，对中学生心理健康问题进行了检测，结果发现，心理健康问题的检出率为18%~36%，其中人际关系有问题的占17.9%~44%。现在的孩子基本上都是独生子女，没有兄弟姐妹之间的争吵与陪伴，他们渴望友谊，渴望同龄人之间的理解与交流。

人不能脱离社会而存在，人的生活离不开与人的交往。任何一个人，无论他多么成功，多么强有力，他都不能不与别人交往，都不能没有稳定而良好的人际关系的支持。与人交往并通过交往建立和维持一定的人际关系，是人的一生中最为稳定、最为经常、最为强烈的需要之一。

一、学生人际交往常见问题和产生的原因

现实中，儿童人际交往障碍的原因包括多方面，既有外部的因素，也有内部的因素。就外部因素而言，我国长期实行的计划生育政策导致独生子女大幅度增加，加上城市住宅基本上是独门独户的户型结构，儿童与他人交往的机会不是十分充分；有的父母忙于工作，很少对子女进行专门的人际交往教育；处于社会化进程中的儿童，还没有形成成熟的社会认知，缺乏熟练的人际交往技能。当前大多数学校仍把学习知识作为教育的主要内容，未开设相应的辅导课程进行教育，或很少提供这方面的系统教育，由于缺乏有针对性的指导，所以学生在日常人际交往中比较容易遇到困扰。从内部因素来

看，发展中的学生，特别是处于青春发育期的学生，其身心在不断发生巨大变化，随之引起认知、情感、个性等发生改变，种种心理上的不适应也造成了他们人际交往障碍。

同伴冲突是同伴之间的内部情绪对立或公开的行为对抗，可能产生于同伴个体之间，也可能产生于学生群体之间。同伴冲突产生的原因，在不同的发展阶段有不同的领域。幼儿期同伴冲突多与争夺玩具有关。小学生的同伴冲突开始复杂化，可能是由于彼此的兴趣、态度、价值观或个性特点不同，可能是教师对待学生不公正，也可能是某些学生的品行问题，还可能为了某种利益而发生冲突。一般来说，年龄比较小的学生之间的冲突比较明显、公开；进入中学以后，年龄比较大的学生之间的冲突比较隐蔽，不外露，不同的性格特点造成的冲突比较多。

在同伴关系中，尤其是进入青春期以后的青少年同伴关系中，有大量的同伴交往问题源于不良的内部心理问题。这些自身的心理问题有的抑制或阻碍了正常的同伴关系的建立，有的损害了已有的同伴关系。孩子交往中常见的不良心理有以下几种。

◎ 自卑心理。对自己缺乏客观的、正确的认识，容易低估自己。因此在交往中不自信，觉得自己不如别人，缺乏交往的信心和勇气。

◎ 自傲心理。同样是对自己缺乏客观的、正确的认识，容易高估自己，总觉得自己比别人优秀，因此在交往中盛气凌人，自以为是。

◎ 自恋心理。在自己的心理世界内部过分地自我关心、自我欣赏，抱怨别人不重视自己、不关注自己。

◎ 害羞心理。在交往中过多地约束自己的言行，表情羞涩，神情不自然，经常不能充分地表达自己的思想感情，在交往中比较被动。

◎ 防御心理。为了保护自己不受到伤害，倾向于把自己的思想和感情掩盖起来，过分地克制自己，往往使人无法了解其真实的心理状态，因此交往不深入。

◎ 猜疑心理。在交往中对别人的言行过于敏感，对他人行为的动机容易产生怀疑，容易把一些无关的事情和自己联系起来，所以在交往中顾虑比较多。

◎ 恐惧心理。害怕见生人或者在公共场合说话，在交往中经常不由自主地紧张、害怕或担忧，表现为语无伦次或不知所措，严重的可能导致交往恐怖症。

◎ 孤僻心理。行为孤僻、偏执，不愿与人交往，很少有知心朋友，独来独往。

◎ 逆反心理。在交往中喜欢和别人对着干，对他人的语言、行为和观点不加分析地加以反抗和抵制，因此常常导致与他人关系紧张、交往不顺。

◎ 自私心理。在交往中以自我为中心，以满足自己的要求和欲望为目的，不顾他人的利益和需求，因此经常会引起同伴的不满和反感。

◎ 嫉妒心理。对别人的长处、优点、荣誉、成绩不满或憎恨，有时候采取嘲讽或打击的行为。

◎ 虚假心理。在人际交往中对他人缺乏真诚，在同伴群体中虚情假意，嘴巴乖巧但不见行动，只做表面文章。

◎ 支配心理。在交往中喜欢指使他人、控制他人，利用他人为自己服务。

◎ 敌视心理。在交往中对他人充满敌意，厌恶别人，认为人与人之间没有真诚的友谊，只有尔虞我诈、互相欺骗和利用。

同伴交往中，除了内部的心理问题以外，还有一些是社交行为问题，大多是由于缺乏一定的社会交往技能造成的。社交技能是个体在社会化过程中习得的。如果儿童在家庭和早期的幼儿园及学校教育中社会化过程的某个环节出现问题，如家长的过分保护、同伴交往被剥夺、集体活动过少、过分强调知识学习而忽视人格发展等，往往导致儿童的人际交往技能缺乏，从而产生人际关系问题，如社会性退缩和社会性攻击等。

二、家长如何引导孩子维持良好的伙伴关系

为帮助学生维持良好的伙伴关系，家长可以注意从以下几个方面引导。

1. 营造良好的家庭氛围。

家庭氛围宁静愉悦、轻松和谐、平等互爱，可以熏陶孩子良好的个性。因此家长应为孩子提供一个宽松的民主家庭氛围，这样才能培养出性格平和的孩子，孩子才能平和地与别人交往，成为同学们心目中的好伙伴。让孩子

在善良、宽松的环境中长大，保证他健全的人格、健康的个性品质，这是孩子受同学欢迎的很重要的基础。

2. 给孩子传授正确的交友方法。

家长应多给孩子讲交友的原则和方法。比如，要学会换位思考，别只顾自己、无视他人；要学会尊重，既要尊重他人，也要尊重自己，不自以为是、盛气凌人，也不自卑自贱、妄自菲薄；要学会宽容忍让，宽容谅解别人的缺点，经得起误会和委屈；要注意态度与性情，态度和蔼、举止文雅、知情达理，不急躁粗暴、不粗俗鲁莽。

3. 尊重孩子的交往兴趣。

让孩子明白与同伴交往是自己的权利，处理同伴交往中出现的问题也是自己的责任和义务。这是对孩子独立人格的肯定，也是培养孩子独立性的重要一步。

4. 积极监控孩子的交往。

"近朱者赤，近墨者黑"，由于孩子年龄较小，自制自控能力较差，因此学龄阶段孩子的交友应该在父母或老师的监护之下。家长应积极监控孩子的交往状况，预防孩子与同伴交往带来的不良影响。父母应经常和孩子讨论择友的标准与注意事项，以促进他们恰当选择交往的同伴。

5. 正确对待孩子交往中出现的冲突。

孩子在交往的过程中出现一些冲突和争执是很自然的，父母不应过多干预，要尽量让孩子自己来解决问题。通过独立解决冲突和争执，使他们学会协调、同情、忍让等处世技巧，这往往是在与成人的交往中学不到的。

同时，家长要注意培养孩子化解矛盾的责任心和能力，使孩子在解决冲突的过程中学会倾听对方的陈述和观点，从而掌握解决问题和化解矛盾的能力，并学会判断，能够创造性地解决争端，而不是采取被动或侵犯的方式。让孩子在处理问题的过程中懂得，必须照顾每一方、每个人的需要，使各方能和平相处。

2 自我认识有偏差，不卑不亢是方法
——自我认识偏差问题的咨询

> **案例介绍**
>
> 小王去年以9分之差没有考上大学。他认为不是自己的水平不够，而是临场发挥失常、运气不好。在复读的一年里，小王心浮气躁，不太听老师讲课，自认为该学的已经学好了，只等考试一显身手，来年转运了。其实，自以为是和妄自菲薄是复读生普遍的心理偏差。有的复读生认为自己的学习方法是对的，过去的失败只是一时的失误；有的则在失败的阴影中不能自拔，有很重的自卑心理。

自我认识偏差主要反映为学生的自卑心理和自负心理。

自卑是自我评价偏低所带来的，是以惭愧、羞怯、不安、内疚、灰心、悲观、失望等表现为主的情绪体验。有自卑感的人对自己的能力、性格或行为表现等感到不满意，缺乏自我存在的价值感，对自己想做的事情缺乏信心，对应付他人提出的要求比较悲观，容易否定自己。严重的甚至会脱离现实，造成适应困难，阻碍人格的健康发展。

自负就是自己过高地估计自己。自负往往会导致骄傲自满，使人丧失进取心，容易被一时的胜利冲昏头脑；自负往往使人看不到自己的弱点、缺点和错误，对事物的复杂性、曲折性缺乏认识。自负会严重影响人的心理健康，从而影响到人的学习和成长。

一、学生自我认识偏差的表现

不同的自卑者有不同的表现，在人际交往方面主要包括：社交上表现为畏缩，批评或嫉妒别人；人际冲突；拼命想获取权力、优越感，进而想控制别人；爱抱怨、争辩，过于敏感，不愿意原谅别人；不能接受别人的称赞或爱的表达；不善于做个好听众；容易屈服、依赖，并且情感容易受到伤害；感到自己软弱而无法克服自己的缺陷，缺乏动力，无法超越自己。

自卑的人并不一定表现为能力差，相反是自己期望过高，不切实际，因此必然容易导致失败。有这种表现的学生自我意识差，认知也片面，"只见树木，不见森林"。只要有一方面不如人，就认为自己什么都不行。例如，学习成绩不好会自卑，父母离异会自卑，生理上有残疾会自卑，父母下岗会自卑，有某些疾病（如口吃）也会产生自卑，甚至长相不好也会自卑。这种学生对自己缺乏信心，总觉得自己低人一等，他们畏首畏尾，总是"弯着腰"过日子，常常有自卑感。这使得他们感情脆弱，多愁善感，忧郁孤僻，常常自惭形秽，感到别人瞧不起自己，又特别害怕别人伤害自己，因而事事回避，处处退缩，不敢抛头露面，不敢与人做深层次的交往，从而丧失了许多获取真诚友谊的机会。

不少学校都有学习与品德皆差，且漠视学校纪律、性格暴躁、情绪容易偏激、有突发的暴力倾向、在校园惹是生非的"失控学生"。自我认识偏差是造成学生失控的内在因素，他们自认是学习的失败者，自暴自弃，也不在乎校规校纪的要求，我行我素。家庭的教育方式对青少年健康成长具有不可替代的重要作用。但是，不少父母对孩子施行极端式的家庭教育，或过于严厉，动辄打骂，或过度溺爱，放纵袒护，这些不良的家庭教育助长了失控学生的畸形发展。

也有些孩子由于过分娇宠的家庭教育，因为生活的一帆风顺、片面的自我认识等而变得自负，自恃聪明，骄傲自大，以为自己无所不能，对老师和同学不屑一顾，经常"吹牛皮"、说大话，失败之后又怨天尤人。

自负的表现也是多方面的。有的孩子因自负而不能和同伴友好地相处，常常有高高在上、盛气凌人之感；有的孩子对大人傲慢无礼，不尊敬长辈，瞧不起成年人在某些知识方面的缺陷；也有的孩子因自负而不爱与人说话，不爱回答别人的提问，甚至变得爱挖苦人、讽刺人。自负可以说是一种比较普遍存在的不健康心理，许多有专长或智力超群的孩子都易染上这种心理疾病。自负往往会导致自满，使孩子丧失进取心，增长虚荣心。另外，自负心理还容易使孩子意志脆弱，经不起挫折和打击。

二、学生自我认识偏差的教育和纠正

其实，提高自我认识最关键的在于按照自己的实际情况来评价自己，避免歪曲和走样。也就是说，自我画像应该是肖像画，而不是漫画，也不是艺术照。对于儿童和青少年来说，最重要的是避免过分地贬低自己和夸大自己，防止自卑和自大。

因此，家长和教师在对待自我认识有偏差的孩子时要注意以下几个方面。

1. 加强孩子的成功体验。

这一点是最重要的，因为成功体验是消除自卑、建立自信的关键，而自卑的孩子大多数都很少体会到成功的快乐，所以应该以这一方面作为突破口。比如，布置任务的时候尽量从简单的开始，一步一步地先从各方面降低对他们的要求，给他们提供更多的成功机会，减少其失败体验，鼓起他们追求成功的勇气。再例如，班里可以设立一些进步的奖项，如果学生有了进步就给予奖励，使他们得到竞争的权利，获得成功的体验，借此帮助他们克服自卑心理，迎头赶上。家长还应给孩子创造条件增长他的知识和技能，鼓励孩子结合自己的条件参与适合自己的活动。

2. 正确认识自卑的利与弊。

每个人或多或少都会有自卑，但是有的人为了克服自己的缺点而奋斗努力，终于成功，正是这一点自卑成为他向别人看齐的动力。要是让孩子认识到这一点，他就不会产生太大的心理压力。同时要告诉他经常自卑会使人落后，让他知道问题的严重性，再给予合理的指导，帮助他克服。

3. 积极与他人交往。

自卑的孩子大多数比较内向，不喜欢与同伴交往，不合群。心理学家认为，当人独处时，心理活动会转入内部，朝向自我。所以要让孩子多与人交往，这样心理活动就不会只限于自己的小圈子，注意力得到转移，而且通过与人的交往，可以抒发自己的感情，正确地认识自己。

4. 多积极鼓励孩子，帮助孩子正确归因。

美国的华登堡博士曾对儿童的自我评价与学业成就之间的关系做过纵向研究，他指出：幼年能对自我作出积极肯定评价的儿童，到小学，其智商、阅读能力等仍保持较高水平。所以要帮助孩子分析和正确地归因，作出积极的自我评价。让孩子知道暂时的挫折是不可避免的，并不是因为自己天生的缺陷造成的，而是由于自己没有去发展和锻炼。同时要多鼓励，用榜样的力量帮助孩子树立自信心，让孩子产生自信。

5. 正确地补偿自己。

所谓补偿，就是发挥自己的才智或特长来弥补自己生理上或智力上的缺陷，同时消除烦恼或痛苦等情绪。如果一个孩子真的是由于生理或者心理的缺陷而自卑，就应该告诉他勤能补拙、天道酬勤之类的道理，可以扬长避短。

6. 鼓励孩子积极参加体育锻炼。

体育锻炼可以提高承受挫折的能力，因为体育活动是调整心理状态和使精神得到放松的有效手段。通过体育活动，可以获得乐趣，满足心理的某些需要。而且在活动过程中，身体活动引起的交感神经和迷走神经兴奋，快乐情绪油然而生，不安和烦恼等情绪一扫而光，自信心得到加强。

7. 培养孩子多方面的爱好。

广泛培养孩子的爱好，在此过程中，让孩子发现自己的强项，增强信心。通过某些突出的优点，获得成功的体验，可以让孩子克服失败的沮丧。

8. 用关怀让孩子体会到温暖。

在孩子产生自卑的原因中，有一条与家庭有关，就是家长对孩子缺少关爱。家庭的温暖胜过天空的太阳，因此家长需要在这方面做出改变，关心孩子，鼓励孩子。学校应尽量创造宽松和谐的集体，同时老师也应当深入地了解学生，关心学生，充分发挥集体教育的作用，使学生的不安、烦恼、孤独等情感得到淡化或抑制。在条件允许的情况下，最大程度地去满足问题学生的心理需求，适当考验、增强学生的自信心，提高他们的心理承受力。

总之，在矫正方面，学校和学生家长要取得联系，密切配合，使学生生活在希望之中，变自责为自信，变自卑为自尊，变自我否定为自我肯定，启发他们取长补短，积极进步，勇敢地面对人生。

附：自卑感测试

自卑是事业成功的天敌，必须克服它。那么你有自卑感吗？程度如何？或许你自己也说不太清楚，通过下列问题测测你的自卑感。请根据自己的实际情况回答"是"或"否"。

1. 如果你看到一些朋友、同事或同学正在交谈，你会因担心可能不受欢迎而对是否加入谈话犹豫不决吗？
2. 当你遇见自己认识的人时，你要待对方先与你说话或对你微笑才对他打招呼吗？
3. 你有时想知道别人如何评论你的品质吗？
4. 当你知道自己是第一个被邀请参加聚会时，你会吃惊而有点不知所措吗？
5. 你经常把自己幻想成一个重要人物吗？
6. 你经常因感到不受重视而认为无法受到重视吗？
7. 无论团体决定去哪里你都能跟随而从不领路吗？
8. 一句随便的表扬或赞成的话也让你觉得非常快乐吗？
9. 你看不起生活水平比你低的人吗？
10. 你经常贬低别人吗？
11. 你很少说别人的好话吗？
12. 你经常夸耀自己吗？
13. 你认为说"我不知道"非常困难吗？

14. 你认为要自己承认做错了某件事或犯过错几乎是不可能的吗?

15. 你经常妒忌别人吗?

16. 当别人认识你的弱点时,会很长时间感到生气或不快吗?

17. 你和陌生人在一起感到不自在吗?

18. 你经常大笑、大声谈话或用其他方法来吸引别人的注意吗?

19. 你经常为自己的行为向别人表示歉意吗?

20. 你经常因自己的失败和困扰去责备别人或责备自己吗?

21. 你经常反对别人的想法或别人想做的事情吗?

22. 当你和自己同龄中最聪明、最成功、最受欢迎的人在一起时,会感到不自在吗?

解答:

如果你对上面的问题回答大多为"否"(远远超过一半),那么说明你只稍微有些自卑感。心理学家认为,稍微有些自卑感不仅无碍于人的正常学习、工作和生活,甚至还有益于人的发展。所以,如果你的回答结果属于这种情况,就大可不必担心。

如果你的回答至少有一半(11个)为"是",则说明你的自卑感比较严重,这时,你就需要加以克服矫正,下决心改变一下自己的看法。

3 心理效应易蒙人,结交朋友要留神
——他人认知偏差问题的咨询

> **案例介绍**
>
> 小泽给人的印象是文质彬彬、谦谦君子,可是同学们和他交往一段时间之后都发现他工于心计、斤斤计较,常出些坏主意唆使别人去干,但老师追查下来时小泽又一本正经地矢口否认,拒绝承担责任,并表现出一脸无辜的样子,因而老师常常相信他而把其他同学批评一通,事后他则幸灾乐祸地在一旁讥讽挨批的人。

俗话说,"路遥知马力,日久见人心"。结交朋友,千万不能被他人的一些外表如相貌、身高、衣着等所迷惑。

一、交往过程中最容易蒙蔽的几个心理现象

1. 首因效应。

首因效应又叫作第一印象,是指人们初次相见时产生的印象。陌生人之间首次相遇形成的第一印象对他们的人际交往有重要影响。人们有时会根据对方的外貌、衣着、姿态、言谈举止等表面特征作出初步的判断和评价,形成一定的印象,即容易出现"以貌取人"的现象。有时对对方一无所知时,推及一些未知的信息,并以此导致"先入为主"的现象。

学生如果不能摆脱第一印象的影响,就容易导致光从表面看问题,对同学产生错误的看法,妨碍同伴沟通,因此要避免首因效应的影响。

不过,也可以引导学生学会利用首因效应,在同伴交往中尽量全面地表

现自己，不作任何掩饰，既让同伴了解自己的优点，又让同伴了解自己的缺点，力争给人留下好的印象，使同伴愿意和自己接触，为形成和保持良好的人际关系奠定坚实的基础。

2. 晕轮效应。

晕轮效应又叫作成见效应，是人际知觉的另一种偏见，是指人际相互作用的过程中形成的一种夸大了的社会印象。有时学生会将对同伴的最初印象不加分析地用来判断和推论其他品质。如果认为同伴好，就容易认为他什么都好，被一种积极的光环所笼罩。相反，如果认为同伴不好，就容易认为他什么都不好，又会被一种消极的光环所笼罩。

实际上，这是学生主观推断的泛化和心理定势的结果，往往是在他们掌握知觉对象信息较少而又急于作出总体判断的情况下产生的。成语"一叶遮目，不见泰山"说的就是这个道理。

晕轮效应有正负两种。正效应是从认知对象某种积极、肯定、良好的印象推导想象出对象的其他长处，对其做肯定评价。负效应则是从认知对象某方面短处着眼而推导出其他方面的缺点，于是作出否定判断。晕轮效应仅仅抓住了事物的个别特征，就草率匆忙地对事物的本质或全部特征下结论，而导致歪曲认知对象的整体形象与内在品质，造成对他人片面的不正确的判断和评价，阻碍人与人之间的正常交往，这是不可取的。

3. 成见效应。

成见效应是人们在人际交往中从已知推及未知、由片面推及全面的人际认知现象，具体表现为儿童已有的态度直接影响到对同伴的认识和评价。它会歪曲同伴的形象，导致不正确的评价，对人际关系有消极影响。帮助学生了解成见效应，有助于他们克服在人际交往中看待同伴的偏见，从而进一步发展同伴间的人际交往。

4. 定型化效应。

定型化效应又称为刻板印象或刻板化，是指人们对他人的固定不变的看法。定型化效应对人类有积极作用，那就是能使认识过程简单化，节省时间和精力。人们借助他人的一些典型特征，就可能会想象出他人将要产生的行为。

在更多的情况下，定型化效应对学生的人际交往是有消极作用的。因为同伴的行为不可能是固定不变的，虽然具有不同人格类型的同伴，他们的行为模式具有一定的倾向性，但这种行为模式不是绝对不变的，它也会随着不同的情况发生相应的变化。比如，一位典型的内向型的同学，按其本来的行为表现应是以内向为主，就是做事情必须经过深思熟虑后才能采取行动，不过，在某一特定的场合，他也会表现出热情交往的特点。反之，一位典型的外向型的同学，就其人格特点而言，应表现出乐群、善于交往和遇事不愿独立思考等特点，可有些事情要求他不得不拿主意时，他也会认真思考，独自妥善处理。

如果学生在同伴交往中，受定型化效应的影响，就会造成人际知觉的偏见，从而使同伴关系紧张，影响同伴间的友好往来。因此，教师应教育学生不要根据刻板印象来看待同学，要学会在交往过程中，对同伴作具体分析，既要看到同伴的优点，又要看到同伴的缺点，更要看到同伴都是发展变化的，应该辩证发展地看待同伴。

5. 近因效应。

近因效应是指在人际交往中，最近对他人的了解情况占优势，往往会掩盖了对他一贯的了解。如两个学生 A 和 B 关系处得很好，可是，最近因为 A 一件小事"得罪"了 B，于是，A 同学就遭到 B 的憎恨，这就属于近因效应。教师要帮助学生了解近因效应是同伴交往的障碍，要努力克服或避免近因效应给自己在同伴交往中带来的消极影响。

6. 自我投射效应。

自我投射是指人们把自己的特征、爱好、情感、愿望投射到认知对象身上，产生认知幻觉，做出不合实际的评价。自我投射效应表现为以己度人，从自我出发认知他人，以主观统摄客观，将他人归结为自我。这种以自我为中心的认知态度和方式是极其有害的。

二、如何与人交往

良好的人际关系基于一定的人际认知水平，因此提高人际认知水平，调整个体内部的交往认知结构,是促进人际关系和谐的重要条件。

一般来说,人际认知水平的提高可以从对自己的认识、对他人的认识等方面入手。在对自己的认识方面,要了解自己,学会避免一些刻板的心理现象。对他人的认知主要包括两个方面,一是对他人外在行为的认知,二是对他人内在个性心理特征的认知。有了正确的认知,才能学会从他人的角度看问题,对他人的情绪情感进行体验,也只有这样才能进行主动交往,提高人际交往的针对性和有效性。

另外,在交往中还要注意待人处世要有一种宽容的态度,不苛求;要以高度重视的态度来对待交往关系中双方的差异;以一种与人为善、助人为乐的态度来建立人际关系;对对方抱有基本的信任和尊重。信任和尊重对于建立良好的人际关系也许不是万能的,但要想建立良好的人际关系,没有信任与尊重,却是万万不能的。此外,与人交往要真心,表达自己、对待别人的意见和态度要真诚。

在与人交往的过程中,我们也要知道,人是社会性动物,人际交往是我们每个人的一种需要。在人际交往中,过分留心、处处算计、总怕吃亏上当,就得不到快乐。可以说,这样的人还没有领悟人际交往的真正内涵,因此他无法体验到交往中的快乐。两人互相交换一个苹果,还是一人一个苹果,两人互相交换一个主意,一人就有了两个主意,这个例子是交往内涵的一个体现。此外,交往的意义还在于增大个人的心理空间,减小彼此的心理距离。因此,看准人,敞开心怀与人交往,生活会变得快乐而充满意义。

心理学研究表明,人际交往中的级差、层次是客观存在的,所以在交往中应根据人们所处的不同级的心理距离状态,采取不同的交往方式。首先,要适当表达自己的见解,态度诚恳,措辞文雅,处处替他人着想,在语言的运用上应当准确,恰当选择说话的内容,巧妙地组织表达方式,通过培养语言运用能力,优化人际交往。其次要注意交往方式,充分尊重别人,尊重别人的隐私权,切忌不考虑别人工作、学习、休息而随便打扰。同时,要建立良好的第一印象,主动交往,克服社交上的消极、被动和退缩情绪,切忌自我中心,要克服傲慢和嫉妒心理。此外,在人际交往中,要注意吸取和学习别人的优点,不断提高自己各方面的知识和修养水平。

4 心生嫉妒是要强，努力超过是良方
——嫉妒问题的咨询

> **案例介绍**

　　某班用孩子们喜欢的五角星来鼓励学生的优秀表现，十个小星换一颗大星，十颗大星换奖品。在一次换星发奖后的第二天，小桐发现自己换星得来的文具盒不见了。后来，有学生报告在男厕所发现了小桐的文具盒，原来，文具盒被塞在厕所的漏水管道里了，显然这是有人故意干的。经过调查，班里的小方承认是自己趁体育课时偷偷溜进教室把小桐新发的文具盒扔进厕所的。小学生的嫉妒心已经开始对他人产生伤害。

　　嫉妒是恐惧和担心他人优于自己的心理状态，是在他人比自己占优势之后，试图削弱或排挤对方的一种带有攻击性的消极个性品质。嫉妒往往给对方造成生理和心理的伤害，导致人际冲突和交往障碍。

　　嫉妒反映了人在"现实"与"自设现实"之间的不平衡状态。它有四个基本特征：针对性、排他性、破坏性、隐蔽性。可比性是嫉妒的基础，由于人总是在一定的可比关系中生存，嫉妒总是难以避免的。嫉妒心人人都有，甚至可以说有一定程度的嫉妒心才算是一个活生生的人。特别是在当今社会，当社会大变革的大潮扑面而来时，心理的变化使你不能不意识到，快节奏的社会生活需要更健康的社会心理来承受。用一句通俗的话来讲，就是现在吃得好了，穿得好了，但是总感到有些心紧，如果这种心理状态不能及时调整的话，就很容易使其成为嫉妒滋生的土壤。

　　嫉妒常常伴有排他性，并伴有情绪色彩。嫉妒心理出现后，很快就导致嫉妒行为，如中伤别人、怨恨别人、诋毁别人。实际上，嫉妒心理及相应的嫉妒行为除了暂时地平衡心理之外，毫无可取之处。一方面，身受其害的嫉妒对象会远离"作恶多端"的嫉妒者，旁观者也会对嫉妒者的小人行径不满；另一方面，嫉妒者也并不是一个胜利者，他们自己也承受着巨大的心理痛苦，在以后的交往活动中也会裹足不前，不敢与那些条件优越或者有很强能力的人交往。

由于嫉妒情绪能使大脑皮层及下丘脑垂体促肾上腺皮质激素分泌增加，造成大脑功能紊乱，免疫机能失调，从而使自身免疫性疾病以及心血管、周期性偏头痛的发病率增加。医学家们还观察到，嫉妒心强的人常会出现一些诸如食欲不振、胃痛恶心、头痛背痛、心悸郁闷、神经性呕吐、过敏性结肠炎、痛经、早衰等现象。

一、学生嫉妒的原因

在学生中，主要是因教师对他人的表扬或班级干部竞争失利而产生嫉妒心理；因自己容貌欠美、身体欠佳而对生理条件优越的同学产生嫉妒心理；因自己家境贫寒而对家庭生活优越、经济地位高的同学产生嫉妒心理等。心怀嫉妒的同学，往往不愿意承认别人的优秀与进步，甚至加以贬低，不惜造谣中伤、挑拨离间、公开侮辱，严重妨碍了人际关系的和谐，妨碍了同学之间的正常交往，导致破坏性的结果。

学生嫉妒心理形成的原因可能有以下几个方面：从小就无法采用容忍的态度来经历挫折；由父母、教师和同学的偏爱而造成；由于先天不足或后天表现不及别人造成的自卑而引起；由家长或教师的有意识的比较而造成；由家长或教师处理同伴冲突不适当而造成；由于抚养人或权威人物的冷落或疏远而引起等。

首先我们要明白，学校里什么样的同学容易产生嫉妒，然后我们才有可能密切关注此类学生的动向，对其采取相应的措施。

心理学家发现，过度自尊的人容易产生嫉妒。请看一个鲜为人知的故事：卓别林去世后两个月，他的女儿向新闻界披露了一件令人意外的事。卓别林曾以制片人的身份主持过一部《海的女人》的拍摄，导演是一位当时没有名气的人,该片拍成后,卓别林把它锁进保险柜,一直没有上演。直到死前,他把唯一的拷贝销毁了。他的女儿说:"因为它太好了,父亲无法忍受别的导演的成功。"由于过度自尊而产生嫉妒,又用维护自尊的方式表示嫉妒。

缺乏自信心的人也容易产生嫉妒。只要我们细心留意一下考试后学生们的表现就清楚了,缺乏自信的学生表面上似乎对考试结果很无所谓:"我这次肯定考得很差了,考试那天我刚好头痛。"但他却很害怕结果真的如此,唯恐别的同学超过自己。缺乏自信心、容易嫉妒的人,言谈中总是喜欢夸大。

虚荣心重也容易产生嫉妒。这类学生喜欢表现自己,喜欢与别人攀比,往往用自己的优点与别人的弱点作比较,凡事唯恐别的同学强于自己,有时候还诋毁别人,行为常常有攻击性。虚荣的学生通常不愿意承认自己的过错,不愿意冷静地自我反省,对自己的落后不甘心,转而变为嫉妒。例如,成绩比自己差的同学考上了名校,而自己却名落孙山,于是就说人家做了手脚,或者自己考卷上的分数出了差错。

大多数有自卑感的学生都有嫉妒心。自卑感是一种很痛苦的体验,当看到其他同学已经达到那些自己不能达到的理想成就,便会感到痛苦、自卑,就好像别人触及自己的痛处,或发脾气,或自怨自艾,嫉妒那些幸运者。

心智不成熟的学生也容易嫉妒。心智不成熟是指智力和其他心理能力不强,或在学习、交际等方面能力较低。这些人最容易产生嫉妒心,对一件小事的感受都会很强烈,总觉得自己吃了亏,认为别人占了自己的便宜。

二、嫉妒的正面效应

并非所有的嫉妒一定会产生消极、病态与破坏性的结果,通过适当方法与途径对嫉妒的副作用进行抑制与转化,也可在客观上产生一定的正面效应。它主要表现在以下三方面。

1. 嫉妒对个体社会化的促进作用。

所谓个体社会化,是指在特定的社会与文化环境中,个体形成适应于该社会与文化的人格，掌握该社会公认的行为方式。社会化的过程是个体不断形成对外在环境适应性与能动性的过程，也是形成自己独特个性的过程。

个体在社会中应有的地位和角色的获得，并不是一帆风顺的，需要经历冲突与挫折。社会化的过程伴随着嫉妒，嫉妒对社会化的正向作用在于调节嫉妒过程中日见成熟的理智对社会与自身的正确认识。

造成人与人之间得失不同的，往往是人与人之间的差异性。从主观而言，有个体意识的差异性；从客观而言，有社会承传条件的不同，这些与个人事业、感情甚至机会的获得，都有千丝万缕的联系。一个理性的人在嫉妒时要淡化与抑制嫉妒的非理性激情，认识上述差异性。

人在嫉妒时常会说："他也不容易……"（给自己一种精神的宽慰，使自己懂得成功的代价）"像他那样，才能获得成功、表扬……我情愿不要"（我也想到我吃不了那么多苦，我不愿失去那么多……）"我才不那么傻"（我虽然没得到，但实际我比他们聪明）"不是我自己不行，而是我的家庭条件、裙带关系……不如他"（我实际上能力比他强，人格也比他高尚）。不论是善解人意式、甘拜下风式、自以为是式，还是自视清高式，嫉妒者都在强烈的心理不平衡中，认识到人与人之间的差异性，认识到环境对人的制约性，这样就抑制与疏导了嫉妒的非理性激情，嫉妒者因而也无奈地认识到个体在群体中应有的位置，或调整自己的追求目标，或修正自己的行为方式，这一切在客观上促进了个体理性的成熟，也促进了个体社会化的过程。

2. 嫉妒对公正的监督作用。

人总是从具有可比性的人身上来了解自身的价值，衡量自己在一个集体中的地位与成就。在一个小集体中，任何一个成员微小的获得，都会引起与之有可比性的人满怀嫉妒心理的关注。因为嫉妒会引起猜忌、怨恨甚至伤害。严重的嫉妒心理必然会影响一个集体的团结，从而影响一个集体的效率。因此，任何管理制度、任何领导者为了维护集体的效率，都必须强调和维护它的公正性，强调所有成员在相同的条件下，通过同样的努力可以获得同样的权利与利益。所以，任何管理制度和管理者都受到各种监督，同样也受着人们因怀嫉妒之心，对公正的特别关注。

嫉妒可以提醒人们保卫自己的正当权利，也防止领导者有失公允地偏袒某些人。也正是从这个意义而言，人的嫉妒心理维护了制度的公正，嫉妒心理监视着一个群体制度的公正程度。但应该指出的是，嫉妒的本质并不是为了公正。

3. 嫉妒对求胜心的激发作用。

一个走向成功的人，很重要的一点是不安于现状，时时与环境挑战，时时与自己挑战。不甘落后是发展自己的突破口，好胜则是其内在动力。

善妒的人一般都具有较强的好胜心。嫉妒也是求胜与不甘未能实现的扭曲表现，嫉妒时有较强的心理能量。一个心智健全而又不安于现状的人，一定能意识到要真正战胜挫折感，不是靠企求、依赖，或使别人失败，而是自己的成功。唯有自己的成功，才会有真正的心理平衡。因此，这些人在现实生活中就会以对手为目标，以被嫉妒者的成功为刺激因素，加倍地付出努力，奋起直追。

嫉妒中挫败的好胜心，也会使人超越原有领域、价值体系，寻求多方面的发展。有的人学术平淡，跳进商界却独领风骚。有的人仕途失意，就转攻某种技艺……有些人因为对具有可比性的对象强烈的嫉妒，而跳出原有的竞技场，在新的领域里获得成功——旧价值体系中的挫折感，被新价值体系中的成就感所代替，嫉妒就消失了。

特别值得注意的一点是，嫉妒者的这种激情很容易成为三分钟热度。这就使我们面临一项新的挑战，那就是让嫉妒者既不要将嫉妒的心理升级，还不能让其嫉妒之心消退，要努力维持这种激情，因为当其内心的不平衡日趋平静时，人就会为自己的惰性和现状寻找很多的理由，而容忍和宽容自己的失败和挫折，破坏性所诱发的创造激情也就没有了。因此，我们要认识到嫉妒只是最新创造性的能量迸发的诱因，嫉妒者必须在创造与求索中，赋予此热情以更高远的目标，方能引领自己走向成功，走向全面的发展。

三、学生嫉妒心理的辅导和教育

在帮助高年级学生消除嫉妒情绪时，可以从被嫉妒者和嫉妒者两方面做起。要教育被嫉妒的学生学会正确地对待同伴的嫉妒。首先，要变嫉妒为动力。被同伴嫉妒的学生，应吸取别人嫉妒的合理部分，找出自己的弱点并努力克服它。如果自己各方面的表现都很突出，嫉妒者会心悦诚服地佩服自己，嫉妒也就会消除了。其次，要和嫉妒者心理相容。当被嫉妒者感到幸运时，嫉妒者可能感到不幸，这是造成二者心理隔阂的原因，要想消除这种隔阂，必须使二者产生心理兼容。为此，被嫉妒者应主动和嫉妒者进行沟通，表示向嫉妒者学习。这样，嫉妒者的自尊心在某种程度上得到满足，嫉妒心理也就慢慢地消失了。

对于嫉妒同伴的学生，也应帮助他们克服嫉妒心理。首先，要改变消极认知。嫉妒别人是一种不正确的认知。利己主义是这种不正确认知产生的根源。嫉妒者应认识到别人超过自己是正常的，既要学会为别人超过自己而高兴，又要树立通过发愤图强而超过别人的竞争意识。这种消极认知消除了，嫉妒同伴的行为也就不会出现了。其次，设法消除不平衡的心理。嫉妒者一般都不愿意承认自己的失败，有不服输的思想，当同伴超过自己时就出现了心理不平衡。这时嫉妒者也是很痛苦的，如果注意调节心理不平衡，嫉妒心理也就会渐渐淡了。再次，要主动学习被嫉妒者的长处。嫉妒者往往都有不虚心的毛病，甚至有时把同伴的优点硬说成是缺点。要想克服爱嫉妒同伴的缺点，就应该从克服不虚心的毛病入手，要善于发现被嫉妒者的优点，不仅要找出人家在哪些方面超过了自己，更要反复琢磨人家超过自己的原因，并虚心向被嫉妒者请教，这样就会消除嫉妒的心理。

另外，克服嫉妒还可以使用以下几种方法：

（1）鼓励孩子自我调节，进行情感宣泄。一旦嫉妒产生，可以通过发泄自己内心的郁闷情绪而保持心理平衡。如可以通过理发、洗澡、换件新衣服等改变心情，可以到无人的地方大声喊叫，踢球、跑步、爬山等运动也可以宣泄心中的不快。

（2）正确认识法。嫉妒心的产生往往是由于错误认知所引起的，即认为别人取得了成就，便是对自己的否定，其实成功属于肯努力、能力强的人。只要下次努力，成功不也就属于自己了吗？当别人比自己强时，要虚心向他学习而不是嫉妒。

（3）帮助孩子树立自信。心理学家认为，缺乏自信的孩子往往更容易产生嫉妒心。对这类孩子来说，家长的爱、赞扬和理解是医治自卑，进而克服嫉妒的佳方良药。家长对孩子每一个长处由衷的肯定和赞美可大大增加他的自信和自尊，而一个充满自信和自尊的孩子往往会充满了安全感、满足感和快乐感，他们深知，只要自己通过努力完全能取得成功。因此，他们不大会被他人的成功搅得心神不宁或生出畸形心理。他们会心胸开阔，笑对人生。大度和乐观，恰恰是扑灭嫉妒之火的最好的"灭火剂"！

（4）培养孩子养成豁达乐观的性格。教育孩子理解人与人之间客观存在着差异性，让孩子懂得各人都有各人的优势和长处，同时也都有各人的不足和短处，任何方面都比别人强是不可能的。引导孩子充分发挥自己的长处，扬长避短，在生活和学习中学会正视和欣赏别人的优势和长处，从而能够学习、借鉴，以弥补自己的不足，用自己的成功来获得别人对自己的喝彩。

（5）父母做好表率作用。研究表明，生活在充满嫉妒心的家庭里，孩子也往往嫉妒心较强。作为家长，你须留意，切莫在邻居发了一笔横财或挚友升了官时，出于嫉妒对他们横加指责、冷嘲热讽甚至恶语中伤。要知道，坏榜样的力量也是无穷的。

总之，父母或教师应加强和孩子的接触，消除孩子的不满、反抗和成见；鼓励和培养孩子的专长；引导孩子通过正常的途径来获得个人的荣誉和信心；训练孩子对挫折的忍受能力和应有的胸怀、风度；引导孩子关心自己的同伴；强化年龄较大孩子的责任；家长和教师对孩子要公平，不偏爱某个孩子；鼓励孩子进行自我竞争；处理孩子的冲突要适当；尊重孩子的所有权，不强迫孩子和他人分享自己的东西。

嫉妒是孩子成长过程中一个不容回避的问题，它并不可怕，关键在于如何战胜它。让我们用理智和耐心，把孩子心中的那份酸，化作生活中的甜。

5 积极乐观看问题，消极心态是大敌
——消极心态的咨询

> **案例介绍**
>
> 我国第一位残疾人博士后吴耀军，自幼勤奋好学，具有强烈的进取精神。在上进心的驱动下，他顽强学习，刻苦钻研，自学了大专全部课程，并以第一名的优异成绩考取了硕士研究生。研究生毕业后，他又凭着顽强的毅力，自学了多门课程，考取了测试技术与仪器课程专业的博士生，只用了两年半的时间他就学完了四年的课程，提前通过了博士论文答辩，而且其研究成果填补了我国这一领域的空白，达到了国际先进水平。

消极心态是指人的欲望得不到满足时，在心理上出现的极度失望、压抑等情绪体验。消极情绪的出现与人的内心期待值和期待实现值有关。当人的期待实现值超过内心期待值的时候，由于内心欲望得到满足，人的情绪就会呈现兴奋的状态；反之，当期待实现值比内心期待值小的时候，由于内心欲望未得到满足，人就会出现失望、压抑等消极情绪体验。

一、消极心态的危害

长期处于消极心态下，会对孩子的生活、学习、健康造成许多不良影响，甚至影响他们的健康成长。消极心态表现为：对生活失去信心，丧失理想的信念，生活目标不明确；对自己标准降低，不思进取，得过且过；意志衰退，精神不振，伴随着失望、丧志、抑郁、颓废等不良心态。

另外，消极心态也会引起行动的迟钝和精神的疲惫，使孩子丧失进取心，严重时会使他们自我控制力和判断力下降，意识范围变窄，正常学习与生活受到影响。

心理学研究表明,消极心态可使大脑皮层处于抑制或半抑制状态,不利于思维活动的开展,不利于接受知识,也不利于进行创造性的学习。长此以往,会使人形成紧张、抑郁、焦虑、孤僻、敏感、多疑等消极情绪状态,而经常处于消极心态下不利于身心健康,它会使人精神涣散、斗志瓦解、理想破灭、信心丧失。

在消极心态下,由于"投射作用"的影响,在观察社会时就像带上了有色眼镜,往往出现认知障碍,导致认知偏差。有些人自认为看破红尘,所以玩世不恭,怨天尤人,破罐子破摔,结果迷失了自我,浪费了大好的青春时光,有的甚至走上犯罪的道路。

由此可见,消极心态是孩子健康成长的大敌,改变孩子的消极心态十分必要。

二、消极心态的克服

父母和老师应该激发孩子的上进心,努力使他们形成向上、健康的积极心态,及时克服消极心态,从而使孩子的身心得到健康发展。为避免孩子产生消极心态,可以从以下几方面入手。

(1)帮助孩子正确认知。人往高处走,水往低处流。父母和老师应明确反对中国传统观念中向人们宣扬的不思进取、甘居中游的思想,如"枪打出头鸟""出头的椽子先烂""人怕出名猪怕壮"等,告诉孩子应时刻保持积极的状态,努力进取。

(2)培养孩子良好的个性品质,如自信心、独立性、自我实现需要等。当一个人形成了这些良好的个性心理品质后,成就动机就会随之提高,就会有较强的上进心。

(3)帮助孩子确定学习的榜样以激发他的上进心。榜样的力量是无穷的。许多成功者虽然所处的年代不同,成才的方式不同,但有一点是共同的,那就是他们都具有强烈的进取精神和顽强的拼搏意识。因此,应该帮助孩子确立一个不断进取的榜样。

（4）用理想强化。理想是人心中不灭的灯塔，有理想导航，孩子才能在生活的波涛中把握航向，劈波斩浪，驶向理想的彼岸，否则，只能随波逐流，找不到心灵的港湾。理想是学生上进的动力和源泉，理想可以强化上进心，父母和老师应帮助孩子树立远大理想并不断激励他们为实现理想而奋斗、拼搏。

（5）教会孩子把握恰当的期待值。把握恰当的期待值是防止消极心态出现的关键环节。俗话说"期望越高，失望越大"就是这个道理。特别是对于孩子来说，由于自身的不成熟，很难正确认识自己，有时会眼高手低，自我感觉良好，造成自我期待过高，这就有可能经常使自己处在欲望没有得到满足的失落心态下，从而导致消极心态的产生。

（6）增强孩子的心理承受力。心理承受力强、个人修养好的人，可以做到宠辱不惊，不以物喜，不以己悲。遇到顺境时，要冷静客观，切不可忘乎所以，狂妄自大，否则即使是成功，也将成为失败的前奏。遇到逆境，不要怨天尤人，不要失去信心，不要放弃理想，而是发现问题，找出原因，吸取教训，开始新的奋斗。

在孩子产生消极心态时，可用以下几种方法进行平息。

第一，情绪转移法。当孩子陷入消极情绪中不能自拔时，应告诉孩子切莫钻牛角尖，一条路走到黑。可用情绪转移法，暂时将精力和情感转移到他平时喜欢的方面，等心态冷静、平和，能够正确面对现实时，再回过头清理思绪，寻找原因，制定新的行动方案。情绪转移法可以有效地缓解精神压力，扭转消极心态，重新找回失去的自我。

第二，心理宣泄法。当孩子出现不良情绪和消极心态时，就让他及时通过心理宣泄以平衡心态、缓解压力、消除郁闷情绪。常见的心理宣泄方法包括自我宣泄和求助于他人宣泄两种方法。父母和老师可以让孩子到无人的地方大声喊叫，或进行体育运动，也可以让他们选择自己信赖的人进行倾诉。

第三，情感升华法。当孩子的情感或心理受挫时，父母应设法使他们将消极心理转化为积极心理。平常我们所说的"化悲痛为力量"就是情感升华的结果，在生活中有很多高考落榜者、家庭不幸者以及情场失意者，不甘沉沦，通过自己的不懈努力和奋斗，终于在学习上、事业上获得成功，实现了自己的人生价值，成为了生活的强者。

　　第四，自我安慰法。让孩子学会在消极心态下找出各种理由，为自己的行为辩解，以使内心得以平衡、精神得以安慰、情绪得以转化。常见的自我安慰方法有比较法和比拟法。比较法是指同比自己境遇更糟或受打击更大的人进行比较。这种方法可以使人产生"比上不足，比下有余"的心理，以缓解消极、抑郁的心态。比拟法是指用比拟的方式进行自我安慰、平衡心态的一种方法。常见的有"酸葡萄式"和"甜柠檬式"两种。"酸葡萄式"是在达不到某种目的时，找出种种原因，弱化目的的意义和价值，从而减轻失落感，如"三百六十行，行行出状元""条条大路通罗马"等。"甜柠檬式"是引用了"柠檬虽酸，但加点糖就甜了"的含义，寻找种种理由为自己的行为辩解，以缓解内心冲突和心理压力，如"旧的不去，新的不来""破财免灾"等。

6 手足无措心发慌，克服恐惧多交往
——社交恐惧问题的咨询

> **案例介绍**
>
> 小璐是站在妈妈背后长大的，即使现在个头已经超过妈妈，也还是不敢当着老师和同学的面发言。如果遇到同学必须轮流上台发言，躲不开，她宁愿装病逃学。像小璐这样与不熟悉的人讲话或在众人注视下活动时，表现出显著的、持续存在的担忧或恐惧，或者一旦暴露于类似环境中，总感到紧张、焦虑，明知不必却又无法消除，就是社交恐惧。患者对所恐惧的环境一般采取回避行为，即使坚持下来也十分痛苦，经常会出现预期性焦虑及多汗、面红耳赤、胃肠道不适等躯体症状。

社交恐惧症，又名社交焦虑症，是恐惧症中最常见的一种，约占恐惧症病人的一半左右。社交恐惧症是一种对任何社交或公开场合感到强烈恐惧或忧虑的精神疾病。患者对与陌生人相处或可能被别人仔细观察的社交或表演场合，有一种显著且持久的恐惧，害怕自己的行为或紧张的表现会导致被羞辱或难堪。

一般人对参加聚会或其他会暴露在公共场合的事情都会感到轻微紧张，但这并不会影响到他们出席。真正的社交恐惧症会导致无法承受的恐惧，严重的患者甚至会长时间地把自己关在家里孤立自己。社交恐惧症患者总是处于焦虑状态，他们害怕自己在别人面前出洋相，害怕被别人观察。与人交往，甚至在公共场所出现，对他们来说都是一件极其恐怖的事情。

一、社交恐惧症的表现和原因

一些学生害怕考试不合格，担心学业不佳，担心评优落空，担心自己的体力、能力不是最优的，害怕寂寞、孤独等，这些恐惧心理使他们的生活黯淡、不愉快，给他们带来一系列不良的心理反应，使他们失去言谈举止的原则，结果导致一见生人就脸红，说话紧张，词不达意，甚至不愿在公共场所露面，不愿接触他人，不愿意参加集体活动等，或者是在与他人交往的过程中，唯恐自己达不到人们的评价标准而被人耻笑，于是就拉大了自己与周围同学的距离，人际关系因此变得疏远。

社交恐惧症的表现形式不仅是面对陌生人手足无措，而且还表现为不能在公众场合打电话，不能在公众场合和人共饮，不能单独和陌生人见面，不能在有人注视下工作等较为极端的行为。在这种恐惧、焦虑的情绪出现时，还常伴有心慌、颤抖、出汗、呼吸困难等症状。

社交恐惧症已是继抑郁症和酗酒之后排名第三的心理疾病。社交恐惧产生的原因是什么呢？

首先，因为现代人面临的生存压力愈来愈大，特别是网络时代的来临，为人们带来了新的社交领域，若长期沉溺于网络虚拟社会的社交活动，则会减弱在真实社会中与人直接交流的社交能力而引发社交恐惧。许多患者也因长期处于人际关系障碍及社交功能丧失的情况下并发了酒瘾、毒瘾或抑郁症等精神疾病。

其次，研究发现，心理、生理两方面的因素会共同导致社交恐惧症，它的发病是因为人体内一种叫"5-羟色胺"的化学物质失调所致。这种物质负责向大脑神经细胞传递信息，其过多或过少都可引起人们的恐惧情绪。

另外，社交恐惧症与患者本身的性格有一定的联系。有的人生来性格内向，不爱与人交往，在青春期时如果不注意调整心理状态，许多人会更加惧怕与人交往，严重的会发展成社交恐惧症；有的孩子自尊心太强，害怕被别人拒绝，所以一直拒绝与人交往；也有些孩子惧怕与人交往，是因为对自己的外貌没有信心，如肥胖或有严重痤疮等。

社交恐惧症还可能是家庭因素所致。父母的教养方式、家庭的结构等，都可能对孩子社交恐惧的产生有一定的影响。在家里总是受到批评，得不到爱的孩子，长大了容易不信任别人，发生社交问题。另外，一些父母可能忽视对孩子社交技能的培养，使孩子在与人交往的时候遇到障碍。

二、社交恐惧症的诊断

孩子是否患有社交恐惧症,要根据精神科专业测试表来进行判定:1~9分,没患社交恐惧症;10~24分,已经有轻度症状;25~35分,已经处在社交恐惧症中度患者的边缘;36~40分,严重的社交恐惧症患者。

现 象	从不 1	有时 2	常常 3	总是 4
我怕在重要人物面前讲话				
在他人面前脸红我很难受				
聚会及一些社交活动让我害怕				
我常回避和我不认识的人进行交谈				
让别人议论是我不愿意的事情				
我回避任何以我为中心的事情				
我害怕当众讲话				
我不能在别人注目下做事				
看见陌生人我就不由自主发抖、心慌				
我梦见和别人交谈时出丑的窘样				

三、社交恐惧症的辅导和教育

对于学生中比较常见的社交恐惧,可以从以下几个方面进行辅导和教育。

(1)家长和教师创造机会和条件,鼓励学生主动参与集体活动。社交活动可以先在熟悉的环境中进行,如家中或课堂,然后慢慢扩展到其他陌生的环境;社交对象也按照先熟悉、后陌生的顺序;社交的人数可以按照个体恐惧的强度和适应特点安排,先人少、后人多,或先人多、后人少。交往活动最初尽量通过需要较高的注意力或体力的活动来进行,如体育活动等,这样可以避免个体过于关注他人。

（2）教会孩子避免完美主义，保持平常心。让孩子做到以下"三不"：不否定自己，不断地告诫自己"我是最好的""天生我材必有用"；不苛求自己，能做到什么地步就做到什么地步，只要尽力了，不成功也没关系；不回忆不愉快的过去，过去的就让它过去，没有什么比现在更重要了。

（3）提高孩子的社会认知水平，培养其社交技能。让孩子学会友善地对待别人，在帮助他人时能忘却自己的烦恼，同时也可以证明自己的价值存在；找个可信赖的倾诉对象，有烦恼一定要说出来；每天给自己10分钟的思考时间，不断总结自己才能够不断面对新的问题和挑战；到人多的地方去，让不断过往的人流在眼前经过，试着给人们以微笑。

对于深度社交恐惧症的患者，可以在专业人士的帮助下做以下心理治疗。

◎ **催眠疗法**：精神分析师将你催眠，挖掘你心灵或记忆深处的东西，看你是否经历过某种窘迫的事件，试图找到你发病的根源。

◎ **强迫疗法**：医生让你站在车水马龙的大街上，或者让你站在自己很惧怕的异性面前，利用巨大的心理刺激对你进行强迫治疗。

◎ **情景治疗**：让你在一个假想的空间里，不断地模拟发生社交恐惧症的场景，不断练习发生症状的情节，精神分析师会不断地鼓励你面对这种场面，让你在假想中适应这种产生焦虑、紧张的环境。

◎ **认知疗法**：这是一种不断灌输观念的治疗方法。医生不断地告诉你，这种恐惧是非正常的，让你正确认识人与人交往的程序，教你一些与人交往的方法。

◎ **药物疗法**：这是目前被认为最有效的治疗方法。发病是因为体内某种化学物质的失调所致，所以运用某类药物来调节平衡。

7 自私冷漠要不得，同伴活动消隔阂
——自私问题的咨询

案例介绍

> 经常有家长反映自己的孩子行为自私，什么东西都想据为己有，比如全家人去饭店吃饭，他喜欢的一盘菜，谁也不许动，他说那是他自己的，不到最后自己吃不掉，谁都不许吃。还有一些孩子不愿分享自己的东西，不愿为集体活动出力，很难与同伴相处，常常一个人闷在家里玩。孩子自私怎么办？

自私是儿童过分关心自己，只注意自己的欢乐和幸福，很少考虑他人，一切以满足自己为主的一种不成熟行为。

一、儿童自私问题究因

儿童自私的原因，一方面是人类有天生的利己倾向。在儿童心理发展未达到成熟阶段的时期，儿童往往单纯地确定"我即世界"。这种自我中心虽随时间和经历的推移，逐渐变得能接纳他人和减少利己行为，但仍会固执己见，不能接受公正、正确的意见。于是，儿童衡量外界的尺度便以是否有利于自己为准，相应地，行为也会如此。另一方面，父母在儿童成长过程中的错误教育也是导致儿童自私的一个重要原因。如果父母对孩子反复无常、表里不一，当孩子有错误时便嘲讽、鄙视，使孩子产生畏惧心理，只能封闭自己，回避与他人来往，缩回自己的小圈子里，结果必然导致孩子的自私。另外，如果父母过分宠爱孩子，总怕孩子受一点苦、受一点委屈，对孩子过分的需求也总是有求必应，容忍、迁就孩子的错误，就容易使孩子自大，不关心他人利益，一切为己。

另外，父母的亲职角色不力、亲子地位的倒错、家庭氛围差等，都会促使孩子形成自私的思想和行为。

二、儿童自私问题的预防和纠正

1. 帮助孩子形成自我价值的观念。

预防孩子自私的直接办法是使儿童感到自己有价值。每一个人都希望得到别人的认可，儿童也一样。家长要让孩子知道他是被大家喜欢和接受的，当孩子知道自己在别人心里占有一定位置时，即使下次有自私的想法，家长可以提醒孩子这种想法是不合适的，同时告诫孩子，他的朋友不会接受自私的行为，孩子为了自身价值得到承认，也会减少其自私行为。这样多次，孩子的利他接受能力增强了，他自然地会去关心别人，也就没有自私发展的可能了。

2. 要满足孩子合理的要求。

对孩子提出的要求，合理的可以答应，不合理的不要迁就，家长不能一味溺爱孩子。孩子的自私心理不是天生的，而是在后天环境中逐渐形成的。其中最重要的原因是父母对孩子的娇惯溺爱，把孩子视为家庭的中心，全家人围着他转，这样就会使孩子心中只有自己，只想得到别人的照顾，根本想不到关心别人。这种做法很容易养成孩子的独占意识和自我中心意识，发展下去就会演变成自私心理。因此，对孩子提出的不切实际、无理的要求，父母必须坚决而明确地加以拒绝，并说明拒绝的理由。

3. 要教育孩子关心别人。

在日常生活中，父母要培养孩子独立生活的能力和助人为乐的品质。家长可以让孩子学会承担力所能及的家务劳动，让他体验到家人劳动的艰辛，从小养成热爱劳动的好习惯和独立生活能力。孩子如果主动为别人做事，如在家帮父母打扫卫生，在外坐车时为老弱病残让座位，父母要及时表扬。另外，家长也要引导孩子尊重和关心长辈，让孩子学会享受时首先考虑长辈，如就餐时，好菜要先夹给长辈吃，舒服的位置让给长辈坐；别人为自己服务要表示感谢；别人不便时，应尽可能提供帮助，让孩子逐步学会帮助、关心别人。

4. 为孩子创造与朋友交往的机会，教孩子学会分享。

从儿童心理发展的规律看，5~6岁以上的孩子是需要友情、需要伙伴的，但是目前由于孩子在家中没有兄弟姐妹、学校功课任务重及邻里之间交往少等原因，许多孩子终日是一个人学习、一个人玩耍，这样，他的心里自然也就很难考虑到别人，孤独的环境容易使孩子变得以自我为中心。改善这种状况，除了家长平时要有意识地与孩子一起交谈和娱乐之外，还要鼓励和指导孩子与同学、邻里发展友谊。比如，欢迎孩子的同学星期天到家里来玩，也鼓励孩子到同学家去玩。鼓励孩子将自己的玩具、书借给朋友们，在这个过程中，让孩子学会懂得友情，学会分享。孩子在给予的过程中能得到快乐，就会乐于分享。

5. 让孩子积极参加集体活动。

对孩子来说，集体就是小组、班级、少先队、学校及假期里的活动小组。孩子学习和生活在这些集体里，就应该同组织的其他成员团结互助，共同完成集体活动的任务，并在这个过程中形成初步的集体主义意识。但自私的孩子在集体中往往与他人格格不入，做事情斤斤计较。有些家长错误地认为参加集体活动没意思，担任班组干部耽误学习时间，这些想法都是不对的。家长应当和学校、教师经常保持联系，了解孩子在集体中的表现，支持孩子为集体做好事，倾听孩子参加集体活动后的感受，教育孩子在集体活动中要团结友爱、勇挑重担、遵守纪律，并帮助孩子克服狭隘自私、重名重利、害怕吃亏等错误思想。

自私本身是人的正常心理，不是什么大毛病，可是由于自私的狭隘性，会引申出嫉妒、愤怒、任性、偏执等很多性格的缺陷。因此，家长在教育孩子的过程中，要心平气和，给他宽松的环境，和孩子一起读读好书，听听音乐，学点知识。人格圆满了，自私的毛病自然就慢慢没有了。

8 心理若是幼稚化，家校教育别再夸
——心理幼稚化倾向问题的咨询

> **案例介绍**
>
> 当前，大多数中小学生都热衷于找课外家教辅导，其中不少属于学业不良者，而且有些人还存在着生活障碍，主要是由于他（她）们的心理缺陷而造成的，与生理或认知系统的发展无关。这些学生在学习上和生活上有很多共同的毛病。例如，在学习上对自己没有较高的要求和明确的目标，一副无所谓的样子；沉湎在电子游戏和动画中而拒绝参加户外体育活动；生活上过多依赖父母；缺乏人生追求，总爱脱离现实地幻想；对事情的认识简单化；崇尚暴力，以一己好恶作为判断标准；存在明显的被动倾向，凡事要靠别人推动才做等。

以上是学生心理幼稚化倾向的一般表现。存在心理幼稚化倾向的青少年，往往缺乏生活体验、独立思考和判断能力，因而不善与人交往，不会应付生活中的突发事件，不能适应现代社会的激烈竞争。从这个层面看，当前我国的不少中小学生尤其是城市学生都存在着一定程度的心理幼稚化倾向，心理幼稚化倾向已经是妨碍我们青少年健康发展的普遍问题。

一、心理幼稚化倾向及其特点

心理幼稚化是指青少年由于与社会环境的交互作用不足，进而引起心理发育不良、身心发育脱节，心理特征比实际年龄幼稚，并呈现出心理活动和认识水平低龄化的现象。它实质上是一种青少年心理不成熟的幼稚型心理缺陷。

所谓青少年心理的成熟化,实际上就是指某个年龄的青少年在社会交往和学习生活的过程中,其具有的价值判断、思维水平以及行为方式达到了社会对该年龄段青少年所提出的基本要求。而存在心理幼稚化倾向的青少年,其价值判断、思维水平以及行为方式是低于社会对该年龄段青少年所提出的基本要求的。这些青少年与同龄人相比,其社会化程度落后了,心理发育明显落后于生理发育。

青少年这种幼稚型的心理缺陷,一般表现为以下这些特点。

(1)认知系统发育良好,但往往思想简单幼稚,不切实际,缺乏独立性。例如,在很多事情上没有个人见解、人云亦云;喜欢脱离现实去幻想。

(2)成就动机较低,心理动力低下,缺乏崇高的理想追求。

(3)具有很强的依赖心理和被动倾向。例如,作业一定要家长连哄带骗地催着才做;生活上不能自理,事事都要依赖父母,因为上学会离开父母从而谈起学校就表现出烦躁情绪等。

(4)兴趣爱好和行为方式的低龄化。例如,爱打电子游戏,爱看动画,喜欢卡通类饰物和玩具;用奶瓶饮水,表面上看是好玩、时尚,本质上是在潜意识中停留于满足婴儿时期的快乐欲望;行为举止、表情语调幼稚,明确地或在潜意识中表示不愿意长大等。

(5)学习和生活上往往很懒散。例如,不爱动手动脑,常常无所事事却整天叫累等。

(6)自我封闭现象严重,喜欢逃避问题,不能勇敢面对现实。例如,经常逃避社交场合,遇事向后缩,不愿参加集体活动;沉迷于上网聊天或电子游戏,看似被这类活动吸引,本质上可能是一种逃避现实的表现等。

总之,存在心理幼稚化倾向的青少年都存在着一定的与本身生理年龄不相适应的心理缺陷。

二、心理幼稚化倾向的成因

造成青少年心理幼稚的原因是多方面的,至少应该从四个方面进行分析与讨论。

（1）家庭因素。家庭是个体成长的第一环境。不合理的独生子女教养方式和青少年早期家庭生活的状况，是造成青少年心理幼稚化倾向的最主要因素。例如，父母或祖父辈的过分溺爱，过分自我中心式的养育环境；早年与异性的父亲或母亲过分亲近或难以亲近；早年父母爱的丧失；早年来自家庭的过高期待或压力；早年有重要意义的亲人离世；在不安全环境下长大；父母在潜意识中施加控制而不让孩子长大；早年经历了分离焦虑的伤害、重大心理伤害事件；等等。

（2）学校因素。学校往往是青少年儿童进入的第一个真正意义上的社会。学校对学生的教育目标和方针以及方式方法，个体与校园环境的融洽程度，是影响青少年心理幼稚化倾向形成的重要因素。

（3）社会因素。随着儿童的成长，活动范围的增大，社会的影响力会逐渐施加到其心理成长与发展上来。这些影响是多方面的，也会随着不同的时代而发生变化。当前最突出的影响有国家政策的影响，如国家《未成年人保护法》将18岁以下的青少年界定为儿童，《中国治安管理处罚法》对已满14岁不满18岁的违反者从轻处罚、不满14岁的免于处罚等，会让某些人放松自我要求，甚至钻空子。各种传媒的不恰当引导，媒体在用词方面迎合青少年的幼稚化倾向，在表现形式上幼稚化，在传播内容上包含大量幼稚化的内容（如不恰当的影视内容），缺乏促进青少年发展成熟的正面讨论；来自商业的对幼稚倾向的迎合；各级学校正向引导不力；来自发展过程中的高竞争和严峻压力，前途的不确定成分增大；来自学生群体内部的相互影响；来自国际的不良影响，如日韩文化的"大家幼稚化"表现等。

（4）个人因素。外因通过内因才能起作用。造成心理幼稚化倾向的根本原因在于青少年与社会环境的交互作用不足，青少年在遗传方面的差异可能也是因素之一。当然这只是笔者的一点推断，目前尚未得到有力的实证。

三、青少年心理幼稚化倾向的危害

青少年的心理幼稚化倾向，无论是对其个体，还是对社会，都是危险性很高的因素。具体表现在对青少年的身心发展和社会进步都存在着明显的危害和长远、潜在的危害。

（1）心理幼稚化倾向首先影响青少年当前正常的学习和生活。心理幼稚化对青少年造成的最大危害是厌学、拒学、学习困难、不求上进和有更多不良行为，甚至发生无知型犯罪。尽管家长、老师非常焦急、催促、教育，然而因无心理动力，青少年依然我行我素。

（2）心理幼稚化倾向还会对青少年的长远发展带来严重的负面影响。由于进入社会后不适应，可能会影响此类青少年将来的就业和发展，也难以面对竞争和冲突，还可能危害其以后的家庭和下一代子女的成长。

（3）对社会而言，当前此类青少年的无知型犯罪不利于社会治安稳定。长远来看，也会对经济文化发展、国家医疗支出、民族素质等产生不良影响。

综上所述，我们不难看出，青少年的心理幼稚化倾向问题，的确是不利于青少年自身发展和社会进步的。所以，我们必须致力于探索青少年的心理幼稚化倾向的矫正方法。

四、青少年心理幼稚化倾向的矫正

关于青少年心理幼稚化倾向的矫正问题，应该从以下几个方面进行相互配合的综合性治疗，才能最大程度地解决青少年心理幼稚化倾向问题。

1. 家庭。

良好的家庭教育方式和家庭环境是关键。父母在教养孩子的过程中应该秉承平等、尊重、民主、信任、开放、宽容、理解的原则，让孩子自然生长，尤其注意不要受所谓"赏识教育"的影响，刻意过多夸奖，孩子越夸越不自知，越夸越没形。

（1）做孩子的朋友，尊重孩子应有的权利，尊重孩子的爱好和兴趣。要从孩子的角度去考虑孩子生活中所遇到的事，平时多与孩子沟通，学会去发现孩子的内心世界。

（2）信任孩子的能力，赋予孩子一定的责任。放手让孩子自己决定做自己的事，让他感到自己是家庭的小主人，鼓励他做力所能及的家务，参加家庭事件的讨论与解决。

（3）帮助孩子去获得一个广阔的生活学习空间。不要干涉孩子与人交往的自由，因为儿童心理学研究表明：同伴是儿童的社会化动因，父母应该赞成和鼓励孩子与同伴正常交往，同时也应该教会孩子交往中的伦理道德规范和正当的自我保护手段。父母还应该多陪孩子外出旅游参观。

（4）用民主商榷代替专制命令，让孩子感受到自己和父母是平等的。当父母不满意孩子的行为时，要用商量的口吻同孩子交谈，给孩子陈述理由的时间。纠正时应该以理服人，不能搞家庭权威。另外任何情况下家长都不能打孩子，要遵守《未成年人保护法》。

总之，家长要做到关怀与指导并重，同时至少有两条底线家长决不能违反：一是决不能把孩子当成自己争面子的工具和理想的继承人，进而强迫孩子学这学那，无视孩子的个人兴趣和理想；二是决不能把孩子当成自己的私有财产，进而把孩子封闭在父母的保护网中，阻滞甚至限制孩子的社会交往学习，应该重视对孩子的社会化教育。

2. 学校。

学校和教师要把养成教育放在重要位置，它比学习知识更关键。教师要鼓励学生积极参与班级集体活动，让每个孩子发挥自己的长处，亮出自己的闪光点。学校也应该多搞一些学生与社会之间的互动活动，如社区公益劳动、参观德育基地、访问种植养殖农场或工业企业、参加警校共建、法律交通安全咨询及社会新闻写作活动等，有意识有组织地引导学生在直接接触社会的过程中成长起来。同时，多关注学生的心理健康，搞好心理健康知识的宣传普及和心理咨询治疗。

总之，积极引导青少年与社会环境之间互动，实现家庭教育、学校教育和社区教育之间的有机结合，才有可能解决青少年的心理幼稚化倾向问题，有助于青少年的健康成长。

第四辑

个性发展问题

1 一提上学心头紧，疏导鼓励加脱敏
——学校恐惧症问题的咨询与矫治

案例介绍

小新跟妈妈说不喜欢学校，起初借头痛、腹痛、全身无力等理由得到父母同情，达到暂不上学的目的，进而害怕上学，甚至公开表示拒绝上学，父母好说歹说就是不去。如果父母强迫她去上学，小新会表现得心神不安、面色苍白，全身出冷汗，心率加快、呼吸急促，甚至呕吐、腹疼、尿频、便急等；倘若父母同意她暂时不去上学，小新的焦虑则马上缓解。即使强迫她到了学校，上课时也提心吊胆、战战兢兢，不敢正视老师，怕提问。若被提问，则面红耳热、手心出汗、心慌意乱，或只站立不回答问题，或口齿不清、结巴重复。

小新的问题叫学校恐惧症（school phobia），这是儿童对学校特定环境异常恐惧、强烈地拒绝上学的一种情绪障碍，是恐惧症中的一个特殊类型，是一种较为严重的儿童心理疾病。由于存在各种不良心理因素，学生害怕上学校，即便到校后也害怕学习，对学校、学习有恐惧心理，故又称"恐学症"。若被强迫上学就会引起明显的焦虑和惊恐，如果处理不及时或不恰当，可能使学生产生学习障碍和社会适应障碍。病程中后期还会出现以下情况：

（1）家庭暴力，如通过毁物、攻击父母、自伤等达到不去学校的目的。

（2）情绪消极倦怠，从起初获允留在家里则情绪马上平静好转，到后来变得情绪低落消沉。

（3）精神症状，如幻听幻觉，甚至表现抑郁。

如果儿童患学校恐惧症是人格因素占主导地位，则被称为人格型学校恐惧症，由其他外因导致的叫非人格型学校恐惧症。

国外学者把学校恐惧症列为常见的一种情绪障碍，并认为发病年龄有三个高峰，且与发生原因密切相关：5~7岁为第一高峰，可能与分离性焦虑有关；11~12岁为第二高峰，可能与升中学、功课增多、压力加大、改换学校要重新适应新环境或人际交往困难等因素有关；14岁为第三高峰，可能与少年特征性发育有关，如自觉身体长高，手足长大，显得不灵活，情绪抑郁。学校恐惧症在儿童群体中发生几率约为1%。有报道称，门诊患儿中学校恐惧症占情绪障碍的60%，学校恐惧症可发生于各种智力水平的儿童，该症多见于女性。

一、学校恐惧症的成因

学校恐惧症不只是儿童自身的问题，而且也是家庭、学校和社会的问题，其产生的原因比较复杂。

1. 自身因素。

患学校恐惧症的孩子一般有着相似的性格基础：内向、孤僻、自卑、任性、多疑、固执、胆怯、虚荣、自我中心、特爱面子、经不起批评。

幼年的经历对学校恐惧症的发生也有一定的影响，这类学生大多从小时候起就经常受到一些恐惧刺激。如年幼时由于调皮不肯入睡，家长便关掉电灯造成黑暗；病时不肯主动服药，家长便以送到医院打针恐吓孩子；有的曾经受到某种突然袭击（如车祸、蛇行、鼠窜）。这些都会使孩子长期处于恐惧之中。患者常常过高地估计自己的能力，自我认识模糊，充满不切实际的幻想，因此对任何可能威胁或损害其自尊的情境和场合格外敏感。随着年龄的增长，儿童的自我意识逐步增强，更在意他人的评价，担心别人对自己长相、身高、体形、家境、能力等方面进行消极评价。所以当学习上遇到压力或在校内人际关系紧张时，他们宁肯躲在家里，保护脆弱的自尊心。

青春期性心理冲突的影响。调查发现，当女孩出现初潮和男孩首次遗精时，由于神经、内分泌的作用，他们的警觉性增强，害怕学校其实是一种移花接木的转换防御机制，通过弃学缓解了"不被人发现""不知如何是好"这种潜在的性心理压力。

2. 家庭因素。

患学校恐惧症的儿童，其父母的性格往往也有些问题，他们过于敏感懦弱，潜移默化地影响了孩子。父亲多半不爱与别人交往，自信心不强，情绪易波动，小心谨慎，依赖性较大。母亲往往缺乏温柔，内向，焦虑，心理不成熟，过分谨慎，好猜疑，暗示性高，主观性强，不会与孩子理性沟通。她们有的与丈夫长期分居或离异，有的下岗后持续无事可做，整天围着孩子转，把因孤寂压抑造成的焦虑、恐惧障碍"克隆"给了孩子。

亲子关系处理不当，也是引起学校恐惧症的重要原因。有的家长对孩子过分溺爱，总怕孩子受一丁点委屈，对孩子总是不放心，这样孩子往往对自己没有自信，总想待在父母身边得到父母的保护，一旦与父母分离，就会发生分离性焦虑而产生恐惧的情绪体验；假如父母对孩子的外出表现出明显的担忧、焦虑，则会加重孩子的恐惧、害怕情绪，使得孩子更不愿去学校。溺爱造成儿童适应能力差，不能面对挫折和困难，因此有的独生子女初次入学，既不习惯课堂纪律，又不习惯与小伙伴分享一切，学习有困难，老师又过于严厉，因而对学校产生厌恶感。

家庭有时为学校恐惧症儿童充当着避难所和纵容者的角色。按照行为主义心理学派的观点，学校恐惧症是由操作学习造成的。儿童对害怕上学产生的回避性反应如果在家中得到保护，则这种行为会得到增强，并愈变愈重。儿童对学校的恐惧与双亲（特别是母亲）的反应可以互为影响，相互促进。

家长对孩子期望过高，总是苛求孩子考高分，当这种期望值远远超出孩子力所能及的范围时，便转换成孩子的一种心理重负。家长要求过严过急，学习成绩略差一些便训斥、讽刺或大骂，更使孩子的心理过于紧张，逐渐对学习产生恐惧和厌恶心理。

另外，家庭生活不愉快、父母感情破裂，使孩子害怕自己一旦去上学，父母会离婚，家人会遭受不幸，因此要留在家中以防止不好的事情发生。

3. 学校因素。

（1）学习压力：学校一味地给学生增加学习负担，考试过多，使学生产生苦恼、厌烦和畏惧心理。巨大的竞争压力和家长的过高期望使很多中小学生考试之前失眠、腹泻、发烧、怯场，考试时脑子一片空白，不能正常发挥，最终逐渐演化为"学校恐惧症"。那些平时很乖巧、读书很用功的好学生在心理上往往更容易失衡。因为他们成绩较好，自尊心强，当在学校遭受挫折或学习上出现失败时，则会产生强烈的情绪反应和痛苦体验，难以应对，因而采取逃避的方式。

（2）教师问题：有的教师缺乏良好的教育学理论素养和有效多样的教学技能，不了解学生学习的心理特点和规律，忽视个体差异；有的教师过分严厉，缺乏同情心，对学生犯错采取讽刺、挖苦的做法，或简单粗暴地体罚学生；甚至有个别品质恶劣的教师性侵犯学生。于是一些学生由讨厌某位老师泛化到憎恶学校。

（3）校园欺凌：张文新等（2001年）的调查显示，初中阶段，受欺凌者的比例达到12.4%，严重受欺凌者的比例是7.1%。这一问题导致青少年因害怕身体受到伤害、自尊心受到伤害而不敢上学。

另外，不良同伴关系、害怕交往受挫、对前途的担忧，也是学校恐惧症的诱因。

二、学校恐惧症的防与治

1. 作为家长。

第一，不要溺爱儿童，以免儿童养成依赖性。因为家长对孩子生活上的包办代替，是对他们的精神剥夺和适应能力的遏制。

第二，要注意培养儿童乐观、开朗、坚定、自信的良好性格，支持孩子多和同学交往。在物质生活优裕的条件下，要特别注意节制孩子的物质欲望，培养他们的精神兴趣和利他品行。

第三，要从小培养孩子对学校生活的向往，适时送孩子去托儿所、幼儿园，以培养集体生活习惯。入学之前可有意识地带孩子参观学校，熟悉校园环境，增强孩子对学校的好感。

第四，让与孩子关系不是特别密切的一方家长送孩子到校，从而降低焦虑程度和长时间的情感告别。

第五，降低对孩子的期望值。由于这类孩子的性格特点决定了他们经受失败和挫折的能力较差，因此不要给他们增加心理压力。尤其是对胆小、细心、忧郁的孩子，不宜要求过严。相反，宜劝导这些孩子处事不要过分认真，要让他们了解生活中有成功也有失败的道理。

当发现孩子有不肯上学的现象时，家长应该与他们谈心，尽可能了解所有与他们上学有关的情况。要注意开导，不要简单地采用恐吓的办法，迫使孩子去上学，以免加重孩子的心理创伤。要正面诱导，讲清目前上学和将来工作之间的关系，让孩子在认识上有所提高，切忌各种强迫性、惩罚性的言行。当孩子接近学校门口时，可用肌肉松弛疗法让孩子反复做深呼吸，待全身肌肉渐渐放松之后，再进校门，以克服上学时产生的恐惧感和焦虑症状。

2. 作为教师。

第一，对学生应该耐心、和蔼，尤其对一年级新生，要循循善诱，而不是粗暴对待，允许他们对新环境有个适应过程，使儿童不会产生焦虑和恐惧的心理。

第二，对儿童的教育应以表扬、鼓励等方式为主，不能伤害学生的感情和自尊心。

第三，耐心对待学习成绩差的学生，不能要求过高。

第四，如果学生有什么生理缺陷，应给予特殊照顾。如学生四肢不灵可照顾不上体育课；如学生口吃，不要令其当堂背书。

第五，正确看待考试成绩。

第六，建立和谐的班集体和师生关系。教学生在交朋友、建立关系时保持目光接触、微笑和适当的身体接触。与学生一起计划放学后或周末与朋友一起玩耍的活动，在日志中用图片、相片或画记录这些事件。

第七，通过一些诱发学生自豪感的项目，促进其建立社会成就感，在个别辅导或小组辅导中让学生完成活动"成长和变化"，旨在承认当前的进步。

第八，对青春期的学生做好心理疏导。

对恐惧学校的孩子如不及时进行疏导治疗，耽误孩子的学习不说，还会渐渐使孩子形成自信心不足、遇到问题就逃避、对人对事过于敏感、人际关系中总是防御戒备等具有明显缺陷的性格特点，这将会危害其一生。

　　一般来说，大部分患学校恐惧症的儿童都可以痊愈。恢复的快慢和患者年龄的大小、治疗的早晚，以及属于哪一种学校恐惧症有很大关系。患者年龄越小、治疗越早，以及非人格型的学校恐惧症越易于恢复。美国儿童精神病学家艾森伯格指出，青春期患学校恐惧症者较年幼患者更麻烦，他研究41例11岁以下患儿，有89%回到学校，而11岁以上只有36%回到学校。其他研究还发现，智力差一些的儿童可能麻烦更多，因为他们更难适应环境和应付环境对他们提出的要求。

　　对于有相应症状的儿童，建议对其先进行详细的体格检查，排除躯体和精神疾病后，再进行心理咨询。对确诊为患学校恐惧症的儿童则主要采取心理治疗的方式，主要有以下几种。

　　（1）示范疗法：父母和老师要以身作则，注意自己的行为示范作用，不能怕这怕那，承诺孩子的约定一定要兑现，让孩子理解治疗的目的。

　　（2）支持性心理疗法：对患儿加以疏导、鼓励，耐心地询问患儿的担心和焦虑，向他（她）作出解释和指导，并在设法改善环境条件的同时，向患儿作出力所能及的承诺。这往往需要医生、家长和老师的密切配合。

　　首先，医生要详细了解患儿发病经过、发病诱因、客观存在的困难和问题，以及有利于和不利于患儿再次返校的各种因素。

　　其次，医生、家长和老师都要表示出对患儿的关心，认真倾听患儿的诉说，与患儿建立良好的相互信任的合作关系。其中，老师要以积极的态度、主动的方式与患儿合作。家长对患儿不可一味地同情、保护或进行武断的批评责备。

　　再次，学校教育方面应作一些调整。针对儿童在学习中所出现的问题，学校应减轻学生的负担。老师应平易近人，尊重学生，敏锐地观察和理解他们的心理变化，帮助其调整学习方法，提高学习效率，减轻压力；要尊重他们的人格，保护他们的自尊心，切忌简单地采取责骂、惩罚的教育方法，或不闻不问、放任自流、有意孤立。要对他们实施个性化教育，激发他们的学习兴趣和自觉性，鼓励他们重返校园。实在不行的情况下，可设法改善环境条件（如换一个学校或换一个老师）。

（3）系统脱敏法：家长和学校相互配合，不要随便用"赖学""装病"等语言去刺激儿童。要有计划地一步一步地使患儿减轻对学校的恐惧心理。开始时，可让孩子在学校里停留的时间短一些，之后时间逐步延长。在此过程中，学校里的老师和同学要尽量予以关心、支持、鼓励，但表面上也不要显得过分关注。

（4）认知行为疗法：老师与学生进行头脑风暴，列出个人忧虑清单，并让其按照困扰程度由高到低排列，理性地找出恐惧学校的想法和感受，以更现实的、积极的态度重新评估这些假设；让学生想象理想的学校看起来、听起来、闻起来、感觉起来是什么样子，在个人日志里记录自己的想法，通过对比想象与实际体验的差异，思考如何改善每天的学校生活；帮助学生制定自我监控图，贴在课桌或个人计划单上，记录早上说再见花了多长时间、整天待在教室的时间，以及每周来校上了几天课，并在行动上逐步改进；让学生思考上学对现在和未来的好处，以及少数时间上学或不上学的消极结果；让学生识别和记录自我对话，避免考试焦虑，如"我为考试作了准备""我能够解决问题""我以前很好地应付过考试"等。

（5）家庭治疗法：尽量改变不良的教育方式，与孩子进行更多感情上的交流；鼓励孩子自我宣泄，使孩子发现自己的不成熟之处，然后坦然面对；鼓励孩子接触潜在的恐惧刺激，进行认知的自我调节；鼓励孩子广交朋友，融入集体，分享快乐；鼓励孩子多参加文体活动，加强对孩子非智力因素的培育，提高他们的学习兴趣。家长存在心理问题的，需要与孩子共同治疗。

（6）肌肉松弛疗法：当孩子接近学校门口时，反复做深呼吸，待全身肌肉渐渐放松之后再进校门，以克服上学时产生的恐惧感和焦虑症状。遇到考试时也可采取肌肉放松的方法。

2　高压放纵不可取，苛求溺爱成焦虑
——过度焦虑问题的咨询

> **案例介绍**

　　小彤的父母对她寄予厚望，为了确保她能集中精力学习，一切生活琐事都替她包揽了，只希望她能好好学习，拿出好成绩。初三年级上学期期终考试，她意外地排在前五名之外，小彤开始感到烦乱不安，无法放松自己，举止僵硬、紧张，说话变调、发颤，甚至全身发抖。课堂上老师一问话，她就觉得自己心跳加快、血压升高、呼吸急促、唇焦口干、吞咽困难。无故的紧张让她开始注意力不集中，夜里也睡不好，常常心悸发作，尿频，月经紊乱。

　　焦虑症（anxiety disorder）是在无明显原因下发生的发作性紧张、莫名恐惧与不安，常伴有自主神经系统功能的异常，是一种较常见的情绪障碍。一般来说，当学生面对内心冲突（如道德观念与私心杂念的冲突，遵守纪律和个人自由的冲突等）或外在压力（如学习或考试压力，人际关系紧张等），自己期待着去应付或解决它们，但同时又感到无力解决的时候，所产生的情绪性心理状态，就是焦虑。

一、学生焦虑症的表现

　　学生焦虑症常见于学龄儿童，以女孩为多见。学生的过度焦虑是由于担心不能达到目标或不能克服障碍，对老师的批评、同学的看法非常敏感，自尊心与自信心受挫，增加了失败感和内疚感，从而形成紧张不安并带有恐惧的情绪状态。对小学生来说，他们在生活和学习中都会遇到各种各样的困扰

和压力,也会遇到很多内心的冲突,但由于年龄和心理发展的关系,他们解决问题的能力又十分有限,因而很容易产生焦虑。

小学生焦虑主要表现为对外界事物的反应过分敏感、多虑,缺乏自信心,常因些微小事而烦躁不安、担心害怕,甚至哭闹。这类儿童性格温顺,守纪律,克制力强,自尊心强,做事十分认真,又过分紧张。特别在陌生环境中,对待不熟悉的事物,他们更容易出现焦虑反应。有的人还可能有睡眠障碍,有做噩梦、恶心呕吐、食欲不振、腹痛、多汗、尿频、头昏、乏力等身心症状。同时,还可能引起多种心理问题或行为怪癖,如口吃、抠鼻子等强迫性症状。常见的儿童多动症、睡眠障碍等,往往也与焦虑有着密切的关系。

年幼患儿还表现出对与亲人、家庭等的分离深感不安,害怕意外事故或疾病会突然降临到亲人身上,害怕独自一人留在家里等,夜间往往不敢单独睡,怕黑暗,常需要妈妈陪伴,并伴有夜间遗尿。

焦虑会对小学生的行为、智力、人格等造成一定影响,如儿童会变得退缩、过度顺从,或暴躁、恐惧等。过度的焦虑会影响学生的学业成就和智力,使他们不能完成学习任务,对阅读和计算的影响尤甚。过度焦虑对小学生人格的形成也有不良影响,如过分敏感、自我评价过低、自卑、依赖心重、自我攻击行为、做事犹豫不决、抑郁阴沉等,故这类学生往往不受同伴欢迎。

二、学生焦虑症的成因

在实际生活中,每个人都必然会或多或少地遭受各种挫折,或面临各种抉择,因此每个人都能体验到焦虑的情绪。但这种情绪只是暂时的,只要调整环境或适应变化,就能很快消除这种轻度焦虑。但如果引起焦虑的因素长期存在,儿童总是处于焦虑状态之中,那么就可能使儿童产生更为严重的焦虑,并延续较长时间。导致儿童焦虑症的原因主要包括以下两个方面。

一是遗传因素。情绪障碍在双生子中有较高的同病率,同卵双生子尤其明显,并且有家族性高发病率,大约20%的焦虑症患儿一级亲属中有焦虑症状。对后者另一可能的解释是，父母焦虑情绪对儿童情绪长期投射的结果。有些患儿自幼具有易患素质，表现为不安、易烦躁、难照看、易受惊吓等，并逐渐演化为相关人格类型。青春期后可能表现为情绪不稳定和内向、多愁善感、焦虑不安、悲观和孤僻等特征。

二是心理、社会因素。儿童的人格形成与塑造极易受父母影响，尤其受母亲的情绪与教养态度之影响。有些焦虑特质或神经质的母亲，往往将不良情绪投射给儿童，使儿童"潜移默化"地出现焦虑倾向。儿童早期社会应对方式单纯而有限，在新情景中遇到各种应激事件时，往往身处矛盾而无法解决，极易产生情绪波动和焦虑。如，父母和教师对儿童过于苛求，孩子慑于家长和老师的权威，整天处于紧张状态，久而久之，便导致了过度焦虑反应；家长对儿童过于放纵、溺爱，没有明确具体的要求，在家中对其百依百顺，使孩子不能正确地估计自己，当孩子走出家庭，在社会上或学校中碰到一些不顺心的事时，就容易发生过度焦虑；父母和教师对儿童的教育要求不一致，喜怒无常、奖惩无度，使儿童不知所措，因而经常感到焦虑；有些教师过度追求"高分数"，采用"填鸭式"的教学方法，搞"题海战术"等，使孩子负担太重，常常感到焦虑；教师给学生成绩排名次，也易使学生形成过度焦虑反应。学习竞争激烈、目标太高、升学压力大、考试频繁等，都是导致焦虑的主要原因。

另外，年龄、性别和躯体状况与情绪障碍的发生也有关。年龄大的儿童的发生率较年龄小的高，大年龄组中女孩的发生率较男孩高。

一些小学生由于生活中的强烈刺激，如父母身亡，意外事故，家庭或学校教育不当等，也会出现轻度焦虑，即"境遇性焦虑"。这种焦虑一般只要适当调整环境，就能自然痊愈。

三、学生焦虑症的防与治

对焦虑症学生的矫正，可以从三方面入手。

第一，从学校教育方面来看，教师要深入反思自己的教育观念是否仍停留在只教学生知识上，而忽视学习方法的指导？自己的教育方法是否仍停留在让学生死记硬背、重复练习上，而忽视学生兴趣、能力的培养？自己的教学评价是否仍停留在以分数为标准、以升学为目标上，而忽视学生综合运用知识、解决实际问题的能力？自己的教育管理是否过严、过高，而忽视学生自觉性、自主性、自律性的训练？教师应根据学生不同的年龄、智力水平、个性特点等，提出恰当的要求，引导学生讲出自己所担忧的事情，对他们的痛苦表示同情，并消除他们的顾虑。人在焦虑情景中，常有"剪不断，理还乱"的体验，如果能向可依赖的人倾吐出满腹的积怨、委屈或牢骚，即使得不到什么有效的帮助，只要把话讲出来，心情也容易平静下来。年龄较大的孩子，可以通过在纸上书写达到宣泄情绪、减轻焦虑的目的。帮助儿童树立自信心，培养坚强的意志和开朗的性格，这对于预防及矫治焦虑，均具有重要意义。

第二，从家庭教育方面来看，父母一些不适当的教养方式成为学生焦虑的重要诱因。对有焦虑倾向的父母，要帮助他们认识到，其本身的个性特点可能对孩子产生不良影响，是孩子焦虑的来源之一。对于家庭环境特别不良者，可使孩子短期脱离该环境，以中止恶性循环。父母对孩子既不能要求过于苛刻，也不能过分溺爱。不少家长望子成龙、望女成凤心切，往往很少指出孩子的优点，却总爱拿孩子与更优秀的学生相比，这是很不恰当的。家长应帮助孩子控制自己的情绪，使他们学会不为某些事件轻易激动，学会用超然的态度对待自己遇到的各种问题，学会自我解脱。另外，家长经常带孩子进行户外活动，或让孩子参加体育锻炼和游戏活动，也具有积极的放松作用，有益于保持乐观的情绪，消除焦虑的不良影响。

第三，从学生本人方面来看，进行认知调节，适当降低自我期望值也是很有效的。部分焦虑现象严重的学生自我期望值过高，他们有强烈的上进心，学习认真刻苦，成就动机强烈，对潜在的失败很紧张，适当降低自我期望值，可以减轻压力、消除焦虑症状。另外，还可以通过全身肌肉的放松来达到目的。心理学家发现，当一个人进入放松状态时，呼吸频率和心率减慢，血压下降，全身骨骼张力下降，并有四肢温暖、头脑清醒、心情轻松愉快、全身舒适的感觉。因此，通过放松训练，可以减轻焦虑情绪及伴随的身心症状。

此外，还可以运用专门的心理调节方法来克服过度焦虑，如自信训练法、系统脱敏法、团体辅导法和合理发泄法等。

对于轻症患儿，主要是选择恰当的教育方法及心理支持。先要弄清楚孩子焦虑的原因，取得他的信任与合作。如属于客观原因，能够解决的问题应尽量解决；若属于主观原因，要帮助患儿正确认识这些原因与发病的关系，逐渐引导患儿从主观上努力克服焦虑，当症状逐渐消失后，要引导孩子多参加一些集体活动，消除紧张心理，锻炼克服困难的意志，培养开朗的性格，防止症状复发。

对于已经出现严重焦虑症状的患儿，要进行心理治疗，如支持性心理治疗、行为治疗、系统脱敏治疗和家庭治疗等。对高度焦虑的年龄稍大的学生还要配合药物治疗，如服用抗焦虑药物、佳静安定等，但这类药物要在医生指导下使用，不可随便服用。

3 看开看淡好情绪，学会消气抗忧郁
——忧郁症问题的咨询

> **案例介绍**

12岁的小婧，活泼可爱，聪明伶俐，学习成绩一直很好，全家人为有这样的孩子而骄傲。六年级上学期期中考试时，她患了重感冒。为了不耽误考试，她仍来应试。由于身体不适，精神不振，再加上心情紧张，数学只得了61分。这给一贯成绩优秀的小婧当头一棒，结果其他科的考试成绩也不好。从此她变得沉默寡言，悲观失望，精神萎靡，逐渐怕见老师和同学。后来整天在家睡大觉，干脆不去上学了。

小婧实际上是因为失了面子，心理压力过大，精神受到严重创伤而导致的忧郁症。儿童忧郁症是指发生在儿童时期以持续心境不愉快、情绪忧郁为主要特征的一种精神疾病，患儿每次发病可持续数日或数周，症状可自行缓解，在间歇期无明显的精神异常。儿童忧郁症的发病率约为0.5%~1%，女孩较多。

一、儿童忧郁症的分类及表现

儿童忧郁症通常可分为急性忧郁、慢性忧郁、隐匿性忧郁三种。急性忧郁发病前常有明显的精神诱因，如父母突然死亡、遭受意外灾害，或因病住院而离开父母等，儿童在病前精神正常，发病时忧郁症状明显，如整天流泪、动作迟缓、食欲不振、乏力、失眠、噩梦、日渐消瘦，常常独进独出，不与其他儿童交往，有时可流露出绝望感。慢性忧郁的孩子常有与父母多次分离的经历，或有其他精神创伤的病史，但并无重大的突然的诱因，病前适应能力差，忧郁症状逐渐加重，表现为胆小、容易受惊、不合群，睡眠少而浅，检查时可发现其行为退缩、表情淡漠，并有厌世观念和自杀企图等。隐匿性忧郁症状常常相当隐匿，多表现为其他方面的问题，如多动、执拗、反抗、攻击、不守纪律、学习困难、冲动捣乱或其他不良行为，也可出现头痛、呕吐、腹痛、腹泻、厌食、过食、大小便失禁等身心问题。

患忧郁症的儿童不愿与人交往，孤独离群，对待同伴和周围发生的事情很冷漠，对任何事物都无兴趣。患儿总是自我责备、自我贬低，认为自己很笨、很差，并且很敏感，性格古怪。有的患儿会变得固执，烦躁不安，易发脾气，具有周期性的喜怒无常，而且发作没有前兆，还爱挑衅，有破坏行为和攻击性行为。忧郁症儿童对学习活动不感兴趣，缺乏热情，学习成绩下降，难以完成学习任务。

二、儿童忧郁症的成因

儿童忧郁症是多种因素造成的，包括遗传因素、生化代谢缺陷和环境因素等。

1. 遗传因素。

家族内发生忧郁症的概率约为正常人口的 8~20 倍，且血缘越近，发病概率越高。双卵双生儿同病率为 19.7%。自幼分开抚养的单卵双生儿，后期同病率也高达 66.7%。有调查发现，儿童忧郁症中约 71% 有精神病或行为失调家族史。忧郁症儿童的一级亲属终生患该症比率在 20%~46%。儿童忧郁症的危险因素包括：

◎ 亲子分离或早期母婴联结剥夺；
◎ 父母患有精神病或家族中有忧郁症和自杀史；
◎ 父母虐待或忽视子女；
◎ 某些慢性躯体病。

2. 生物化学因素。

5-羟色胺（5-HT）功能降低可出现忧郁症状，5-HT 功能增强与狂躁症有关。药理研究表明，中枢去甲肾上腺素（NE）或 5-HT 及受体功能低下，是导致忧郁症的原因。抗忧郁药作用主要是提高或调节中枢单胺递质及受体功能。因此，忧郁症的胺代谢障碍假说已逐步形成了受体过敏学说，用来解释发病机制。

研究表明，忧郁症患儿血浆皮质醇含量增高，提示可能有下丘脑－垂体－肾上腺素轴（HPA 轴）功能障碍。对忧郁症儿童进行地塞米松抑制试验（DST），结果为阳性，即患儿服用地塞米松后未见抑制皮质醇现象。住院儿童、少年忧郁症 DST 较门诊病例更为敏感，年龄越小越明显。

3. 社会心理因素。

那些先天易感素质的儿童经历创伤性体验后容易促发情感性障碍。有调查提到，忧郁症儿童精神刺激事件比对照组多三倍。失败负荷过频过强时，易形成习得性无助感，进而可产生绝望感及忧郁症。幼年母子情感剥夺、丧失父母、父母分离、早年亲子关系不良、心情压抑等均可增加发生情感性障碍的危险性。例如，家长期望过高，对孩子管教过严，超过了孩子力所能及的程度，使孩子无法承受，从而情绪不佳；生活十分单调，缺乏与其他孩子交往的机会，思想闭塞，情绪压抑，忧伤、喜悦、痛苦或欢乐，都无法充分释放。另外，社区儿童少年忧郁症调查证实，重大生活事件与忧郁症有密切关系。

4. 病前人格的影响。

急性忧郁症患儿病前个性多倔强、违拗，或为被动—攻击性人格。患儿一旦失去了自尊或受到了重大挫折便会表现出攻击性，而这种攻击性又不直接表现出来，而是把攻击冲动转化为忧郁倾向，越是想攻击，忧郁也就越深。慢性忧郁症在病前多表现无能、被动、纠缠、依赖和孤独，往常有忧郁发作史。隐匿性忧郁症患儿病前可有强迫性和癔病性格特征。

三、儿童忧郁症的矫治策略

对儿童忧郁症的治疗需要家长和学校教师的共同努力。

首先，对家长来说，要做到以下几点。

第一，要改变对孩子的不正确的态度。要多关心他们，更重要的是理解他们，避免专制的家长作风，让孩子把自己心中的积郁倾吐出来，想办法解决或合理地解释，使孩子满意，让孩子能从内心深处感到父母是他最亲近的人，是世上最疼爱他的人。家长要为孩子提供和睦的家庭环境，调整好亲子关系，防患于未然。

第二，不要对孩子管得太多、太严。因为孩子大了，有自己的思想，有自己的权利和自由，他们喜欢在同代人中寻找欢乐，寻求共处，反感父母过多的干涉。

第三，要努力为孩子创造一个愉快的环境，尽量安排他们参加集体活动，增进他们与同龄儿童的交往，丰富他们的精神生活，开阔他们的心理境界。

第四，儿童忧郁症有时伴有危及生命的消极言行，尤其是对已有自杀企图或有过自杀行为的儿童，家长必须高度警惕，严密监护，以防其自杀，并请儿童心理医生做较长期的心理治疗。

症状明显的忧郁症儿童，应在心理医生的指导下，服用抗忧郁药物。目前常用的药物有多虑平、阿米替林、氯丙咪嗪及麦普替林。其中，麦普替林疗效最好，副作用最小，深受家长欢迎，只是价格较高。对于有强迫症状的儿童忧郁症，氯丙咪嗪效果最佳。近年，国外已研制出许多高效、副作用小的新型抗忧郁药，如速维多等。使用抗忧郁药物，尽管效果良好，但是服药后，一般要在两周后出现明显的疗效，约一个月才能控制症状。因此，在服药的最初阶段，家长仍须对患儿进行严密监护。

对教师来说，应在平时教学工作中加强培养所有学生乐观、开朗、向上的个性，积极做好学生忧郁症的预防工作。发现有忧郁症倾向的学生要多开导，同情他们、理解他们，淡化学生所看重的东西，教育学生正确面对挫折。教师还可以发动集体的温暖力量，使忧郁症学生重新鼓起生活的风帆，在同伴的帮助下，战胜眼前的困难。

4 学会放心不疑虑，改变强迫靠自律
——强迫症问题的咨询

案例介绍

> 15岁的小伍是一个胆小怕事、小心谨慎、力求完美的孩子。做完作业总不放心，反复检查；老师让他出班级的板报，他总觉得不满意，画了擦，擦了再画；第一次给同学写信，刚写几句觉得写得不好就撕了重写，反复撕了十几页纸；写完信装入信封，还要拆开看看会不会装错；每天回家写作业时，台灯放得高了，认为照明度不够，放低些，又怕光太强，损害自己的视力，他便反复将台灯抬高些，放低些……

强迫症（obsessive-compulsive neurosis）是一种主要以强迫观念和强迫动作为主要症状的心理障碍。强迫症状是指一种明知不必要，但又无法摆脱重复呈现的观念、情绪和行为。我国的调查表明，该病患病率为0.30%。

一、儿童强迫症的症状

2岁、7~8岁为发病高峰期，一个正常的儿童在发育的早期，可能有轻度的强迫性行为。如有的孩子走路时，喜欢用手抚摸路边的电线杆；有的孩子爱反复地计算窗栏或凉台栏杆的数目等。这类行为不伴有任何情绪障碍，而且会随年龄的增长而消失。如不让孩子重复这些动作，他们会感到焦虑不安，甚至发脾气。如果让他们反复进行这些动作，他们并不像成年的强迫症患者那样，有明显的内心矛盾和焦虑不安。一般来说，患儿对自己的强迫行为并不感到苦恼和伤心，只不过是刻板地重复这些行为而已。本病发病男女性别无明显差异。

除此以外，强迫症儿童还常有其他强迫性症状，如强迫观念、强迫意向和动作。强迫观念，如强迫回忆（对做过的事，甚至无关紧要的事，进行反复回忆，或对过去的经历，急欲回忆起来，虽明知无任何实际意义，但不可克制地非回忆不可）、强迫疑虑（对自己的行动是否正确无误，产生不必要的疑虑，如怀疑自己算出来的答案是否正确、出门后怀疑屋门未锁好、怀疑自己作业记错了等，这些行为的共同特点是，疑虑伴有焦虑，驱使他们反复去核查）、强迫性穷思竭虑（大多对自然现象或日常生活事件发生原因进行无效的反复思考。明知这种思考毫无意义、毫无必要，甚至感到荒谬，但却难以控制，例如，反复思考"为何一天是24小时""为何人长两条腿""是鸡生蛋还是蛋生鸡"）、强迫性对立思想（摆脱不了和自己的认识相对立的思想的纠缠，比如上课时听到老师讲"和平""友好"，而自己脑子里立即出现"战争""敌对"等相对的概念）。

强迫意向和动作包括强迫意向（常为一种与当时意愿相反的意向所纠缠，明知不合理和不必要，却无法摆脱，不伴有相应的行动，但伴随焦虑和恐惧心理，驱使患儿回避此场合或采取其他对策）、强迫洗涤（当患者的手或身体接触自认为脏的物体，或别人用过的东西如铅笔、橡皮，或和别人握了手以后，不能控制地去洗手甚至洗涤全身）、强迫计数（患者不可克制地计数，如每当见到电杆、台阶等，便不由自主地进行计数，强迫记忆过路车的牌照、边走路边踢石子并数踢了多少下等）、强迫性仪式动作（重复一套刻板动作，如进教室门一定要左脚先跨、有时走路向前走两步向后退一步；自己想做的事情要是别人代劳了，自己一定要重新做一遍；上床睡觉前按规定的次序脱衣脱鞋，然后绕床转一圈才睡觉，否则会感到心中不安）。

二、儿童强迫症的成因

关于儿童强迫症的原因，精神分析学家弗洛伊德认为强迫症患者具有"肛门性格"倾向。强迫人格的特征可以概括为"不完善感""不安全感""不确定感"。"三不"之中只要有一个非常突出，就是典型的强迫人格。一般认为，儿童的先天素质、性格基础、父母不良性格的影响、教育方法不当等，均与本症的发生有关。

有人统计，三分之二的强迫症患者病前具有强迫个性特点。例如，拘谨、犹豫、深思熟虑、自制力差，或胆小怕事、优柔寡断；缺乏自信心、墨守成规、生活习惯比较呆板、喜欢仔细地思考问题、爱钻牛角尖；做事认真仔细、力求准确、缺乏灵活性；过分严格地要求自己，事事要求十全十美；喜爱整齐、清洁、有条理和有秩序。

患儿的父母也常有胆小怕事、拘谨、缺乏自信心、遇事迟疑不决、事后反复检查、过于克制自己、呆板、缺乏兴趣爱好等不良性格特征。父母对孩子过于苛求，如对清洁卫生过分要求等，可能是诱发本症的原因。孩子严重的疾病、外伤、突然的、严重的精神创伤，或长期处于过度的精神紧张状态、精神负担过重等，均可成为诱发因素，导致症状出现。

另外，遗传因素也有些影响。双亲和同胞中有强迫性格特点和患有强迫症的，均较对照人群多。

强迫症常发生于增加任务时，客观情况要求孩子提高对环境的适应性和灵活性，儿童因而产生强烈的焦虑、不安等情感体验，影响大脑皮质兴奋或抑制过程过度紧张或相互冲突，形成了病理的惰性兴奋灶，所以有人认为强迫症有社会心理的诱发因素：正常人也有强迫观念，并不持续，强迫症患者往往是在社会心理因素的影响下被强化的结果。如环境的突然变换（如转学）、责任或任务的加重（如当了学生干部或作业量突然增加）、要求过分严格（教师或家长）、处境困难（面临辍学或常有坏人骚扰）、家庭不和（父母离婚让孩子自己选择跟谁）、突然的惊吓等，使得学生犹豫不决、反复思考、忧心忡忡而促发强迫症。

三、儿童强迫症的矫治

强迫症的患儿需通过反复训练和实践主动矫正那些令人苦恼的观念、意向或行为，治疗中应注意以下几点。

1. 树立信心。

家长要帮助强迫症儿童认识和克服自己的性格弱点，指导孩子处理问题要当机立断，帮助他们出主意，想办法，克服遇事犹豫不决的弱点。让孩子了解人的一生中必然要遇到各种各样的事情，不可能对每一件事情都处理得那么合适与周全，出现一些瑕疵是在所难免的。

2. 鼓励孩子对自己要有正确的评价。

要让孩子看到自己的力量，同时可多方创造条件，让孩子获得成功，帮助孩子提高自信心。还要注意丰富孩子的业余生活，分散孩子的注意力，以减少他们不必要的疑虑。

3. 培养爱好。

家长要鼓励强迫症患儿多参加集体活动，多与外界接触，培养孩子多方面的兴趣爱好，如唱歌、跳舞、打球、跑步等，以建立新的大脑兴奋灶去抑制强迫症状的兴奋灶，转移对强迫症状的高度注意力，这样可大大促进病情的改善。

4. 参加集体性的娱乐活动和一定程度的体力劳动。

通过有兴趣的活动，转移患儿对其症状的有意注意，使之逐渐从强迫症状中解脱出来。

5. 纠正父母的不良性格。

如果患儿的父母有性格偏异，如特别爱清洁、过分谨慎、过于刻板、优柔寡断、迟疑不决等，要予以纠正，否则会影响患儿强迫症状的康复，并且不利于孩子以后的心理发展，这一点甚为重要。

6. 创造和谐的生活环境。

帮助强迫症患儿安排有规律的学习与生活，不要让孩子生活在冲突与矛盾之中。重症强迫症患者，由于难以克制的强迫状态使其深感焦虑和痛苦，可能产生悲观甚至厌世情绪，对此应给予更多的理解和同情，并做耐心细微的工作，以免发生意外。对病情好转的患者，多给予鼓励，适当时给予一定的精神或物质奖励。

此外，也可采用一些较为专业的心理和行为治疗方法，包括：

（1）意念训练和心理疏导。儿童出现不可克制的强迫现象时，家长或教师可以对儿童进行心理疏导，告诉他这种行为没有任何意义，以消除儿童不正确的疑虑，帮助儿童用意念努力对抗强迫现象，并分散儿童的注意力，使他们放松紧张恐惧的心情。

（2）森田疗法。要求患者对症状"顺其自然，为所当为"而不要压抑，采取不怕、不理和不对抗的态度，使症状逐渐从意识中淡化乃至消失。该疗法对强迫（观念）症的治疗有较好的疗效。

（3）行为疗法。行为疗法中的系统脱敏法（又称交互抑制法）、思维阻断法、宣泄疗法、模仿学习等方法对强迫症状都有较好的疗效。对单纯用意念不能对抗的强迫现象，可以采用"行为对抗疗法"帮助矫正。对抗疗法基本上是一种操作性条件反射过程，把对抗刺激与强迫行为反复结合，形成一种新的条件反射，使之与原来的强迫行为相对抗，消除原有的错误行为。具体做法是：嘱咐儿童右手腕上套进用三股皮筋组成的橡皮圈，一旦出现不可克制的强迫现象时，如反复计数、反复检查等，立即拉弹右手腕上的橡皮圈，以对抗强迫现象，橡皮圈的拉弹力量以手腕皮肤稍有疼痛感为宜，同时计数拉弹次数及强迫现象持续的时间。刚开始时需要拉 20~30 次，才能对抗强迫现象。经过一段时间的反复训练，当拉弹橡皮圈 3~5 次能对抗强迫现象的时候，橡皮圈就可以脱掉，以后再出现强迫现象，就立即能想到手腕上橡皮圈的对抗力量，用自己的意念就能消退强迫欲念。

（4）药物疗法。用于治疗儿童强迫症的药物主要有抗焦虑药物和抗精神病药，如氯羟安定、利眠宁、氯丙嗪、奋乃静等。如果患儿强迫症状严重而且无法消除，可以考虑在医生的指导下用药。

附：强迫症的自测量表

您可以根据自己的情况进行评定：

1. 我常产生对病菌和疾病毫无必要的担心。
2. 我常反复洗手而且洗手的时间很长，超过正常所必需。

3. 我有时不得不毫无理由地重复相同的内容、句子或数字好几次。

4. 我觉得自己穿衣、脱衣、清洗、走路时要遵循特殊的顺序。

5. 我常常没有必要地对东西进行过多的检查，如检查门窗、开关、煤气、钱物、文件、表格、信件等。

6. 我不得不反复好几次做某些事情直到我认为自己已经做好了为止。

7. 我对自己做的大多数事情都要产生怀疑。

8. 一些不愉快的想法常违背我的意愿进入我的头脑，使我不能摆脱。

9. 我常常设想自己粗心大意或细小的差错会引起灾难性的后果。

10. 我时常无原因地担心自己患了某种疾病。

11. 我时常无原因地计数。

12. 在某些场合，我很害怕失去控制而做出尴尬的事。

13. 我经常迟到，因为我没有必要地花了很多时间重复做某些事情。

14. 当我看到刀、匕首和其他尖锐物品时我会感到心烦意乱。

15. 我为要完全记住一些不重要的事情而困扰。

16. 有时我有毫无原因地想要破坏某些物品或伤害他人的冲动。

17. 在某些场合，即使当时我生病了，我也想暴食一顿。

18. 当我听到自杀、犯罪或生病时，我会心烦意乱很长时间，很难不去想它。

当上面一条或一条以上的症状持续存在、影响正当生活时，您有必要找专科医生咨询。

5 赏识参与树自信，矫治退缩向前进
——退缩问题的咨询

> **案例介绍**

> 　　小蓉入园两个半月了，还是对幼儿园的环境不适应，行为孤僻，情绪焦虑；常将布娃娃等玩物作为母亲的替代物，整天抱着不放；躲避人群或生人，不合群，在小朋友的集体活动中常待在一旁观看，对其他小同伴的友好表示反应淡漠；言语少，与老师交流时多用手势，用动作表达"是"与"不是"，对旁人的询问不理睬，语言发育迟缓；自卑胆小，特别在意老师的批评和同伴的讥笑，常常哭泣。

　　小蓉的这些退缩行为表现虽还不能称之为心理疾病症状，但的确反映出儿童在早期社会性发展方面的偏常现象，如不及时关注，及时矫治，会给其成年后的社会行为与心理状态带来严重影响。

　　退缩（withdrawal）是指儿童在人际交往过程中，表现过分胆怯、孤独，不愿与小朋友一起玩，更不愿到陌生的环境中去，而宁愿一个人待在家里玩等。我国精神疾病分类方案中提出的相应分类术语是儿童社交敏感性障碍，指儿童对新环境或陌生人产生的恐惧、焦虑情绪和回避行为达到异常程度。退缩行为多见于5~7岁的儿童，其中，女孩显著多于男孩。

一、儿童退缩的原因

　　一个正常儿童突然到了完全陌生的新环境，或遇到了惊吓、恐怖的情景，出现少动、发呆、退缩等行为表现，这是正常的，是儿童正常的适应性反应。随着时间的推移，儿童会逐渐适应所处的环境，并在做游戏等活动中主动发展自己适应环境的能力。但是有退缩行为的儿童却很难适应新环境。儿童是在与人交往中发育成长的，他们的行为习惯、情绪性格的发展都要通过社会的各种渠道，如亲子、同伴关系等。童年时代的退缩行为如果不注意防治，不仅有可能延续至成年，而且有可能持久地影响到他们成年后的社交能力、职业选择及教育子女的方式等。

亲子间的依恋与分离焦虑是儿童早期社会性发展的中心内容。如果在早期不能形成良好的亲子依恋关系，就会在孩子幼小的心灵留下亲情淡漠的阴影，产生对人与社会的偏见，从而逐步发生一系列社会性退缩行为。有的家长整天把孩子关在家中让他独自玩耍，不让他与其他孩子交往；有些父母对孩子的心理需求漠不关心，拒绝、限制多，期望要求高，家庭气氛紧张；有的对独生子女过分保护与放纵，满足他们一切要求（哪怕是不合理的），包办一切生活事务，使孩子养成唯我独尊的性格，依赖性强，独立性与生活自理能力差，不能承受一点点委屈和挫折，不被同伴接受，在人际交往中屡屡失败。

儿童的社会性退缩也有其身体、心理的原因，如先天体弱多病、性格内向、早期不良生活经历等。一部分儿童先天适应能力差，他们对新环境感到特别拘谨，不愿意接触人，若勉强去适应，适应过程很难而且缓慢，平时也不爱活动，从不与陌生人交往，对新鲜的事情不感兴趣，缺乏热情和好奇心。

另外，父母与教师的不良教养方式对儿童的退缩行为影响很大。现代社会的发展导致家庭的稳定性下降，父母离异，非婚生儿童、单亲儿童大量增加，孩子成了牺牲品。还有许多儿童在家尚能和父母愉快相处，但到幼儿园和学校就表现得过分退缩，这与教师的教育方式有关，比如对一个好动、外向的儿童进行适当的批评是可行的，但对一个性格内向、敏感多疑的退缩儿童进行严厉批评，其副作用无疑会大于正作用，更会强化儿童的退缩行为。有人想方设法为退缩儿童创造表现的机会，尽量让其多发言，活动时尽量让他处在活动的中心，但事与愿违，这样做往往加重了退缩儿童的焦虑情绪，因为他们只是希望自己成为一个"普通"的小朋友，而不是引人注目的"明星"，希望成为集体的一员，而不是"领队"。

导致儿童产生退缩行为的另一重要因素是缺乏人际交往,尤其是同伴交往。缺乏与伙伴的交往,使得儿童不能形成正确的自我意识,缺乏与外界打交道的经验,紧张和胆怯使儿童无力与小伙伴竞争高低,因而产生退缩行为。缺乏同伴交往的退缩儿童仿佛陷入了一个恶性循环:越是缺乏同伴交往,就越没有经验和信心,行为就越显得退缩;越是退缩,就越逃避与同伴交往。所以改善儿童的退缩及退缩行为首先要帮助儿童鼓起勇气,迈出人际交往的第一步。

除此之外,社会的大环境对儿童的退缩及退缩行为也有影响。尤其是在城市,治安不良、生活空间狭窄、居住于高层建筑之中等,这些都是影响儿童人际交往的障碍。还有电视、电脑的普遍使用,更局限了儿童的活动空间。国外研究资料历数了电视的一些负面影响:电视对儿童的交往能力产生一定的影响,患电视孤独症的儿童会产生言语障碍,动作刻板、不愿社交。刘金花教授说:"从某种程度上说,电视给有社会退缩倾向的儿童提供了避难所。"

另外,儿童在遭遇强烈刺激后可能产生退缩行为。如亲人死亡,父母离异,见到血腥残酷的场面,突然离开亲人,惊吓过度等,都会使孩子精神受到刺激而变得退缩。

二、退缩儿童的教育矫治

对退缩儿童的教育矫治是个系统工程,涉及家庭、幼儿园和学校等方面。

要满足退缩儿童的心理需要,不仅要关心孩子物质生活上的需要,更重要的是要关心孩子的心理需求,给孩子以爱与信任。比如,通过爱抚,与孩子一起玩耍等可以促进亲子之间的依恋形成。不少父母与孩子接触少,或是把孩子丢给老一辈照看,这样孩子依靠父母的需求不能及时满足,就会影响亲子关系,为以后的社会性发展留下隐患。

家长要利用有利条件,有针对性地帮助退缩儿童建立自信心,培养其独立性。比如,鼓励他们自己的事情自己做,做好做坏不责备,同时,相信孩子的力量和能力，培养孩子的勇敢精神，让孩子甩开处处依赖别人的"心理拐杖"，独立行动。另外，利用游戏为孩子提供同伴交往的机会。如让同伴之间相互自我介绍，玩"过家家"游戏，进行一定的角色对话，师生一起来跳团结舞，相互学习礼貌用语等。家长也要有意识地安排孩子与邻居小朋友交往的时间与空间。要及时肯定退缩儿童的每一点进步，对儿童在社交中出现的合群现象，给予奖励，逐渐增加他们的社会活动，克服退缩行为。经过多次社交实践和家长的正确心理引导，绝大多数有退缩行为的儿童，都可成为性格开朗的人。

教师对刚入园、入校的儿童应富有爱心，帮助他们适应新环境，注意满足他们安全感和自尊心等需要。比如，多用表扬的方法，说话亲切和蔼，对性格内向的儿童，要耐心鼓励，批评要慎重，使他们感到在幼儿园、学校如同在家里，自在而愉快。

家长和教师应努力创设民主气氛的心理环境，无论是在家庭，还是幼儿园或学校，都应努力创设一个健康的心理环境。退缩儿童的教育矫治要取得成功，有赖于父母与教师的紧密合作。如果幼儿园或学校要求一套，而家里的要求又是另一套，会使孩子无所适从，行为多变，即使施加再多的教育矫治，也是事倍功半。比如，有的退缩儿童有退缩行为的主要原因是父母关系不和、教养方式不当，这时，教师就应深入家庭，进行"家庭教育矫治"，通过走访帮助改善家庭成员的认识结构和不良的相互作用方式，打破旧的"恶性循环"，消除儿童退缩行为的根本病因；如果是教师方面的问题，也应通过家长会、"请进来，走出去"等多种形式，认真听取家长的有关建议，不断改进幼儿园或学校的工作，缓解退缩儿童的压力。

对那些因精神、神经疾病导致行为退缩的儿童，父母与教师要达成共识，尽早送到专科医院进一步诊治。经过上述治疗而疗效不理想的孩子，可在医生的指导下，服用抗忧郁剂，如氯丙咪嗪、麦普替林等，也可服用精神振奋剂，如利他林等。

6 责任意识重培养，成长路上有担当
——责任心缺失问题的咨询

> **案例介绍**

现在的一些孩子对自己的责任认识不清，责任意识淡薄。在家庭中，孩子们对身边的家人呼来喝去，饭来张口，衣来伸手，不会做也不想做家务。在学校表现为自私自利，独行独断；随地丢弃垃圾，懒于改正作业错误，不参加集体活动。很多孩子对班集体漠不关心，能主动为集体做好事者更是少之又少。对此老师们在沟通时常常有共鸣：孩子们的责任心哪里去了？

责任心，是指个人对自己和他人，对家庭和集体，对国家和社会所负责任的认识、情感和信念，以及与之相应的遵守规范、承担责任和履行义务的自觉态度。责任心不仅是一种心理品格，也是一种道德素质和能力要素。它作为一种重要的非智力因素，影响到儿童的学习和智力开发，同时，它也是一个人以后能够立足于社会，获得事业成功、家庭幸福的至关重要的人格品质。

俄国著名作家托尔斯泰也曾说过："一个人若是没有热情，他将一事无成，而热情的基点正是责任心。有无责任心，将决定一个人生活、家庭、工作、学习的成功和失败。"现在的孩子多数都是独生子女，父母对他们宠爱有加，无微不至，即使看到问题，也往往姑息纵容孩子，造成为数不少的学生以自己为中心，自私自利，冷漠懒惰，对他人少有同情心，对家庭谈不上爱心，对集体缺乏热心，对社会漠不关心。

责任心的发展遵循着由他律到自律的规律，也就是说，儿童的责任心是从外在的责任要求开始，逐渐内化为一种自身的内在品质。早在20世纪20

年代，皮亚杰通过分析儿童日常生活中的过错行为和说谎行为后指出，人的责任心来自儿童期对责任行为的判断。幼儿的责任心是从以行为后果为基础的客观的行为责任观念，向以行为动机意向为基础的主观的责任观念转变发展的，他把这两种责任态度称为"客观责任心"和"主观责任心"，并指出儿童责任心的发展是通过外在标准的内化而逐步形成的。其一般规律是，客观责任心出现在先，主观责任心发展在后；前者逐步退居从属地位，后者则逐步取代前者居于支配地位。

一、学生责任心培养的必要性

首先，责任心的培养有助于促进学生其他社会性品质的发展。国内外的不少研究结果发现，学生责任心水平的高低与其积极良好的亲社会行为，如帮助、轮流、分享、合作等的发展间存在着密切关系。那些对集体、对他人负责的学生会更多地出现帮助同伴、与同伴分享等亲社会行为，因此其同伴关系也好；而那些责任心缺乏的学生，则常常是见到他人需要帮助也毫不关心，漠然走开。

其次，责任心的培养有助于学生独立性的增强。责任心会使孩子们内心产生一种强烈的行为动机，促使其主动、积极地通过自己的努力尝试独立解决问题。因此责任心强的学生在需要他表现出责任行为时往往会勇往直前，义无反顾，努力尝试，而不是退缩、畏惧、依赖成人的帮助。学生在不断探索、尝试解决问题的过程中，体验到了自己的能力和价值，产生了自我认同感，认识到通过努力自己是可以独立解决一些问题的，从而进一步增强了行为动机，促进了独立性的发展。

再次，责任心的培养有助于促进学生的智力发展和学习水平的提高。责任心是一种非智力因素，能使学生以一种认真、负责的态度来对待自己周围的人和事，在面对任务、问题时能持之以恒地不断思考和探索。因此具有责任心的孩子往往能以一种认真负责、勤于钻研的态度对待自己的学习，按时完成作业，认真完成老师交给的任务，在面对问题时也会出现更多的探索、操作活动，在这过程中，其智力获得发展，学习水平获得提高。国内外有关优秀学生的研究就发现，他们往往比平常学生有更多的学习责任心和认真、细致的工作态度，而这正是导致其学业突出的一个重要因素。

二、学生责任心的培养

责任心的培养应从小做起，培养孩子作为一个独立个体为自己行为负责的态度，培养他作为一个家庭成员对家庭的责任感。孩子从一入学开始，就承担了作为一名学生的责任，随着孩子年龄的增长，也要让他意识到自己作为一名公民的社会责任。责任心的培养还要从小事做起，让孩子学会自己的事情自己做，不但要有始有终，而且要有恒心有信心；今天的事情今天做，事事要对人对己负责。

1. 培养孩子的自我责任心。

培养孩子的自主学习意识，学会对自己的学习负责。例如，按时到校不迟到；带齐各学科学习用具；上课专心听讲，积极发言；放学后，做完作业再去玩；按时、独立完成作业，书写规范工整；写完作业认真检查，有错及时改正；主动预习、复习，敢于置疑；积极思考，敢于发表自己不同的见解。

教育孩子自己的事自己做，对自己的生活负责。例如，自己独立睡觉，不用父母陪伴；自己的事自己做（收拾书包，洗小件衣物、红领巾等）；整理自己的学习用具、玩具，用完放回原处；保持自己的书桌、抽屉整齐；做事专心，有始有终；做错事勇于承担责任，并及时改正；遇到问题，设法独立解决。

让孩子懂得珍爱生命，对自己的生命负责。例如，积极锻炼身体，做到体育达标、力争成绩优良；认真做好早操、眼保健操；讲究个人卫生，包括口腔、用眼卫生；坐要正，站要直，读书、写字姿势正确；穿着整洁得体；好好吃饭，不挑食，少吃零食；学习并掌握必要的自我保护的方法。

2. 培养孩子的他人责任心。

让孩子做到心中有他人，对他人负责。例如，尊敬师长，有礼貌；关心、孝敬父母，体谅父母辛劳；关心身边的朋友；完成老师交给的任务，做老师的小助手；守信用，说话算数，对自己的话负责；爱惜他人东西，借东西要还，损坏东西要赔；能看到别人的优点，对别人的帮助要表示感谢；尊重同学，不欺负弱小；会换位思考，理解他人，对人宽容、谦让；体谅他人困难，乐于助人。

3. 培养孩子的社会责任心。

让孩子学会承担家庭责任，对家庭负责。例如，按时回家，外出打招呼，不让父母担心；不乱花钱，不向父母提过分要求；爱惜东西，懂得节约；主动做力所能及的家务。

让孩子关心集体的利益，对集体负责。例如，热爱班集体，热爱学校，时刻想到自己是集体中的一员；关心集体荣誉，遵守集体纪律（课堂纪律、课间纪律）；认真做好值日；努力完成集体的任务；积极参加集体的活动，为集体增光；热心为集体服务；爱护公物，维护校园和教室卫生。

教会孩子讲公德、守规则，对社会负责。例如，热爱祖国，遵守升旗礼仪；遵守公共秩序；遵守交通规则；爱护公共设施等。

4. 培养孩子的自然责任心。

教孩子从小热爱大自然、保护环境，对自然负责，包括：爱护花草树木，保护动物；自觉分类回收废品；不乱扔废电池；节约用电，节约用水；自觉保护环境卫生等。

7 树立理想选榜样，挫折帮助毅力长
——学习毅力问题的咨询

> **案例介绍**
>
> 子豪每次写作业都是妈妈逼着写的，仿佛是替妈妈写似的。一会儿喊累了，一会儿问这个字怎么写，一会儿渴了，一会儿要上厕所；要么就是空着没做，问他为什么，回答说不会，再问他为什么不想想，他说想了也不会。其实妈妈知道他压根儿就没有动脑子，怕苦怕难，学习缺乏毅力。

人类在从事各种实践活动时，并不是像动物那样消极被动地顺应环境，而是积极主动地改造世界，成为社会的主人。也就是说，大多数人在进行活动之前，总要先考虑做什么、怎样做，然后有计划、有选择地开始行动，最终达到目的，这种坚持到最后以达到目的的精神就是我们通常所说的毅力。

学习毅力则是指学生在学习过程中长期不懈地保持充沛精力，坚忍顽强、不屈不挠地去克服困难，排除干扰，坚决完成任务的优良意志品质。当儿童具有了这种品质以后，他们就不会因一时的困难而气馁，也不会因内外干扰而分心。例如，在学习活动过程中，学生为了学好知识，取得好成绩，就要保证课堂 45 分钟的效率。这就要求学生尽量排除外界干扰，控制自己的思想，不去想与学习无关的事情，专注听讲，跟随老师积极思维，努力理解和记住所讲的内容。这就是一个预先设计目标，根据目标组织、调节行为，克服种种困难最后实现目标的过程。那么，学习毅力应该如何培养呢？

一、开展理想教育，树立正确的世界观和人生观

家长和老师有必要对孩子进行理想教育，使他们树立正确的世界观、人

生观，以确定自己的行动目标，并对个人和团体的思想、行为作出实事求是的正确评价，使儿童在理想教育之后产生义务感、责任感，以及不断进取的优秀品质。对中小学生来讲，具体的做法就是要使学生逐步明确学习的目的、人生的意义，引导他们把个人的理想与国家、社会的需要紧密联系起来，做到为实现理想而努力学习，从而完成由"要我学"向"我要学"的转变。当儿童开始树立自己的理想时，他就对自己行动的目的有了正确而深刻的认识，就能主动地支配自己的行动，为达到预期的目的而自觉地去行动。

不过，中小学生，尤其是小学生，意志的自觉性较差，不善于独立、主动地调节自己的行动去完成某一任务，常常需要家长和老师提出任务，并在家长或老师的启发、帮助、督促和检查下完成。

二、榜样引导，正确归因

中小学生具有心理波动大、易受暗示的特点。一方面，他们在遇到困难时，可能会缺乏仔细、全面和周到的考虑，而匆忙作出决定并付诸行动。有时容易受外界干扰和情绪冲动的影响，缺乏足够的力量和有效的方法去排除或抑制这些干扰，于是表现出懒于思考、鲁莽行事等特征。另一方面，当他们遇到困难时，又表现出无休止的动机冲突，担心行动会造成不良后果，怀疑自己所做决定的正确性，患得患失，犹豫不决，常常在不同的目的、手段之间摇摆不定。

中小学生喜欢将自己的理想寄托于一个具体的形象，并以其为自己的榜样。榜样的力量是无穷的，特别是对可塑性较大的中小学生。榜样一般包括伟大人物、著名人士、同龄英雄、班内校内的先进人物等。教师和家长可以让孩子学习一些典型人物的事迹，并激励他们努力拼搏、坚持不懈，培养良好的意志品质。同时，也可以通过学习典型，来找出自己与典型之间的差距及产生差距的原因。有些学生找差距、查根源往往只注意客观原因，这就需要教师引导他们从主观上去查找。当学生能从自身找到原因、加以总结时，就达到了一个新的高度，同时也为培养良好的意志品质奠定了基础。

三、加强磨炼毅力的实践锻炼

在物质生活条件不断改善的条件下,如何对中小学生进行意志力的培养,成为学校教育所面临的重要课题。在日本、英国、美国都有各种"磨炼教育""挫折教育",让学生们通过克服困难和持之以恒的实践活动来增强毅力,培养顽强拼搏的斗志和坚忍不拔的精神。

教师可以组织学生开展义务劳动、体育锻炼、军事训练等活动。义务劳动可以培养一个人的劳动观念、劳动习惯和吃苦耐劳的精神;体育锻炼可以培养一个人的耐性和勇敢、团结协作、顽强奋战的精神;军事训练可以培养一个人的组织性、纪律性、自我约束能力和不畏艰难的作风。

四、进行适当的挫折教育

首先,培养学生对待挫折的正确态度。世界是五彩缤纷、千变万化的,每个人在生活中难免有磕磕碰碰。教师要引导学生正确看待人生中的挫折,生活中人人都会遇到挫折,成人也不例外,从而使学生有遭受挫折的思想准备。同时,还要使学生明白遭受挫折的两面性,挫折既是一种前进的障碍,会带来痛苦或难堪,又是一个磨炼的机会,通过克服障碍,就可以得到一次锻炼,所谓"吃一堑,长一智"就是这个道理。古往今来,许多有成就的人无一不是在克服各种障碍中成长起来的,鼓励学生积极地迎接困难,鼓起克服障碍的勇气。另外,教师应有针对性地把生活中的实际问题摆在学生面前,让他们讨论、寻找根源和解决的办法,通过对这些问题的探讨,端正对待挫折的态度,提高对待挫折的心理承受能力。

其次,培养学生战胜挫折的自我调控能力。良好的意志品质常常表现为自我激励、自我调控。因此,意志教育要向自我教育转化,外部控制要向自我控制转化。自我调控包括自我训喻、自我规划、自我记录、自我调整。自我训喻是指自己对自己下指令,以指导自己的行为。自我规划是指在征求教师、同学、家长意见后,有针对性地制订自己的计划,并严格执行计划。自我调整则是指根据自己行为是否达到预期目的,而调整自己的计划并决定对自己的奖励。对待挫折,要求学生勇敢面对,调整自己的行为,接受挫折、分析挫折、战胜挫折，并进行行为记录和评价。

再次，帮助学生征服挫折。一是使孩子懂得怎样去排除障碍。要想使学生在各种挫折面前都能立于不败之地，只有应付挫折的思想准备还远远不够，还需要有应付挫折的办法，否则，就会在挫折面前束手无策。例如，考试失败了，要学会找出失败的原因，改进学习方法，通过努力学习，转败为胜，最终战胜挫折。二是让孩子亲自去征服挫折，在战胜挫折的实践中去培养孩子承受挫折的能力。教师或家长可帮助他们找出遇挫的原因，设计出战胜挫折的办法，鼓励孩子去战胜挫折，慢慢可以让孩子独立去战胜挫折，千万不要代替他们战胜挫折，以免使孩子形成依赖心理，遇到困难就找家长，而自己却不具备承受挫折和克服困难的能力。三是经常为孩子设置一些他们能够克服的障碍。现在的孩子一般都过着无忧无虑的生活，很少遇到挫折。为提高孩子承受挫折的意识和能力，应为他们设置一些适宜的障碍，让他们在克服障碍的过程中，提高承受挫折的能力，这也是一种教育。

第五辑
非智力因素问题

1 准备充分跃龙门，孩子要当小学生
——入学准备问题咨询

> **案例介绍**
>
> 大班的洋洋马上就要上小学了，洋洋的妈妈早已阅读了一些有关学前准备方面的文章，并咨询了专家和小学生的父母，除此之外，还需要做哪些准备呢？

一、入学思想的准备

由幼儿园向小学过渡，是每个孩子一生中至关重要的一步。要让孩子知道为什么要上学、怎样对待上学，要以"我要上学了"为荣。您不妨和孩子正式地谈一次话。

◎ 激发孩子上学的兴趣，解决他们心中存在的疑虑，使他们满怀兴奋与期盼，而不是焦虑和拒绝。可以问问孩子："你知道上小学与上幼儿园有什么不一样吗？""你还想知道小学的哪些事情？"告诉孩子，上学后能认更多的字，读更多的书，学会算题，学会唱许多动听的歌，画更多美丽的图，学会讲英语，学会用电脑……在学校，也会结识许多新朋友、新老师。

◎ 告诉孩子，长大了，要上学了，要开始集体生活了，要独立了，多了不起呀！

◎ 建立上学自信心。相信孩子在学校里一定能刻苦学习、勇敢面对挑战、取得好成绩。

◎ 明确学习目的，树立远大理想。可以和孩子探讨以下问题："为什么要上学？""上学长大后干什么？"让孩子有期望有理想。

二、了解学校生活

了解学校生活也是入学前家长所需要做的重要工作之一，您不妨：

◎ 向孩子介绍学校历史及现状，言语之中充满向往、自豪和期望之情，激发孩子热爱学校的情感。

◎ 到学校参观。可以利用双休日带孩子到小学实地参观，熟悉并欣赏校园环境，认识教学区、生活区、活动区，顺便可以进行简单的爱护花草树木及学校公共设施的教育。

◎ 听大孩子讲学校生活：畅谈学校有哪些好玩的地方、学习的乐趣、老师的要求、课堂纪律、作业规范、伙伴交流、少先队活动等。

◎ 模仿游戏：可以让几个孩子或由家长与孩子进行模仿上课的游戏，分别扮演老师、学生，让孩子在游戏中不知不觉地熟悉课堂学习习惯，学会基本的礼貌用语。

◎ 共同参与准备工作：在给孩子布置学习小空间，购买学习用具、生活用品时，最好让孩子也参与进来，出主意，发表意见，让孩子与家长一起分享"要上学了"的喜悦。

◎ 会写自己的名字、电话号码；记得家庭地址、父母单位、生日；会用简单的一两句话介绍自己和家人。

三、安全教育准备

安全是孩子上学最需注意的事项，近年来校园事故的频繁发生表明，及早对孩子进行学校安全教育是入学前准备的重要内容之一。

◎ 游戏安全：学校的活动器械相对于低年级学生来说高而且大，场地硬，学生多，老师也不可能随时呵护在学生左右，所以一定要及早嘱咐孩子在课间活动时守秩序，不推挤，不疯跑，不扔石子，不玩木棍。

◎ 接送安全：一般小学都规定家长在距校门50米处接送孩子，所以家长要事先同孩子约好接送地点，嘱咐孩子在家长没来时原地等待，不乱跑，不跟别人走，去同学家一定要先同家长商量。

◎ 上学、放学路上安全：家长提前带孩子往学校步行几次，每次重复讲每个关键地点路标及安全注意事项；教育孩子注意车辆等问题；牢记"放学就回家，不和陌生人讲话"的原则。

◎ 饮食卫生安全：教育孩子不买小摊上的食品；饭前便后一定要洗手；只用自己的杯子喝水；认真做眼保健操等。

◎ 学校有体育达标测试，家长要及早做准备，指导孩子跑步、跳绳的运动技巧。

四、家庭学习环境的准备

孩子上学后，家庭是孩子学习的重要场所之一，因此，家庭学习环境的准备是一项重要内容。

◎ 给孩子准备独立的学习小空间，可以是房间的一个角落或单独一个房间，有一张小书桌，一个小书柜即可，重在安静、整洁。

◎ 为孩子准备高度适宜的桌椅，好写作业。

◎ 为孩子选择好台灯：一般用光线柔和的白炽灯，15~25瓦，左侧取光，灯臂可调整，开关安全、方便。

◎ 学具的准备：书包、文具盒（最好不用铁盒）、直尺、三角尺、削好的HB铅笔五支、圆头小剪刀一把、橡皮几块、自动削笔刀一个。

五、学习习惯的准备

学习习惯是上学前就要开始准备的。

◎ 良好的生活习惯：早睡早起，规律生活，遵守作息常规；物品放置顺序化、固定化，用完即归。

◎ 学习习惯：学习专心，做事认真；爱护书籍与文具；养成正确的阅读与书写习惯；及时复习；独立完成作业。

◎ 自己收拾书包、码放书本、整理文具盒、准备学具。

◎ 掌握正确的握笔姿势和看书、写字姿势，避免形成"橡皮依赖症"。

学习能力方面的准备包括：

◎ 认识钟表，知道时间。

◎ 认识页码，会翻页，找题号。

◎ 认识课表：语文、数学、英语、美术、品德、写字、体育、科学、音乐。

◎ 生活中能识字：独体字、常用字，如一、二、三班，男、女厕所等。

六、生活用品的准备

◎ 秋冬季节：水壶、带盖水杯、马甲。

◎ 春夏季节：矿泉水瓶。

◎ 手纸。

◎ 小桌布、饭盆、汤盆、勺子、饭兜。

◎ 若干零钱（以备应急用，平时放在只有孩子自己知道的地方）。

总之，家长要及早为孩子从幼儿园向小学的过渡做充分准备，使孩子学会学习、学好习惯、学会休息、学会用脑、学会用眼、学会书写、学会守纪、学会交往、学会生存、学会做人。

2 磨磨蹭蹭费时间，提高效率是关键
——磨蹭问题的咨询

案例介绍

  早上起来，家长忙着洗漱、做早饭，而孩子却怎么叫也不肯起床，好不容易决定起床，穿衣服又是磨磨蹭蹭的，家长忙得团团转，最后还可能上班迟到。孩子平时洗手就得5分钟；吃饭第一个吃，却总是最后一个吃完；作业总是到深夜还没做完。做事拖拖拉拉，穿衣服磨、洗漱磨、睡觉磨，干什么都磨，成了班里的"名磨"（著名的磨蹭）。

  面对孩子身上普遍存在的"爱磨蹭"的现象，如果从小不给予纠正，将直接影响到孩子入学以后作业的完成、长大以后的工作效率。

一、儿童磨蹭的原因

  （1）缺少时间概念。孩子做事爱磨蹭，通常是因为他们不像成人一样具有时间紧迫感，他们的时间概念比较模糊。一般而言，孩子并不知道如果他把一件事尽快做完之后会有什么更好的结果，他也不认为自己慢有什么不好的。很多时候，孩子想的只是眼前的事情，没有考虑更远，这些都是由孩子的生理和心理特征决定的。

  （2）天生的慢性子。有些孩子明显地比其他孩子动作慢，不论在什么情形下、做什么事情都慢，即便是有强烈的外界刺激，他仍然是行动迟缓，慢条斯理，紧张不起来。这类孩子相对安静而缓慢，这是孩子一生都很难改变的先天气质。家长必须接受这样的现实。

  （3）注意力易转移。孩子的注意力很容易受到周围环境的影响，旁边有什么好玩的事就会让他忘记初衷。家长可以选择孩子平时最爱的东西，比如最爱玩的游戏、最爱看的动画片等，激发孩子做事的注意力，还可以做一些练习来培养孩子注意力的持续时间。尽量不要把孩子跟其他小朋友作比较，但可以跟他以前的表现比，也可以跟爸爸妈妈比，以保护孩子的自信心。

（4）不感兴趣。一些孩子在做喜欢的事情时动作很快，做不喜欢的事情时动作就慢吞吞。家长可以先观察一下孩子对什么比较感兴趣，用孩子喜欢的事物去激发孩子做事的积极性。例如，答应孩子做完事可以看10分钟电视，或者答应孩子可以买一件玩具等，慢慢培养孩子做事情快的好习惯，纠正孩子磨蹭的坏习惯。

（5）动作不熟练。有时孩子磨蹭不是故意的，而是因为他对所做的某件事不熟练、缺少操作的技巧。由于儿童的思维能力和身体协调能力尚处在发育时期，他在做事情时可能不知道如何安排做事的先后顺序，如何以较少的时间来做更多的事情；也可能没有掌握好穿衣、洗漱等的基本技巧，看上去"手笨"；还可能在做作业时对知识掌握得不牢，许多题目做起来很困难。这些都是可以后天训练和改进的。

（6）缺乏自信心。有的孩子在做事情时缺乏足够的自信心，总是担心自己做不好，怕出错，所以做起事情来瞻前顾后、畏畏缩缩，速度自然就快不了。不过，越是担心、害怕，孩子的动作就会越慢，显得更磨蹭。如果大人这时候再在一旁不断地责备、催促，孩子的自信心又会受到影响，他的动作不仅快不起来，反而会更慢了。对于这样的孩子，家长一定要改变追求完美的教育方法，试着把责备改成鼓励。如果只是一味责怪，会搞得孩子更为慌乱而不知所措。

（7）父母的榜样。家长的行为对孩子的影响是巨大的，有的父母自己做起事情来经常拖拖拉拉、不讲效率，本来可以很快做完的事情却要拖很长的时间，本来应当提前做完的事情也要拖到最后一刻。家长这种做事慢吞吞的习惯会潜移默化地影响孩子，时间长了，孩子也会养成办事拖沓、磨磨蹭蹭的不良习惯。对磨蹭的孩子，家长在平日生活中尤其要注意自己的榜样行为。

（8）家长包办。一些家长对孩子事情的大包大揽，造就了孩子的"磨蹭"。由于总是有父母的援手，孩子对一些需要独立处理的事无法自理，处处依赖成人，等待成人替他做，所以做事喜欢磨磨蹭蹭。因此，家长要先检讨一下自己，是不是照顾孩子过分细致了，是不是为孩子安排好了一切。孩子的事情一定要让他自己做，不要让他养成依靠他人的心理。

（9）与家长消极对抗。现在有些父母"望子成龙"心切，很少给孩子空闲的、可以自由支配的时间。孩子完成了一件任务，另一件任务又布置下来了，家庭作业做完了还有额外的作业，额外的作业做完了还要加任务……反正不能闲、不能玩。久而久之，孩子会觉得反正也没有时间休息，因而磨磨蹭蹭做事情，从而养成不良习惯。

二、儿童磨蹭问题的纠正

从上述原因可以看出，每个磨蹭孩子总有自己磨蹭的特殊原因，家长可以根据这些原因，针对不同问题的孩子采取不同的教育方法，帮助他们养成不磨蹭、快行动的良好习惯。

（1）排除无关诱因，让孩子专心做事。由于孩子的注意力很容易受到外界环境的干扰，因此，在孩子做事时，家长和教师应尽量保持周围环境的安静，排除与当前事件无关的因素，使孩子能专心做他正在做的事情，加快速度也保证质量，慢慢就养成了快速做事情的好习惯。

（2）管放结合，让孩子经受必要的锻炼。该让孩子自己做的事家长绝不过多代劳，此为"放"，让孩子在做的过程中，锻炼才干。同时，家长也下决心"管"，比如，规定时间内不吃完饭，就坚决收拾掉餐桌，使得孩子下次进餐时必须抓紧时间。孩子做事遇到困难，家长也不需要急着帮忙，只做必要的指导即可。

（3）加强时间观念，培养孩子把握时间的能力。孩子磨磨蹭蹭与他们没有时间观念有关。有些孩子就属于那种"老虎紧追到脚跟，还要回头辨雌雄"的人，没有什么时间观念。对这样的孩子，首先应该帮他认识到磨蹭带来不好的后果。然后家长可以与孩子一起制订一个互相监督的计划，让他监督妈妈有没有磨蹭现象，爸爸做裁判，记录结果并及时报告；也可以让孩子与父母一起制订一个生活日程表，记录每天早晨穿衣、盥洗、吃饭等所用的时间，一段时间后看有没有进步。通过全家共同参与的过程，让孩子加强时间观念，学会主动加快自己的做事速度，并根据时间来调节做事的速度，有初步的合理把握时间的能力。

（4）引发孩子的竞争心理，改变磨磨蹭蹭的现状。家长可以有意识地引发孩子的竞争心理，比如，让他经常和小伙伴展开有益的竞赛——比速度、比勇敢、比仔细等，让孩子在竞争中逐步认识到自己的能力，养成敏锐捕捉信息并做出反应的思考力和行动力。在家也可以经常开展亲子竞赛，锻炼孩子的心志，提高灵敏度和反应速度。

（5）让孩子树立信心，积极进取。孩子很重视父母的评价，表扬鼓励总是能激励和打动孩子的。"反话正说"是一个好办法，比如，孩子每天晚上上床睡觉前总是磨磨蹭蹭的，到很迟才入睡，睡得晚就影响第二天的早起，妈妈急得每天骂他一顿也没用。后来，妈妈想到儿子很爱听好话，就试着反话正说："晓明大了1岁，懂事不少！用不着妈妈提醒，就上床睡觉了。"话音未落，儿子立马上床钻进被窝。第二天，又是表扬将他"催"上床。在其他事情上，这种办法效果都不错。家长还可以给孩子买小玩具和自制的奖状，受到表扬和鼓励的孩子当然非常惊喜和自豪，磨磨蹭蹭的现象也越来越少，做什么事情都会信心十足。

（6）用"自然后果法"，让孩子尝到磨蹭的不良后果。"自然后果法"倡导，一个人应当承受他的行为引起的后果，从而调整自己的行为方式。家长与老师取得联系后，可以让学生品尝磨蹭的后果。如果孩子在每天早上磨磨蹭蹭地，家长可以不再催促他，由着他慢吞吞地吃早餐、整书包，让他迟到挨批评。本来要做的事情如果因为磨蹭没有做完，家长也可以取消孩子可能会得到的奖励。家长可以告诉孩子："要学会做事加快节奏，安排好时间，如果磨蹭习惯不改，还会造成更严重的后果。"孩子吃到苦头，为避免再次吃苦，以后自然会加快行动的。

行为方式决定行为能力，孩子磨磨蹭蹭一旦形成习惯，矫正非常困难。并且，生活上磨磨蹭蹭的坏习惯会迁延到学习、交往等多方面，引起一系列后果。父母应合理安排好孩子的生活，教育孩子从点滴小事做起，提高做事效率，帮助孩子克服磨蹭的坏习惯。

3 学习动机常激发，快马加鞭锦添花
——学习动机问题的咨询

> **案例介绍**
>
> 笔者曾经带小学四年级的孩子参加《大风车"挑战800"》的节目，休息时和孩子们一起聊为什么上学，孩子的回答五花八门："学校有同学，在家里一个人待着没意思"（为朋友）"学习知识和本领"（为学习）"不上学找不到体面的工作"（为生活）"不学习怎么能当科学家呢？"（为理想）"我们不上学了，你们不就失业了吗？"（为给教师饭碗）"别人都上学了，我也要上学"（为平等）"上学读书挺有意思的"（为乐趣）"不上学干啥呢"（为打发时光）……

学生是教学活动中的主体，一切富有成效的教学都离不开学生积极、主动地参与。从这个意义上讲，学生学习动机的激发是实施各种有效的教学对策的前提。另一方面，教学活动又是师生双方互动的过程。学生积极地参与可以激发教师的教学热情，进而提高教学效果和教学质量。学习动机水平低是有学业问题学生普遍存在的问题。

一、激发成就动机

成就动机是由成就需要转化而来的一种动机。它是指个人对自己认为重要或有价值的工作，不但愿意去做，而且能达到完美地步的一种内在推动力量。研究表明，成就动机水平高的人希望获得成功，而当他失败之后，他会加倍努力，直至成功。就中小学生而言，成就动机更多的表现为获得优异的考试成绩，取得令人羡慕的竞赛名次。成就动机水平高的学生不满足于已有的成绩或名次，总是精益求精，心中抱有更高的追求；较之一般的学生，他们具有更饱满的学习热情、更坚强的学习毅力以及更高水平的学习自觉性。

实践证明，成就动机越强，成就需要的层次越高，对学生学习和成才的推动作用越大。而出现学业问题的学生的成就动机水平往往是不高的。培养成就动机的核心是使学生获得学习的成功体验。学习成功的体验是指在教育过程中，教育者（教师和父母）要对学生有积极的期望与具体、合适的要求，为学生创造多方面成功的机会，让他们通过个人或集体的努力，不断发现自我，感受到进步与成功的喜悦。

为学生创造成功机会，老师需要对学生的学习结果进行适当而又实事求是的肯定和表扬，以激发他们学习的热情，特别是对后进生，更要多发现他们的点滴进步，予以鼓励和赞赏，使其对学习充满信心。对于后进生在学习中存在的问题，必须责备时也应采取巧妙的方式，在表扬中指出不足，在批评中肯定进步，并帮助他们分析原因，指出改进的措施。切忌对学生学习中的错误进行讽刺挖苦、体罚或变相体罚。

二、充分利用期望效应

在教育过程中，教育者往往对学习好的优等生寄予厚望，使得优等生的成就动机长盛不衰，却忽视了学业问题学生。教育者应当有意识地提高对学业问题学生的期望水平，根据后进生的实际情况提出合理而略有挑战的要求，告诉学生老师对他的希望，改变对待学业问题学生的一系列不正确的行为方式。在这一过程中，教育者要注意的是应该真诚，不要让学生认为教师是装出来的，否则更会伤害学生的自尊，严重削弱其成就动机。

三、强化成就意识

学生随着年龄的不断增长，知识不断丰富，各种能力也不断提高，他们感到自己像个成人了。这时候，教育者可以利用历史上有志之士的故事、范例进行说理和组织讨论，提高学生学习的自觉性、自信心，激励学生勤奋学习、努力奋斗。另一方面，教师可以帮助学生设立适当的学习目标。有一个远大的理想和目标是必不可少的，把大的目标分为一系列可实现的子目标，通过每一个子目标的实现给学生以激励也是十分必要的。教师可有意识地在逐渐实现子目标的过程中激发学生的学习动机，提高他们的学习积极性。

四、外部动机的激发

教师可以通过奖赏、惩罚、创设课堂气氛等方法，给学生以适当的动力，这些是教学中常用的激励手段。

创设合作的课堂学习环境是影响学生学习动机的一个重要外部因素。目前教学中的弊端之一是过于强调竞争，以为促进学生（包括学业问题学生）学习的主要动力是竞争。学习竞争确实能够起到促进学生学习的作用，但不能过度。其实竞争中优胜者只是一小部分，大多数学生是竞争的失败者，竞争恰恰更容易诱发学业问题学生的自卑、自弃心理，这是因为学习竞争是以人际比较为前提的。人际比较实际上扩大了学生对自己能力信念的分化，因此要淡化竞争，提倡合作的课堂气氛，使每个学生都有成功和发展的机会，引导每个学生形成积极的动机模式，掌握学习的主动权。

具体方法包括：改进评分方法，淡化竞争气氛，采用鼓励性评分，即只要学生在原有基础上有进步就可以得到一个好分数；给学生有选择的机会，让学生真正做学习的主人，让他们干他们所能干的、愿意干的、想干的事，这样才会表现出主动性和积极性。例如，采用分层作业的方法让学生选择，这样比硬性规定学习任务更能激发他们的主动性，使学生体验到自己是学习的主人；提倡互助与协作，强调师生之间、生生之间的互助与协作，因为教师与学生不仅是师生关系，而且也是合作关系，师生（包括学业问题学生）在人格上是平等的，这就有利于营造民主、和谐的课堂气氛，并激发学生积极的情绪，促进学习。同学之间的学习互助与协作，不仅可以帮助学业问题学生，也使助人的学业优良学生进一步得到锻炼。

五、内部动机的激发

学生内部动机激发的措施包括：归因训练、角色转换、获得成功体验、激发兴趣和培养良好的学习态度等。归因训练是针对学生在学业成败情境中的归因障碍而设计的干预计划。有学业问题的学生往往把失败归之于外部的不可控因素，如运气不好、能力低、任务难。这就容易使他们产生无能为力的心理，降低他们在学习任务特别是困难面前的坚持性和自信心。

有学业问题的学生在集体里往往不受欢迎，处于被忽视的地位。这种角色地位深深影响了他们的自尊、自信，使他们对课堂学习更加反感。如果让小学高年级有学业问题的学生担任低年级学生的辅导老师，要求他们课后对低年级学生进行第二天数学课程的预习辅导，学业问题学生在社会角色改变后，数学成绩有了显著提高，其自我概念、成就动机、人际关系、测验焦虑等都出现了不同程度的积极改变。

激发学生内部动机，具体来说有以下几种方法。

（1）为他们创设成功的机会。学业问题学生常常过分夸大学习中的困难，过低估计自己的能力，这就需要教师为这些学生创设成功的机会，让学生在学习活动中通过成功地完成学习任务、解决困难来体验和认识自己的能力。

（2）树立成功的榜样。一个人看到与自己水平差不多的人取得成功，就会增强自我信念，认为自己也能完成同样的任务。例如，把原来基础较差、进步较快的学生作为学业问题学生的示范者，要求他们观察、讨论这个同学是怎么取得进步的。这种榜样示范对班上一部分学业问题学生的确会产生较大的激励作用，使他们认识到学习难关并不是不可攻破的。

（3）在自身进步中体验到成功。学业问题学生把自己与学业优良学生进行比较，会觉得自己样样不如别人，越比自信心越低。但同自己的过去比，个人的进步则能使学生获得成功的体验，增强自信心。在对学业问题学生的个别辅导中，教师可以帮助学生制订个人的目标与计划，并明确落实这些计划的具体措施。在实施过程中使学生通过实现自我参照目标来体验成功，发现自己的进步，正确认识自己的能力，改变对学习无能为力的心理状态。

4 学习兴趣重培养,激发引导加理想
——学习兴趣问题的咨询

案例介绍

"上学有什么意思?根本就没幼儿园好玩!"一个被妈妈领来的一年级学生一进门就这么嘟囔着。"有哪本书是用拼音写的?天天坐在那儿,老师不让我们动,放了学还要写作业,玩也玩不了,关键是那些拼音和字我都会写了,可老师非要我再写好多遍,浪费时间,成心不让我们玩!"他一直嘟囔着,容不得别人插话,我问能否给我解释的机会,他说:"我是儿童,我要优先,请你尊重儿童,再说了你搞咨询不听别人说完怎么了解别人啊?……"

本应该对各种新鲜事物充满了好奇心的孩子,怎么会对上学不感兴趣呢?真的是学校的课程对孩子们没有任何吸引力,还是孩子们的学习兴趣被人为地破坏掉了?在注重早期智力开发的今天,家长们在孩子很小的时候就开始不遗余力地开发他们的智力,生怕孩子输在起跑线上,却不知道孩子赢得的可能是短暂的辉煌,输掉的却可能是对学习的热情、对世界的好奇。

兴趣是个体力求认识、探究某种事物或从事某种活动的心理倾向,它总是伴随着良好的情感体验。当一个人对某种事物发生了兴趣,他就会对该事物表现出特别的关注,并大胆地探索,去从事与此相关的活动。

学习兴趣则是孩子基于自己的学习需要而表现出来的一种认识倾向。从表现形式上讲,学习兴趣是孩子学习需要的动态表现形式,是社会和教育对孩子的客观要求在孩子头脑中的反应。从系统结构上讲,学习兴趣又可说是学习动机系统中的一个子系统,它是学习动机中最现实最活跃的成分,是力求认识世界、渴望获得科学文化知识的带有情绪色彩的认识倾向。

一、学习兴趣的意义

兴趣对丰富知识、开发智力有重要意义。兴趣在使人成功地掌握知识的同时，也培养了全面细致的观察力，提高了敏锐而灵活的思考力，发展了丰富的想象力。兴趣可以给人以巨大的力量，有助于创造性地完成活动；兴趣能够调动学习积极性，启迪学生的智力潜能并使之处于最活跃状态；兴趣可激起强大的学习动力，促使学生顽强拼搏，努力学习。学生如果对学习活动感兴趣，学习就主动，学习效果也好。反之，学习就被动，而且效果也差。

青少年的学习兴趣和学习动机是紧密联系，相辅相成的。兴趣和动机一样，受家长和老师的影响很大，特别是教师的教学方法、教学效果、教学策略、对学生的注意和了解度、赏罚情况和师生关系等对激发学生的学习兴趣尤其重要。当然，青少年的学习态度和学习习惯、奖励等对他们学习兴趣的激发也有不容忽视的关系。

调查表明：27%对学习不感兴趣的学生是由于不喜欢老师的教学方法，29%的是因为应付各科学习和作业太累了而对学习失去了兴趣，13%的是觉得学好学坏一个样，34%的认为学习是件痛苦的事情。

有着浓厚学习兴趣的孩子有如下表现：

◎ 有强烈的探索欲望，想要进一步了解客观事物，会调动一切已有知识经验来学习。

◎ 有较强的坚持性、专注力，对一件事情可以长时间地关注。

◎ 勇于尝试、不怕失败，在不断的探索中尝试找到答案。

◎ 能够进行自我调节，不断调整任务难度，使兴趣更具有持久性，且能够不断提高。

◎ 能够通过学习活动本身对自己进行奖赏和鼓励，学习过程本身就是一种兴趣的满足。

孩子如果对学习活动感兴趣，学习就主动，学习效果就好。久而久之就形成了良性循环，孩子的学习兴趣会越来越高，越来越享受学习带来的乐趣，当然也就会取得较高的学业成就。

学习兴趣低的孩子有如下表现：

◎ 不能主动发起探究性行为，在接到任务后，不能马上调整状态作出反应，处于一种懈怠的状态。

◎ 难以专注于一件事情，注意力极其容易转移和分散，停留在一项活动上的时间非常短暂。

◎ 盲从，没有主见，在集体中长期处于被动地位。

◎ 惧怕失败，一旦失败就表现出沮丧或者愤怒，并且不愿意再次尝试。

◎ 难以进行自主调适，对于外界的依赖性较高。

◎ 对学习有较严重的抵触或对抗情绪，或者对学习感到焦虑、恐惧，逃避学习，甚至出现抑郁症状，如食欲不振、孤独、懒散、过敏等。

长期对学习缺乏兴趣，就会产生恶性循环，出现学业下降甚至有学业问题。

二、培养儿童学习兴趣的家庭策略

作为家长，可以从以下几点来培养孩子的学习兴趣：

（1）给予孩子探索的空间和时间，让孩子有机会体验发现问题、尝试解决、体验失败、再次探索、获得成功的全过程。不要事事包办代替，剥夺孩子探索尝试的机会和乐趣。

（2）在保证安全的前提下，鼓励孩子从事难度略高于已有经验水平的任务，家长给予安全的保护和适当的支持。例如，当孩子想要踩在桌子上去拿高处的东西时，家长完全可以在一旁保护，允许他尝试，并且通过提供小凳子，帮助孩子学习借助材料解决问题。

（3）善于观察、发现孩子的兴趣点，给予适当引导。例如当孩子对昆虫发生兴趣的时候，就可以为他提供大量的相关图书，带他去自然博物馆，在网上搜索相关资料，和他一起去田间观察、捕捉昆虫，制作标本等。让孩子有机会把自己的兴趣不断深化，形成持续的爱好。

（4）抓住孩子兴趣发展的阶段性，培养广泛的兴趣。孩子原来不熟悉、不了解某种事物，通过探索、学习、练习达到了解和掌握，兴趣也会随之慢慢减退或者消失，家长可以通过建议、参与等方式，适时地将孩子的兴趣引向新的目的地。例如，一个孩子忽然对油漆桶产生了浓厚的兴趣，通过各种方式收集了大量的油漆桶，让妈妈带着他到建材市场看了各种品牌的油漆桶，当他这种了解的欲望得到满足以后，就对油漆桶失去了兴趣。这时，妈妈为他购买了几种颜色的油漆，带着他一起粉刷自己的房间，引发他对颜色混合和搭配的兴趣，这样孩子的学习兴趣又被重新调动起来。

（5）允许多种兴趣存在。随着社会价值观的变化，人们越来越能接受多样性的存在。有的孩子对汽车感兴趣，有的孩子对恐龙感兴趣，有的孩子对音乐感兴趣。这些兴趣本身并没有高低优劣之分，只要引导得当，孩子都能从中体验到学习、探索、思考的乐趣。只要孩子的兴趣不违背基本的道德准则，不妨碍别人的生活，不威胁自己的安全，家长都应该采取宽容的态度。

以上所说的主要指孩子自发的直接兴趣，但是实践活动是兴趣产生的源泉。人们往往一开始对于完全生疏的事物，不会有多少兴趣，但随着对该事物的逐渐熟悉、理解和掌握，兴趣才随之产生。所以，培养和激发孩子的间接兴趣也非常重要。

对于孩子本身并没有表现出明显的兴趣取向，而家长又非常希望孩子接触、了解的内容，家长可以尝试着从这几个方面入手来培养和激发孩子的间接兴趣。

1. 活动的趣味性是激发孩子兴趣的主要因素。

年幼儿童最容易被生动、直观、形象、富于变化的形式所吸引。家长可以通过多种形式，让孩子体验动态的情境，从而产生对学习对象的兴趣。我们经常可以在音乐厅看到很多孩子在饶有兴趣地观看演出，这就是他们的父母为了培养他们对音乐的兴趣，带他们来进行现场体验。现在很多课业内容被做成了动态的课件，也是为了激发孩子学习的兴趣。但是，在这里要强调的是，形式的趣味性不是学习兴趣产生的唯一条件，仅凭形式的趣味性，可能会让孩子忽略任务本身的旨趣，而表面的趣味性也容易被任务的难度或持久度所削弱。

2. 学习任务的难度设定要合理。

任务难度一定要与孩子现有水平相匹配，略高于孩子现有经验水平的任务难度是最容易引发孩子学习兴趣的。难度过低，孩子已经掌握的东西很难再引发孩子探索的兴趣；难度过高，孩子可望而不可即，屡屡失败，也难以激发浓厚的兴趣。同时，任务难度还应该是递进的。如果家长发现孩子在手工制作方面表现出一定天赋，就可以鼓励他先制作一些简单的作品，例如简单的折纸、剪纸，制作简单的造型。当孩子的造型能力越来越强以后，再逐步增加难度，孩子在这个不断获得小小成功的过程中得到了不断的强化，提高了兴趣的同时也增强了信心。因此，难度设定要根据孩子现有水平，任务难度要呈渐进式设计。

3. 增强孩子的自主意识，逐渐培养孩子自主学习的能力。

对年幼的孩子来说，自己制订学习计划、选择学习时间等难度较大，家长可以鼓励孩子自己选择学习的地点、内容、材料，支持孩子自己选择学习的难度和进度，慢慢过渡到帮助孩子遵从兴趣学习，养成良好的学习习惯和强烈的探索精神，能够自主地安排自己的学习时间、学习方式，设定自己的学习目标。

三、培养儿童学习兴趣的教学策略

在学校教育方面，老师在培养学生的学习兴趣时要注意以下几点：

1. 挖掘学科知识中的兴趣点。

每一门学科都有自己的知识特点，学生对某学科的兴趣往往是由该学科的特殊趣味所引起的。因此，教师要注意充分发掘学科知识中那些学生感兴趣的东西，如语文的文情诗意、数学的奇思巧索等，以期引起学生对该学科的特殊兴趣。

2. 合理安排内容。

学生对所学内容感到新颖而又一无所知时，最能诱发好奇心，激起求知、探究、操作等学习意愿。如果教学内容过深，学生望而却步，会减低学习兴趣；如果教学内容过浅，学生唾手可得，也会丧失学习兴趣。因此，教师在安排教学内容时，应当贯彻"最近发展区"的思想，注意深浅得当，还应当善于在学生已有知识经验的基础上，为学生创设一定的情境，并在情境中讲授新知识，将新知识纳入学生已有的知识体系之中，只有这样才能调动起学生的学习兴趣。

3. 改进教学方法。

知识学习总免不了有些枯燥无味,在传授很难引起学生兴趣的内容时,有赖于教师用方法的新颖性来激发学生的学习兴趣。要使有趣的内容与枯燥的内容交叉进行,并巧妙地把枯燥乏味的东西变为有趣的东西。一些常见的做法有:充分利用直观生动的教学形式,把枯燥的文字以生动直观的形式表现出来;忌"填鸭式"的方法,让学生也参与教学过程,亲身体验,主动尝试;合理设置问题情境,设置悬念,指引学生去理解他们不注意的地方,加深对课程内容的认识;及时反馈,适时鼓励,积极强化,让学生体验成功;根据儿童好奇、冲动、爱幻想、争强好胜的心理特点设计教学,利用竞赛、角色扮演、猜谜、讲故事等方式提高他们的学习兴趣。

4. 及时帮助学生解决学习困难。

学生在各科学习的初始阶段会遇到一些困难,即遇到"关卡"。闯过这些"关卡",学生就能顺利地掌握该学科的基础知识,学习方法和兴趣也会渐趋稳定;若闯不过这些"关卡",学生在学习上就会困难重重,在知识掌握上就会如"雨天背稻草,越背越重",学习兴趣就会锐减。这些难点和关卡就是学生兴趣和成绩的分化点。因此,及时帮助学生掌握教学难点是保持学生学习兴趣的前提。

5. 给予学生积极的关注。

如果教师对学生关心、重视,学生的学习兴趣就高,学业成绩就好,由此教师也对学生越加关心、重视,这是一个良性循环。如果教师对学生不关心或者经常批评学生,学生的学习积极性变差,学业成绩也会下降,由此教师对学生也更加不关心、不重视,这是一个恶性循环,有学业问题的学生往往处于这个循环之中。教师和家长应该给他们更多的积极关注,帮助他们从恶性循环中转到良性循环中来。

学习兴趣的培养还应该与树立崇高远大的理想结合起来,使学生的学习兴趣扎根于人生观和理想的沃土之中,由有趣、乐趣变为志趣。

5 鼓励能开"乐学"花，纠正厌学重方法
——厌学问题的咨询

> **案例介绍**
>
> 张老师说，班里一名爱思考、善发言的学生最近有点反常，头两天上课时说肚子痛或头痛，要老师打电话让家长接他回家，家长检查孩子身体没有问题，后来他就说不想进教室，不想听课，不想做作业，就连坐在教室里心里都难受，哭着喊着说想爸爸妈妈……张老师说："这孩子是不是厌学了？"

每个孩子都会偶尔抱怨学校，但有研究资料表明：5%~10%的孩子经常抱怨学校—不喜欢学校—厌学！一些上课沮丧或焦虑的孩子，倾向于用请病假来蒙蔽学校和家长，或表现为不想学、不愿学、不求进取、麻木倦怠、信心不足、惧怕困难、缺乏主见。

一、儿童厌学的原因

儿童厌学的原因包括：没有正确的学习动机，学习缺乏内在动力；学习目的不明确；学习负担过重；对所学的学科缺乏兴趣；缺乏勤奋学习和热爱知识的精神；在学习上屡遭失败，缺乏坚忍不拔的意志；自尊心受到伤害；缺乏乐观、稳定的情绪；未曾建立良好的师生关系和同学之间的关系，分离焦虑及其带来的恐惧。

儿童厌学常发生于家庭压力较大的时期，或孩子转到一所新学校时，或是孩子在学校遭到了欺凌。

二、矫治儿童厌学的家庭策略

孔子说:"知之者不如好之者,好之者不如乐之者。"对每个正常的孩子来说,学习本来是一种需要,但学习枯燥无味,必然压抑孩子的求知欲望,挫伤孩子的学习积极性。作为家长,应帮助孩子创造一个生动有趣的学习环境,激发他的学习兴趣。对待厌学的孩子具体可运用以下几种方法。

(1)帮助孩子端正学习态度。有厌学情绪的学生在学习上像"近视眼",只看近处,看不到远处,怕学习艰苦枯燥,觉得学多了知识没有多大用处,这是受到了社会上"读书无用论"的不良影响。实际上,在"知本社会"里没有文化的人已不再能应付自如了,各种职业将不再接纳没有文化的人。

(2)培养孩子稳定的学习情绪,提高孩子对学习的认识水平。家长要使孩子意识到学习是他自身的需要,另外,也要不断提出要求,对孩子的学习应勤检查、勤督促、及时鼓励,一旦发现孩子有不良的学习习惯,如做作业马马虎虎,要及时指出并帮助孩子纠正。

(3)培养孩子坚忍不拔的学习意志。家长要帮助孩子确定一个既有一定难度又是他力所能及的具体目标,提供适当的奖励,鼓励、督促孩子为实现这个目标去努力,失败不灰心,成功不骄傲,从小培养孩子具有不达目的决不罢休的顽强精神。

(4)对孩子的学习期望要合理。家长要经常帮助孩子恰如其分地作出估计,既不盲目乐观,也不低估,这样才能使他们处于自信而不自满、自尊而不自负、自善而不自弃的心理状态。另外,对于因压力过大而厌学的孩子,可适当地降低对他的学习要求,创设情境,帮助孩子成功,让他体验到成功的喜悦,满足他们受尊重的需要,以摆脱厌学情绪。

(5)帮助孩子树立必胜的信心。美国哲学家爱默生曾说:"自信是成功的第一要诀。"在学习上,气可鼓而不可泄,家庭教育的技巧就在于如何创设成功机会,满足孩子高层次需要。厌学者的显著特点是丧失了信心,因此在孩子每一次作业、考试或是成长经历中表现有进步时,家长应该有意识地表扬，使他们看到希望，树立信心。

（6）创设一个宽松的家庭环境。家长可以针对孩子的学习兴趣、学习能力，和孩子一块制定一个适合又有针对性的学习作息时间表，但不必完全改变家庭日常生活规律。家长也不要在孩子面前为孩子的学习和其他教育问题而争吵，不要一天到晚千叮咛万嘱咐，让子女感到厌烦，更不要总因学习问题而责骂、惩罚孩子。在家长的压力下，孩子容易由逆反心理发展到厌恶、逃避学习。

另外，家长也可以帮孩子处理一些棘手问题，帮助孩子把一些较大的问题化小，或转变为可操作的方式，如在家里演练课堂上的发言等。

三、矫治儿童厌学的学校策略

（1）减轻学生学习负担。大量的知识讲授和过多的作业习题会增加学生的学习压力，久而久之，使他们产生厌学心理。因此，教师要注意合理安排新知识的学习，适当控制作业量，减轻孩子的学习负担。

（2）及时评价，调动学生的积极性。在教学过程中，教师要对学生的学习情况给予及时、公正、客观的评价，即使小的进步，教师也可以用积极肯定的语言加以鼓励和表扬，使学生体验到成功的喜悦，从而提高学习积极性，改善学生的厌学问题。

（3）课堂教学应该从"爱"出发。古语说"亲其师，信其道"，师生关系会直接影响学生的学习态度和学习积极性。学生觉得老师喜欢他、欣赏他时，学起来就会觉得特别有劲。因此，教师应深入到学生中去，与他们谈心，倾听他们的心里话，在摸清情况的前提下，进行分析归类，制订相应的帮扶措施，从而赢得学生的信赖和配合。

（4）课堂教学应该从"情"字出发。教师要营造民主和谐的教学氛围，民主和谐的教学氛围既能融洽师生关系，又能激发学生的学习动机和求知欲，调动学生的积极性和主动性，提高学生在教学过程中的参与程度，使学生由消极被动地学习转变为积极主动地学习，真正成为学习的主人，从而从根本上解决厌学问题。

（5）课堂教学应从"趣"出发。教师要钻研教材，引导学生完成学习三部曲：即由"厌学"到"乐学"，再由"乐学"到"爱学"。教师可以通过设计精彩的导语，运用多媒体手段加强教学的直观性，注重语言的优美、生动、形象，插入故事教学，设计有趣的设问等，增强课堂教学的趣味性。

6 考试综合征可恶，自信放松能克服
——考试焦虑问题的咨询

> **案例介绍**
>
> 小蕾曾两次参加高考，每次考试前后，都出现较严重的紧张、恐惧心理，面色潮红，全身出汗，两手发抖，心悸胸闷，头昏脑涨，注意涣散，思想迟钝，原来记熟的复习内容，一时无法回忆起来，导致两次高考都落榜。

小蕾的表现是典型的"考试综合征"。患考试综合征的孩子，有的还可能出现恶心、呕吐、腹疼、腹泻、尿频、尿急，严重者会大汗淋漓、头脑轰鸣，甚至虚脱、昏厥。孩子由于某种主客观原因，当面临重大的考试时，产生紧张心理，偶尔考试失败是在所难免的。这是一种正常的应激性心理反应，不能视为心理疾病。所谓考试综合征是指患者由于心理素质差、面临考试情境而产生恐惧心理，同时伴随各种身心不适的症状，导致考试失利的心理疾病。它必须是多次反复或面临考试情境屡屡出现相似的病症。考试综合征如不及时纠治，可能会形成恶性循环，严重影响学生学习。

一、学生考试综合征的产生原因

引起考试综合征的原因有内外两类因素。以下情况都属于内因：由于家长和老师对学生的期望过高或提出不恰当的要求，以致学生心理压力过大；学生缺乏自信心，有严重的自卑感；学生错误地低估自己的能力和知识水平，总担心自己准备得不充分，不能取得好成绩；错误地夸大了考试与个人前途之间的关系，令学生情绪过分紧张；由于考前睡眠时间减少而过度疲劳，或平时身体健康状况差，加上心理紧张，食欲下降，营养不良，影响了大脑供血；等等。外因可能与临场过分紧张相关，如，考题难度过大，考试时间太紧，监考人员过于严肃，造成不适当的紧张气氛；考题形式与考生认知能力差别过大，考生难以理解考题的意义等。

从生理机制方面看，紧张心情和情绪波动之所以能起干扰作用，是大脑皮质上的神经活动过程产生了负诱导，引起了抑制，因而妨碍了"回忆"。人脑的活动有一种称为"相互诱导"的规律（也叫镶嵌式活动）：当大脑皮质的一个区域产生一个兴奋中心后就会引起（或加强）其他区域的抑制状态（负诱导），"怯场"现象正是大脑皮质神经活动过程"相互诱导"规律的表现。

从心理学角度看，考试综合征主要是"回忆"受到了紧张情绪的干扰。学生在考试时往往担心自己考得不好，会影响升级升学，甚至影响前途和命运，这些杂念及由此而引起的情绪波动和紧张心情，实际上造成了压力，阻碍了"回忆"的正常进行。当学生在考试中产生情绪波动或紧张心情时，大脑皮质上即出现一个与它相应的优势兴奋中心，由于这个优势兴奋中心的存在，按照神经活动过程"相互诱导"的规律，使储存信息的那部分大脑皮质出现了抑制状态，以致本来很熟悉的知识也"回忆"不起来了。由这种诱导引起的抑制又会按照"相互诱导"的规律反过来增强大脑皮质上与精神波动相联系部分的兴奋（正诱导），因而使情绪波动更趋激烈。如此循环往复，使整个大脑的联系系统的化学变化发生混乱，直到最后抑制发展到超限的程度，而导致怯场的严重局面。

二、考试综合征的预防和矫治对策

考试综合征是一种对考试情景紧张恐惧、无法自行调试的心理疾病。因此治疗的有效措施，首先是消除考试前各种心理压力，纠正不正确的用脑与应考方法。

1. 消除考试前的各种心理压力。

为了给孩子创造良好的心理环境，家长应该消除一切强加在孩子身上的心理压力。做父母的必须懂得文凭只是一个人掌握知识的凭证，绝非是人生唯一的通行证。对子女有期望、有要求，但不能不切实际地人为拔高，人生道路只能由孩子自己选择。强加的心理压力，只能导致心理紧张和考试失败，事与愿违。

在学校，老师要积极创造和谐、适度的学校气氛，团结紧张、严肃活泼，适当强调竞争，但不用学习成绩作为唯一标尺衡量学生，消除学生紧张、恐惧的心理，正确对待考试，轻装上阵。

2. 纠正不正确的应考方法。

第一，保证孩子充足的睡眠时间。考试是一种高强度的脑力劳动。迎考复习期间大脑神经细胞处于长时间持续高度兴奋状态，消耗大量能量，如不能保证充足的睡眠时间，大脑神经细胞就会疲劳或衰竭，使思维效能大大降低。具体可采取以下有效措施：

◎ 做好睡前准备工作，消除不利于睡眠的各种因素。如，不要长期连续用脑，睡前不喝浓茶，避免太兴奋，睡前热水泡脚等，家长可以监督孩子按时作息。

◎ 创造良好的睡眠环境。尽量做到环境安静，室内黑暗和凉爽，空气流通又不对流吹风，床褥平整舒坦，切忌在沙发上过夜。

◎ 考试前合理安排复习时间，劳逸结合，保证充足的睡眠，提倡两次睡眠制度（夜间睡8小时，午睡1小时），使大脑保持清醒的状态。

◎ 如果孩子有短期失眠，为了迎考，家长可在睡前给孩子适量服用氟安定或海尔神1~2片。

第二，培养良好情绪。复习效果好坏，考试是否成功，常常与孩子的学习动机和情绪因素有关。如果孩子具有强烈的迎考复习愿望，情绪稳定，全神贯注，有意识使大脑兴奋、专一，学习效果将大大提高。因此，教师和家长要注意以下两点：

◎ 培养孩子的自信心，使他们客观地估计自己的知识和能力，调整期待水平，用平常心对待考试的成功与失败。

◎ 在紧张的考试复习中间，可适当安排文体活动，消除孩子的紧张心理和大脑疲劳状态，重大考试前 1~2 天停止紧张的复习，注意身心松弛，充分休息。

第三，考试前一天要妥善安排，这是家长们容易忽视的问题。一般孩子在迎考期间常分秒必争，考试前一天仍拼命"开夜车"，晚上很晚入睡。其实这不是科学的用脑方法，恰恰可能导致相反的结果。家长应该帮助孩子调节考前状态，科学调节的要点是：

◎ 停止孩子的迎考活动，让大脑得到"大战前"宝贵的休整时间，"养精蓄锐"。孩子和家长应该懂得这样一个浅显的道理：强弩弩末。也就是说，一直拉紧的弓弦，箭是射不远的。只有在射箭一瞬间，拉紧弓弦，才能迸发出强大无比的威力。

◎ 停止紧张的脑力劳动，让身心放松，处于宁静、愉快的最佳状态，听音乐、看电视、公园散步、做徒手操，有意识地忘却即将到来的"大战"，这样反而可以取得意想不到的成功和收获。

◎ 充分保证当晚的睡眠时间。

第四，学会各种应试技巧，消除考试时的紧张感。

◎ 做好应试准备，进行一些答题的策略训练。培养应试技巧的先决条件是要对自己的学习习惯和应试技能及时监测，发现薄弱环节，再加以调整，如对考试重点的领会、考前身心状态的调整、考试用具的准备、临场情绪状态的调整等。

◎ 考试技巧的准备：试卷填写顺序、审题作答的要领、必要的猜题技巧、保持试卷整洁、答卷工整、快速检查解题正误的步骤等。

◎ 考试时发现自己"怯场"，不惊慌，要自我鼓励，暗示自己有能力战胜"怯场"。最好是转移注意，比如安静下来，伏在桌子上休息片刻，或回忆一件令人十分愉快的往事，使自己超脱考场的紧张心理，如此暂停"回忆"，过一会儿等抑制解除后，再"回忆"遗忘的内容，可能就会想得起来了。使用这种方法的时间不宜过长，以免影响考试做题的时间。

◎ 遇到难题，若一时想不出答案，可跳过难题，着手做另一个比较容易的题，然后再回过头来做这道难题。

如果学生的考试综合征无法通过自己的调节来克服，也可在心理医生的指导下，在临考前半个小时左右，服用利他林、佳静安定等药物，但要注意：一是药物种类及剂量必须由医生根据经验因人而异地使用；二是必须在事前试用，适应后方能在考试时服用；三是千万不要自行随便试用，否则若药物剂量不恰当，反而会影响正常考试；四是即使有效，也只能短期使用，仅为应付考试，绝非根治疗法，家长务必认真对待。

7 生活学习相迁移，习惯养成从小起
——生活习惯问题的咨询

> **案例介绍**
>
> 晓松是一个聪明的孩子，只是有一些不好的习惯：吃手指、抠鼻子、揉眼、挠头；吃饭时撒得满地都是；想玩就缠着爸爸妈妈，不许他们睡觉……生活习惯无规律，也直接影响了他的学习，老师反映说晓松上课常常分心、做作业磨蹭、书本乱扔、常常找不到自己的文具。

习惯是指孩子在一定的情境下自动地去进行某些活动的特殊倾向。从生理机制上来说，习惯是一种后天获得的趋于稳定的动力定型。通俗地说，习惯是指通过重复或练习而巩固下来并成为某种动作的一种需要。习惯形成的原因主要是由于一定的刺激情景与个体的某些动作在大脑皮层上形成了稳固的暂时神经联系——条件反射链索系统。这样，当个体在同样的刺激情景作用下时，条件反射的链索系统就会自动地出现，人就会自然而然地进行同样的有关动作。

由此也不难看出，良好的生活习惯会向学习习惯迁移。良好的生活习惯是良好学习习惯的前提，是良好学习习惯的开始。学习习惯的形成，无非是引导孩子长期实践和应用良好的学习方法和策略，以使他们形成稳固的学习行为，给自己的学业带来极大的便利，给自己的人生打下坚牢的基石。良好的学习习惯不仅可以节省学习时间，提高学习效率，而且可以减少差错。显然，进行各种习惯的训练是非常必要的。但学习习惯单靠教师在幼儿园、学校的努力是不够的，还必须借助家长的力量，实行家校共育。

6岁孩子从幼儿园毕业，即将走进小学一年级，应该具备基本的控制自己的能力：正确的坐姿、与人友好交往、会听课、主动自觉地喝水、正确用餐、文明礼貌地接打电话、进门出门举止优雅。家长应该帮助孩子养成规律生活、遵守常规、积极参与家务、阅读书报、收拾东西、礼貌待人、讲卫生、与人合作等好习惯。

1. 规律生活很重要。

调查发现，小学里第一批加入少先队的孩子都有一个共同的特点——生活很有规律，如下课后先去洗手间，再去饮水，上课听讲也认真，作业写得也整洁。

6岁孩子的规律生活要做到：按照生物节律生活，到什么时候干什么事；早睡早起；一日三餐，不吃零食等。在学校吃零食、乱买小食品的孩子的家长往往工作忙，自己睡懒觉，不给孩子做早餐，才让孩子养成一日三餐没规律、爱吃零食的坏习惯。

2. 遵守常规要知道。

在幼儿园大班之外还设置学前班，是为了让6~7岁孩子适应小学一年级，有一个学习与适应常规的过渡过程。常规包括生活常规、幼儿园常规、社会常规等。孩子在家、在幼儿园期间不单单是要保障安全、吃好睡好，正常的生活常规、良好习惯的调教更为重要。在家有在家的常规，比如进门换鞋、洗手、外出进来打招呼、东西哪拿哪放等；在幼儿园要遵守幼儿园的常规，如学会等待、轮流、慢步轻声、遵守纪律等；在公共场所也要遵守社会常规，如不大声喧哗、不随地吐痰、不随地乱丢东西、爱护公共环境……

训练孩子遵守常规可以借鉴《弟子规》的相关内容："朝起早，夜眠迟；老易至，惜此时。晨必盥，兼漱口；便溺回，辄净手。冠必正，纽必结；袜与履，俱紧切……"

3. 积极参与热情高。

"今天谁来讲故事？"老师和家长要鼓励孩子大胆参与活动，锻炼孩子的自信心。在家庭生活中，有许多小事应鼓励孩子自己独立去做，如洗手、漱口、洗脚、洗袜子、整理床铺、收拾玩具等，养成孩子手脚麻利、眼明手快的个人素养。同时，让孩子明白：你是家庭的成员，这个家也有你的一部分，你要学会为家庭建设做些什么，比如扫地、倒垃圾、擦桌子、购物买菜时提力所能及的袋子、维护家的整洁等，而不是做点家务事就嚷着要父母给钱。

4. 独立完成少烦恼。

现在的孩子多是独生子女，孩子常常一个人在家，所以要培养孩子能耐住寂寞，学会独立独处，学会自我支配，培养"我的事情我做主"的自主能力。

孩子上学以后在学校里会面对很多自己拿主意、做决定的事情，不要让孩子太依赖，让他自己根据情况做出正确的选择，这样学习、写作业时也不会非要大人陪着，自己写完作业后也能独立检查，渐渐学会自理、自立。

5. 文明礼貌重在教。

上学就是集体生活的开始，和谐的集体生活靠每个人去创造。

6岁孩子与人交流谈话时应做到看着对方的眼睛与人交谈、举止端庄、保持微笑、学会用适当的赞美语言……电话是生活中常常接触的，而6岁孩子应学会接听和拨打电话的礼貌用语，如"您好""请问您找谁""需要我帮助吗""我可以帮您转告""再见"等，避免说"你谁呀""真烦人"等粗俗语言。

孩子进门出门更能反映出他的家庭教养，如进门前敲门但不粗暴猛烈，进门后随手关门，向成人问好，主动换鞋等。

告诉孩子这世界很美好，好人多，坏人少，学会向陌生人友好微笑，善待每一个擦肩而过的人。在公共场所管住自己的嘴巴，只有做到我爱人人，那么人人才会爱我。

6. 清洁卫生自己搞。

要教育孩子从小养成优良的个人卫生习惯，个人卫生于己有利于健康、于人表示尊重，要帮助孩子克服吃手指、抠鼻孔、揉眼、挠头等不雅观的小动作。在家里自己洗内裤、袜子等小件物品，常剪指甲、理发，学会梳头等。在班集体中，保持自己座位的整洁，帮助班级做力所能及的卫生工作，如擦黑板、擦桌子等。同时，还要教育孩子公共场合的卫生问题。

7. 与人合作信誉好。

现在的孩子都是独生子女，但他们未来将会生活在社会群体之中，因此应该教育孩子从小知道团结他人，与人合作，借助他人的力量最终双赢。让孩子懂得能与人分享的快乐最幸福，能与人分享的思想最有见解。

8. 收拾整齐能做到。

孩子上学后有许多收拾课桌、准备下一节课的活动，这些都需要平时在家中养成良好的收拾习惯，每做完一件事情一定要回头看看留什么"尾巴"没有。早起收拾床铺，出门带齐书本作业与用品，放学带齐物品，做完作业收拾书包，玩完玩具及时归位，物品放置归类、顺序化，用完即放回原处等。

在日常生活中注意督促孩子养成用完东西就放回原处的习惯。这不仅能使环境保持整洁而有条理，而且可以节省寻找学习用品的时间。另外，还要教会孩子学习分类整理的方法，平时将物品按类存放。比如将教材、参考书、课外读物分开放，同一类物品又按学科摆放等，当然孩子可以根据自己的分类方式进行，但一定不要把什么物品都混在一起。

生活细节有很多，教育孩子，家长请先行，言传身教树楷模！过去孩子入学启蒙读物中的《弟子规》就是教孩子要养成哪些良好习惯，孩子入学前，家长不妨与孩子一起讲读一遍《弟子规》，对孩子的教育意义更大。

8　回家作业八部曲，按部就班添情趣

——作业习惯问题的咨询

> **案例介绍**

一年级的家长会上，有的家长反映孩子放学一回家先找吃的，有的家长说孩子回家先看电视，还有的说是先玩会儿，只有少数家长说孩子回家先做作业。

放学回家后孩子究竟该先干些什么？该养成什么样的习惯呢？我们总结了回家作业八步曲，希望家长在孩子刚上学时就帮助他们养成良好的习惯。

第一步　放好书包换鞋衣

在外面穿的衣服不可避免地会有许多灰尘，鞋上也会沾有泥土，公共场合的穿戴还会附着不少病毒和细菌，所以放学回家后，一定要先换好拖鞋，将书包放在固定的地方，然后换上家里穿的衣服，并将脱下的衣服挂起来。

回家换衣服和鞋的习惯在幼儿园时就该执行，只不过一般是成人帮助完成的，上小学后，家长可以有意识地培养孩子，试着让他们自己按照这样的要求去做，帮助他们养成习惯。

第二步　讲究卫生把手洗

换好衣服后就要去洗手，因为孩子在学校待了一天，手一定很脏，回到家后一定要彻底洗手。在幼儿园的小班，孩子就能够掌握正确的洗手方法，关键在于要让孩子在家里也能保持这种良好的习惯。

第三步　然后喝水吃东西

孩子放学时，离吃午饭已有一段时间，此时的胃处于排空状态，加之一般孩子还不太会自己想着定时喝水，所以回家后让孩子喝水、吃东西是必需的，一方面补充体内水分，另一方面使血糖迅速提升。提醒家长，一定让孩子喝白开水而不是各种饮料，吃的也不宜过多，否则会影响孩子吃晚饭。

第四步　赶紧坐定先复习

经过了从学校到家里的路程，孩子的大脑已经得到休息，又经过前面三步的准备后，孩子该进入学习阶段了。首先让孩子坐在桌前，调整一下呼吸，把注意力转移到学习上。那么，孩子是不是一上来就开始写作业呢？答案是否定的。首先要进行复习，就是把今天学习的内容在脑子里"过电影"，哪怕只有几分钟，关键是让孩子养成复习的习惯，因为复习对孩子今后的学习是特别有帮助的。

首先，复习可加深对所学知识的理解。由于课堂上的时间比较紧，学习内容又相对集中，要让孩子在课堂上完全理解和掌握所学内容，是很难的。其次，复习还可以加深对知识的记忆，避免遗忘。根据艾宾浩斯遗忘曲线，如果一周后再复习，那么学到的知识只能剩下25%。及时复习可将短时记忆转化为长时记忆，同时还可重新唤起失去的记忆。再次，复习还能使知识系统化，帮助孩子归纳梳理零散知识，形成系统和板块。复习还可以温故而知新，更容易理解新知识。

在孩子入学的第一年，关键是教会孩子复习的方法，帮助孩子养成复习的习惯。父母领着孩子复习，教孩子复习方式的多样性，眼、耳、手并用，还要注意点、线、面的结合。

◎ 当天复习——点。

首先，每次课后合上课本和笔记本，用两分钟时间，用"放电影"的回忆方式将课上内容回忆一遍，及时巩固对课程内容的掌握，加深记忆。其次，回家后打开课本和笔记本，将当天所学内容进行二次复习和巩固，发现有不懂的问题要及时解决。

◎ 阶段复习——线。

阶段复习是指每隔一段时间，通过复习把零零碎碎的知识串起来，比如每当一个单元或章节学完以后，都应该将这一单元或章节的内容从头到尾复习一遍。父母还要教会孩子学会列提纲，将知识系统化、条理化。

◎ 期末总复习——面。

期末复习时老师一般都会带领学生进行。在家里，父母可以鼓励孩子尝试用图表来表示新旧知识之间的联系，或者采取写提纲的方式总结学过的内容。

孩子在幼儿园时，家长可以让孩子讲述当天学习的内容和一天的生活，为了让孩子有兴趣，还可以让孩子给家长当小老师，教家长当天在幼儿园里学的儿歌及知识。家长讲完故事可以请孩子复述，还可以让孩子讲述当天老师讲的故事等。

第五步　再做作业心有底

通过复习，掌握了当天的知识，这时候就可以开始做作业了。

首先，一定要审好题。审题的目的是为了寻找适当的解决方法，是迅速、正确解题的保证。审题不求快，所谓"磨刀不误砍柴工"，一定要仔细、全面。要教孩子多读几遍题，真正弄清题目的已知和要求的问题是什么，孩子们经常还没看清楚题就开始做，答非所问。

其次，在做作业时，还要教孩子按照正确规范的格式去答题，书写工整，整洁干净，力求一步到位，养成认真严谨的做事风格。

再次，做作业时要专心致志。做作业不是一件简单的书写行为，而是一个手眼脑并用的过程。在用手书写的同时，大脑要进行积极的思维。因此，只有专心致志才能做好作业。有的孩子边听歌边做作业，有的边说话边做作业，还有的做作业时心里却想着其他的事情，这都是不专心的表现。

最后，要独立完成作业。做作业的目的，是巩固、消化所学知识，培养孩子分析问题、解决问题的能力。要达到这个目的，作业就要独立完成。

第六步　检查对错需仔细

作业写完之后，一定要让孩子学会自己检查。有些家长总怕孩子做错题，替孩子检查作业。这样会使孩子养成依赖心理，反正有家长检查，错了也没关系，所以做题时马马虎虎。正确的做法是先指导孩子自己检查，之后家长再检查，发现问题也不要具体指出错误，可以划定出错的范围，让孩子自己发现并改正。

对老师批改过的作业或考卷，发下来以后一定要让孩子仔细检查，认真反思。特别要注意做错的题，让孩子对错误进行深入细致的分析，找出导致错误的真正原因。有的题目做错，是由于一时马虎，比如小数点点错了，符号弄反了等，如果是这类错误就要告诫孩子以后在这些地方多加小心，尽量避免再出现类似的错误。有的题目做错，是因为根本没有掌握基础知识，这样的话就要在听课、复习上多下工夫。也有的题目做错是因为思路不对，这就要认真钻研典型例题，明确解题方法。

建议家长为孩子建一本《错题集》，让孩子把平时做错的题目都记下来，以便随时翻阅，考试前还要重新做一遍。

第七步　明天学啥先预习

预习就是在学习新课前对将要学习的内容进行预习，为学习新课而做准备。从目前中小学生的学习现状看，仅有少数学生重视预习这一环节，约75%的学生不重视课前预习，没有养成课前预习的学习习惯。

首先，要通读课文。看本课共讲了哪几个问题，找出重、难、疑三个"点"。充分利用工具书和参考资料来扫除预习中的障碍，对确实不明白的地方做适当标记，以便在新课学习中重点听老师讲解。还要把所预习的内容分为几个层次，弄清其知识结构，最好能列出知识结构提纲。

其次，要联系旧知识。旧知识是新知识的基础，新知识是旧知识的延伸和发展。要想学好新知识，必须联系旧知识，找出二者之间的联系和区别。

第八步　收拾准备好欢喜

从孩子上学的第一天起就要让他自己整理书包。父母督促他每天晚上对照课表准备第二天要用的东西。同时，在日常生活中注意督促孩子养成用完东西就放回原处的习惯。这不仅会使学习环境保持整洁而有条理，而且可以节省寻找学习用品的时间。例如，在学习前把桌上与学习无关的东西都收拾干净，只留下学习用品、书籍、作业本等，这样既免得其他东西分散孩子的注意力，又有利于孩子铺开了写。在学习后要求孩子将各种用品都放回原处，下次再用时可随手拿来。否则，平时学习用品乱放，杂乱无章，学习时又找这找那，半天还找不齐，既浪费时间，又影响学习情绪，降低学习效率，严重的极有可能诱发孩子注意力分散性质的多动症。

请家长复制这个表，每做完了一步就做个记号，如依次写"正"字，五周一张表，坚持下去，直到孩子养成了习惯。（也可采用贴小红花或小贴画的形式）

步骤	内容	星期一	星期二	星期三	星期四	星期五
1	放好书包换鞋衣					
2	讲究卫生把手洗					
3	然后喝水吃东西					
4	赶紧坐定先复习					
5	再做作业心有底					
6	检查对错需仔细					
7	明天学啥先预习					
8	收拾准备好欢喜					

9 自理能力大点兵，缺一都会伤脑筋
——自理能力问题的咨询

> **案例介绍**

总有一些孩子晚上不睡、早上不起，上课总迟到；也有一些孩子丢三落四，书包收拾不好；还有一些孩子下课光顾玩，上课再往厕所跑……每年到了小学新生入学的时候，很多家长都忙着给孩子找家教、送学习班，但一项调查显示，孩子从幼儿园向小学过渡期间，遇到的最大困难不是学不会知识，而是不适应学校的生活。大约有70%左右的孩子因为自理能力、独立解决问题能力和表达能力不行，影响了他们的学习。

中国青少年研究中心"中国城市独生子女人格发展状况调查"显示，有52.5%的家长为孩子安排课余学习内容，26.1%的家长经常检查孩子的日记或通信，37.1%的家长总是照料孩子洗澡、整理床铺或收拾书包等。在独生子女道德缺点的自我评价中，20.4%的孩子明确表示"缺少生活自理能力"，18.3%的孩子做事依赖别人，28.0%的孩子很少帮助家长干活，15.1%的孩子缺少保护自己的能力。

生活自理能力是指孩子在日常生活中照料自己生活的自我服务性劳动的能力。简单地说就是自我服务，自己照顾自己，它是一个人应该具备的最基本的生活技能。幼儿生活自理能力的形成，有助于培养幼儿的责任感、自信心以及自己处理问题的能力，对幼儿今后的生活也会产生深远的影响。著名教育家陈鹤琴先生提出："凡是儿童自己能做的，应当让他自己做。"但现在的大部分孩子依赖性强，生活自理能力差，以至于不能很好地适应新的环境。

小学和幼儿园相比，比较大的变化是学校没有生活老师，一些简单的事情必须孩子自己去做，不能总指望老师，这就要求孩子具备一定的生活自

理能力。比如孩子吃饭不会像在幼儿园时有老师照顾，更没有老师提醒去厕所，放学以后要自己收拾好书包等。孩子处理问题的能力也要提高，比如迟到了，忘记带学习用品了，在幼儿园时就不是什么大事，可上学以后，这些问题就会直接影响当天的学习。还有，孩子每天要记住老师留的作业，记住要转告家长的事情，如果注意力不集中，表达能力不强，就不能完成任务。所以，对孩子能力的培养一定要提前进行。家长可以从以下几个方面入手。

1. 培养孩子的独立意识。

要让孩子知道自己长大了，成为小学生了，生活、学习不能完全依靠父母和老师，要慢慢地学会生活、学习和劳动，自己的事情自己做，遇到问题和困难要想办法自己解决。

2. 培养孩子学习方面的操作能力。

教给孩子有关学校生活的常规知识，要求孩子爱护并整理书包、课本、画册、文具和玩具；让孩子学会使用剪刀、铅笔刀、橡皮和其他工具，会削铅笔，并能制作简单的玩具等。

3. 培养孩子服务性劳动的能力。

要求孩子参加一些力所能及的劳动，学会简单的劳动技能，会开、关门窗，会扫地、抹桌椅，在活动、游戏或开饭前后，拿出或放回玩具、餐具以及其他用具等。

4. 培养孩子的时间观念。

在学习生活中，要培养孩子的时间观念，让他们懂得什么时候应该做什么事，并且要努力做好；不该做的事不要做，控制自己的愿望和行为。要让孩子明白10分钟有多长，可以做哪些事情，有意识地安排孩子在规定时间内完成一些事情，比如上厕所、喝水或准备下一节课的用品等。

5. 培养孩子的自我保护意识。

要培养孩子的安全意识，学会自我保护。要求孩子做到：

◎ 遵守交通规则，过马路走人行横道，不乱穿马路，不在公路、铁路、码头玩耍和追逐打闹。

◎ 防触电、防溺水、不玩火，不做危险游戏。

◎ 不接受陌生人的食物和礼物，不跟陌生人走。

◎ 知道自己的家庭住址、家人的姓名和联系电话。

◎ 掌握基本的紧急情况的自救、求救方式。

◎ 知道常用的电话号码：110，119，120，知道什么时候打哪个电话。

6. 训练孩子生活自理能力。

训练孩子生活自理能力的原则有以下五点。

◎ 先训练进食、穿衣，再训练睡眠、卫生，最后是个人生活及安全教育。随着年龄增长，在成人的监护下，不断增加难度和危险项目的训练，如让孩子自己过马路、自己坐公共汽车、使用刀子、使用煤气等。

◎ 不管孩子在做事时看上去多么笨拙，多么可怜，家长都要沉住气让他自己去做，父母可在一旁保护和指导。不经一事，不长一智，孩子就是从不断的错误中学习的。

◎ 让孩子做他力所能及的事，不能超越他们身体及心理发育水平，困难的工作可以将大目标分为小目标，分段来完成。

◎ 孩子有一点成绩，要鼓励、表扬，出了问题，不要指责，要耐心指导和帮助孩子。

◎ 孩子能做的事情一定让他自己去做，大人不要包办代替，目的是培养孩子成为自立、自信、热爱生命的人。

7. 孩子自理能力的基本内容和标准。

内容		良好习惯的标准	是否达到
吃	三餐、加餐、水果	定时、适量，不暴饮暴食	
		不挑食、不偏食	
		细嚼慢咽，咀嚼喝汤不出声	
		吃饭时不说话	

续表

内容		良好习惯的标准	是否达到
吃	三餐、加餐、水果	保持桌面清洁	
		正确使用勺子、筷子等餐具	
喝	喝水	适时	
		适量	
		爱喝白开水	
拉	大便	每天起床后定时大便	
		排便不磨蹭	
		正确用手纸擦干净	
		养成冲刷习惯	
撒	小便	适时	
		适地	
		不外洒	
		冲水	
睡	睡眠	按时上床、按时起床	
		良好睡姿	
		睡够（幼儿 11 小时 / 小学 10 小时 / 初中 9 小时）	
抹	抹油	会自己均匀抹擦脸油、擦手油	
		适量	
		养成涂抹习惯	
卫生	洗脸与洗手	洗脸洗净眼耳鼻，耳后脖子别忘记；手心手背手指缝，都用肥皂洗干净	
		知道饭前、便后洗手	
	刷牙	上面牙齿往下刷，下面牙齿往上刷，咬合面要来回刷，里里外外刷干净	
		会挤牙膏	

续表

内容		良好习惯的标准	是否达到
卫生	刷牙	牙具收放整齐	
		每天至少起床后、睡觉前刷两次	
		饭后漱口	
	洗澡	独立洗澡	
	洗脚洗屁股	每晚睡前洗脚、洗屁股	
	剪指甲	定期请成人帮助剪指甲	
	换内裤、袜子	内裤袜子天天换,脏的裤袜放桶里	
	使用手绢(纸巾)	随身带上叠好的手绢(纸巾)	
		会正确使用手绢(纸巾)	
		会自己洗手绢	
	公共卫生	不随地吐痰	
		不乱扔废弃物	
		不乱写乱画	
		不破坏公物	
穿	穿衣服	裤子看清前与后,内衣束在裤子里	
		拉链要拉好,扣子别错位	
		冬天外出时穿外套	
	脱衣服	脱下的衣服叠好、放整齐	
	穿袜子	看清袜子正面穿,袜跟穿在脚后跟	
	穿鞋子	鞋子左右要分清,会系鞋带和搭扣	
戴	戴帽子、戴手套	根据天气调整	
整理	铺床	能自己铺床	
	叠被	掌握叠被的基本方法	

续表

内容		良好习惯的标准	是否达到
整理	抽屉	物品归类摆放	
		小件物品放袋里	
		用完东西，物归原处	
	学习用品	独立收拾书包	
		分类码放书本	
		整理文具盒	
劳动	家务	收拾自己的玩具	
		洗手绢、内衣等	
		摆放碗筷	
		收拾饭桌	
		洗餐具	
		扫地、擦桌子	
		协助择菜	

10 丢三落四没收拾，粗心大意把亏吃
——粗心问题的咨询

> **案例介绍**
>
> 牛牛的脾气如他的名字，学习上经常丢三落四，作业本上的错五花八门：糊里糊涂地把数字或字写错、字写半边、没标音调、句子写一半、题算了一半漏了一半、忘记标点符号、没填最终得数、忘记写单位和答案、答非所问、张冠李戴……其实他所有的题都会，聪明劲没问题，就是粗心大意，一天到晚"魂不附体"（母亲语），毛手毛脚。

一、孩子为什么会粗心

1. 注意力不集中。

俄国教育家乌申斯基曾把注意力比喻为"一座门"，凡是外界进入心灵的东西都要通过它。如果这座门没有开启或半开半闭，一定会影响孩子的学习效果。

注意力指标有三个方面：指向性、集中性和转移性。

指向性是指某一时刻人的心理活动或意识选择了特定的目标，而离开了其他目标。例如，老师讲了一个笑话以后，接着讲课，指向性差的孩子就会还想着老师讲的那个笑话。

集中性是指心理活动或意识在特定对象上的集中，即全神贯注。例如，有的孩子对外界的刺激非常敏感，上课时窗外的鸟叫声、走廊上的脚步声，乃至操场上的踢球声都能吸引他的注意力。集中性差的孩子，在视知觉把收

到的信息传递到大脑进行分析时，信息受到干扰，就会出现错误、遗漏或遗失，从而导致粗心问题的出现。

转移性是指两项目标之间过渡的效率和效果。比如，老师复习完语文后接着复习数学，转移性差的孩子还停留在语文上。

从生理层面分析，注意力不集中的原因可以追溯到0~6岁的早期教育。研究表明，大多数在走路前没有充分爬过的孩子，长大以后都会注意力不集中，从而影响到孩子的发展。因为婴儿在爬行的过程中，发展了身体的协调性和平衡感，促进大肌肉的运动，同时在爬行过程中为避免碰到墙或其他阻碍物，发展了婴儿的方向感，而且在爬行过程中，需要手、眼、脑的配合协调一致。

如果孩子从小运动很少，该爬的时候怕磕着，该走的时候待在学步车里，该跑的时候爷爷奶奶牵着怕摔着，结果该发展的运动知觉都没有发展起来。孩子上了小学后不会跳绳，不敢走平衡木，不会抛球，不会翻跟头，身体的协调性差，肌肉力量不足，往往动作笨拙，不能有效地控制自己的行为，这妨碍了他们从外部世界获取信息，许多感觉信息未能传递到大脑，从而出现了视而不见、听而不闻的现象。

2. 视知觉能力发展失衡。

视知觉不同于视觉。视觉指眼睛看到的信息，而视知觉是把眼睛看到的信息传递到大脑进行整理、分析和加工的能力。从眼到脑是一个复杂的转换过程。

为什么有的孩子偏偏把69写成96？为什么有的孩子总把十位数与个位数相加，对位不齐？为什么有的孩子答案计算正确了，抄写时却抄错了？这都与孩子的视知觉能力有关系，眼睛能否做定点、动点的跟踪（视觉集中），能否清楚地辨认出两个相似的字（视觉分辨），能否迅速记住刚刚所看到的数字（视觉记忆），在下笔时手眼是否协调（视动协调）？每个孩子的视知觉能力是不一样的，如果一个孩子的视知觉能力达不到同龄人的水平，就容易出现粗心的现象，视知觉能力落后和粗心有着紧密的联系。

3. 缺乏精加工。

精加工往往是通过对比和辨别进行的。孩子同妈妈一起去蔬菜市场见到了韭菜。几天后学校组织郊游，孩子指着麦苗说："这是韭菜，我以前见过。"老师拉他来到不远处的蔬菜大棚，说这才是韭菜。孩子说怎么麦子和韭菜这么像。因为在见到麦子之前，他对韭菜只有一个大致的印象。在这之后，他就会为了把二者分开而做出精加工了。

为了防止粗心，有意识地引导孩子进行比较和辨别是重要的。例如，小学生经常分不清"衰""衷""哀"三个字。若教他们"横为衰，竖为衷，中间有口诉悲哀"，学生就能够正确书写和使用了。一个五年级孩子的家长说，一些应用题给孩子讲过以后，孩子好像明白了，但只要把数字换一下，就又不会做了。家长认为这是孩子不认真，没把东西记到脑子里去。其实这个孩子当时的会靠的是强记，并没有理解。从认知的角度看，如果不能理解所学的内容，就无法从所学的知识中得到有用的信息，所学知识就不能进入孩子已有的知识结构。

4. 思维能力问题造成的审题不明。

思维定式是由于先前的活动而形成的一种习惯性的心理准备状态，它会使人按照一种比较固定的方式思考问题或解决问题。思维定式有其积极的一面，但也有消极的一面。孩子在计算中，思维定式的负面作用主要表现在旧法则干扰新法则，而产生"积累性错误"。比如，计算 420÷42=10、630÷63=10 这些口算题后，接着计算 440-44 时，由于思维定式的影响，孩子往往会把减法错算成除法，即 440-44=10。再如，整数加法的法则是"数位对齐，个位算起"，孩子在计算小数加法时却将末位对齐。

另外，思维单一、逆向思维能力弱也是一个原因。在做文字题的时候，45 除以 5 加上 21 乘以 6 的积，和是多少？孩子会列式：45÷5+21×6，但是如果给孩子式子，让他反过来写成文字题时，就会遇到困难。

还有的孩子，题目都理解，但在阅读的时候，一扫而过，没有按照题意的要求去做，而是按照自己的习惯性理解去做，没有发现题意中一些细节，比如"除"和"除以"；路程应用题中的"走了"和"走到"等，结果造成了偏差。

5. 概念模糊。

有时看似简单的粗心背后是概念错误，例如，一个孩子的作业本上是这样写的：$0×6=0$，$0÷6=0$，$0-6=0$。当你指出他的错误时，他的解释是：0就是什么也没有，所以任何一个数与0加、减、乘、除结果都是零。出错的原因是孩子不理解加、减、乘、除四种运算的含义。再比如，求半圆的周长时，一个孩子只算了圆弧的长度，没有再求圆周的长度，其实不是他一时疏忽，而是他不理解周长的概念，不知道周长是指一条封闭的曲线。所以，家长和老师还应多多追问孩子犯错误背后的原因，别让粗心的"幌子"掩盖了问题的真相，错失教育的良机。

6. 生活习惯失当。

有的孩子平时在生活中就是毛手毛脚，在学习上也往往粗枝大叶。比如，在草稿纸上算对了，但抄到本子上抄错了；草稿纸上的数字排列得乱七八糟，找不到自己需要的答案；卷面不整洁、涂涂改改，这样也容易造成视觉遗漏。因为非智力因素会对认知活动产生广泛的影响，使认知活动带上个人的特点和风格。一个孩子的房里一团糟，鞋子东一只西一只，他的作业本往往字迹潦草，页面不整洁。一个孩子常常丢三落四，做事全凭兴致，往往观察没有顺序，思考缺乏条理。

二、避免儿童急躁与粗心的教育建议

做事急躁不安，只求速度快，作业与听课马虎，也会影响学业进步。急躁、粗心大意是学习的大敌，轻者学习进步慢，重者造成学业问题。避免急躁与粗心的具体训练方法包括以下几点。

1. 集中注意力。

心理学家告诉我们，一心有时是可以"二用"的，这叫做注意的分配。例如，教师一边讲课，一边观察学生听讲的情况，学生一边听课，一边记笔记等，都是"一心二用"的例证。但是，注意的分配是有条件的，即同时进行的两种活动中，其中必须有一种是十分熟练的。而且，同时进行的几种活动之间的关系也很重要，如果它们之间毫无关系，则同时进行这些活动是很困难的。因此，为了克服粗心大意的毛病，学会把自己的注意力始终集中在所要完成的工作上，也是十分重要的。

有的家长不管孩子是不是正在学习，都把电视机开着，或者自己打牌搓麻将，这些做法都会造成对儿童的干扰，使他不能集中精力学习，久而久之，儿童便开始毛毛躁躁，养成"一心二用"的坏习惯。因此，家长应该在儿童学习时给他们创造安静的学习环境。

2. 加强对学习重要性的认识。

在学习中经常有这样的现象：有些问题很容易，按理是不应该出差错的，粗心的人还是错了；反之，有些事情比较难，按理说出差错的可能性较大，但粗心的人这时反倒不出差错了。为什么会出现这种"反常"的现象呢？这是因为当人们面对较难的问题时，心理上会比较重视，造成大脑思绪不易受到干扰，因而不易出现差错；反之，对较容易的问题，心理上不太重视，思绪容易受干扰，因而较易出现差错。所以，对任何问题都重视起来就不会马虎随便，而且也能自觉地克服分心现象，从而有助于克服粗心大意的毛病。

3. 保持适度紧张情绪。

常有这样的现象：进入考场时常提醒自己细心点，可是由于心情紧张，却造成许多不必要的错误，如填错答案、看错题目要求、忘做了某些题目等。其实，这种粗心纯粹是由情绪紧张造成的。心理学家耶克斯和多德（Yerkes & Donder，1908）研究显示，智力操作效率与情绪紧张之间的关系是一种"∩"形曲线关系。当情绪过分紧张或毫不紧张时，智力操作效率是最差的；当情绪在中等强度的紧张状态下，智力操作效率往往是最好的。因此，保持适度的紧张情绪，也是防止粗心的有效方法。

4. 教师和家长不插手。

有些家长总怕孩子做错题，天天坚持给孩子做检查，无形中养成孩子的依赖心理，做题毫不在意，反正有人检查，错了再改，教师和家长应让孩子自己检查，锻炼其能力，克服马虎的毛病。

5. 培养细心的好习惯。

不管是考试还是平时的练习，我们都应该有意识地坚持高标准、严要求，做事讲究条理，做完之后要认真核对、验算、检查。如果长期这样做，就会"习惯成自然"。

6. 培养儿童整齐有序地生活。

如果儿童生活在杂乱无章的家庭中，什么东西都可以乱放，没有好的作息习惯，就会使儿童养成粗心、马虎、无序的生活习惯。所以，建议家长们在家庭中创造一种有序的生活，做什么事情都尽量有规律，家里东西的摆放要整齐。孩子在生活上养成了有序的习惯后，在学习上也会逐渐细心起来。整理自己的衣橱、抽屉和房间能让孩子变得仔细，有条理；自己安排课余时间和复习进度表，能让孩子变得有计划、有顺序；和谐民主的家庭气氛能培养愉悦平和的心境，能让孩子做事不骄不躁。家长要有足够的耐心，不迁就，不粗暴，这样就能够通过改变孩子的行为来改变他的习惯，粗心的毛病就会渐渐改掉。

7. 培养孩子的责任心。

有了责任心，就能够小心谨慎地对待每一件事情，避免马虎。家长可以让孩子做一些力所能及的事情（扫地、洗碗、整理自己的玩具等）。做得好，家长要给予表扬和鼓励；做得不好，应指出来，让他重新再做一次。

8. 适当调整学习的情绪。

心理学的研究表明，中等强度的动机和情绪能为认知活动提供最佳背景，强度过高或过低都会对认知活动造成不良影响。缺乏动机，情绪低落，往往造成注意力不集中，神思恍惚。例如，孩子看电视正在兴头上，却被母亲强行关进房间学习。这时，孩子根本无心学习，因此心不在焉，错误百出。很多小学生的四则运算容易出错，把"3"看成"8"，把"+"当成"-"。当你给孩子指出来时，他会毫不在乎地说，有什么了不起，我本来会做的。在这种情况下,应该让孩子知道,我们经常遇到的问题都不会很难,你与别人的区别就在于是否能把简单的事情做好。动机过于强烈,情绪过于兴奋,则会导致意识狭窄,思维混乱,甚至头脑一片空白。有些孩子平时谨慎、用功,可一到考试就发挥不好,平时会做的简单题目也会出错,甚至漏答整张试卷。原因就是他太在乎考试,太想考好了。对这样的孩子,家长不要在考前给孩子施加压力,也不要表现出过高的期待,让孩子把考试当成学习的一部分,怎样学就怎样考,轻松上阵。

9. **通过活动磨性子。**

家长可以让孩子多做一些"细活儿",如写毛笔字、缝纽扣、盘腿打坐、图形仿画、剪圆圈、夹花生、串珠子、汉字、字母混合识别,对墙打乒乓球、穿针引线、金鸡独立等,这些活动都能改变孩子急躁的心理,锻炼他的细心程度。

10. **错误收集法。**

将孩子每次作业、考试因马虎做错的题都记录在案,分析孩子马虎的原因,让孩子懂得马虎是一种糟糕的习惯。这样做有利于孩子认识和改正错误,也是孩子自我教育的好办法。

11. **告别橡皮。**

橡皮是造成马虎的罪魁祸首之一,孩子做错题一擦了之,久而久之,孩子离不开橡皮,也养成不仔细的不良习惯。家长应限制孩子使用橡皮,错了打上"×",这样就会提醒孩子认真些,想好了再落笔,争取一遍做好。

第六辑
学业发展问题

1 熟视无睹真痛苦，巧用训练补不足
——视知觉问题的咨询

> **案例介绍**
>
> 小雨今年7岁，他在需要听觉加工的测验中做得很好。比如，他能够轻易地学着说出一系列的字母；在学习诗歌、音乐节奏和记忆数字时，成绩很好；他能够记住言语的指示，迅速地对词中词素的差异做出反应，有时甚至帮助纠正老师的发音；他能将老师讲过的要求或者故事完整地复述下来，但他读书困难，而且字写得歪歪扭扭；他在走迷津、识记图形、排列积木、记住所看到的一系列有序事物以及回忆书面词语上有严重困难。

可以看出，小雨是一个视知觉发展不力的孩子，即存在视觉通道能力缺陷。视知觉是指眼球接收器官接收到视觉刺激后，一路传导到大脑进行接收和辨识的过程，其中包含视觉刺激撷取、组织视觉信息，并做出适当的反应。因此，视知觉包含了视觉接收的基本要素，也包含了视觉认知。简单来说，看见了、察觉到了光和物体的存在，与视觉接收好不好有关；但了解看到的东西是什么、有没有意义、大脑怎么作解释，属于较高层次的视觉认知的部分。

视知觉在学生学习中起着非常重要的作用，尤其在阅读和数学学习中，有些儿童在完成需要视知觉的任务时有困难，如几何图形与图片的识别。还有一些儿童可能会很好地完成这些任务，但不能完成形近字与同音字的区别。

一般视知觉发展不力的孩子外表看上去很聪明，眼大而亮，但上学后在认字母、认数字、认字方面的速度缓慢，学习书写缓慢、困难，阅读时更是漏洞百出，书写认真但常有错别字。在二年级学习数学应用题时，自己读题时有困难，说话时口若悬河但写观察日记总干巴巴没几个字，甚至会被怀疑是"低能"等。这些现象都说明孩子在视知觉方面存在一定问题。

一、视知觉的构成

视知觉的范围非常大，由许多技能组成，主要的技能有空间关系的知觉、视觉辨别、图形—背景辨别、视觉填充、物体再认等几个方面。

空间关系的知觉是指对物体空间位置的知觉。这方面的视觉功能是指对物体或符号（图片、字或数字等）的位置以及与它们周围一些事物的空间关系的知觉。在阅读中，词必须被看成是在空间上相互包绕的不同的实体。

视觉辨别是指把一个物体从另一个物体中区别出来的能力。例如，在阅读测验中，要儿童在一列有两个耳朵的兔子中找出一只只有一个耳朵的兔子。找出相同的图形、图片、形状、字母与词是另一种视觉辨别任务，形近字的辨别用的就是这项能力。物体可以通过颜色、形状、模式、大小、位置与明暗来区别，视觉辨别字母与词的能力是阅读学习的基础。

图形—背景辨别是指把物体从包绕它的背景中区别出来的能力。有这方面缺陷的儿童不能把所要求的项目从视觉背景中区别出来，他们易受到无关刺激的干扰。

视觉填充是要求儿童在部分刺激不出现的情况下认识或区别物体。例如，有经验的阅读者能够在一行的前一部分被盖住的情况下阅读，因为后半行还有足够的线索提供给阅读者，阅读者能够把盖住部分的词填上。

物体再认是指当某个以前见过的物体再次出现时能把此物体认出来的能力，包括对几何形状的再认，对物体的再认，对字母、数字及词的再认等。在幼儿园，儿童的再认能力已有一定的发展，他们不仅能够再认实物，还能够再认几何图形、字母及数字，小学的识字就是这项能力的具体应用。

视知觉能力应在儿童早期（幼儿期）就有很好的发展。上述这些视知觉技能不仅可以作为小学生视知觉能力发展的鉴别指示，也可以用于幼儿期儿童视知觉能力发展的早期鉴别，特别是图形、实物、字母与数字等方面的内容。

二、视知觉训练的方法

许多研究表明，视知觉与学业成绩有很大的关系。视知觉发展不力的孩子可以通过一些视知觉训练来提高视知觉能力，具体的训练内容可以包括以下方面：

◎ 七巧板拼图。先用彩色七巧板拼出各种有色彩的图形（色彩有提示作用），再用同色七巧板拼出各种图形。

◎ 彩纸拼图。让儿童利用各种颜色或画有各种图案的彩纸来复制各种模式（人、植物、动物等）。例如，把画有人体各部位的彩纸拼成一个人，把"肢解"的动物或植物复原等。

◎ 搭积木。先练习用彩色的木制或塑料积木拼几何形状或模型，后用同色的积木拼搭。

◎ 从图片中寻找图形。在一幅图中发现一系列隐藏的物体或图形，如要求找出所有正方形等。

◎ 木珠拼图。用一串木珠复制一些图形或摆成不同形状。

◎ 猜谜。要求儿童解谜，谜底可以是人、动物、形状、数字或字母等，但谜面必须是视觉信息或视觉想象的，如"麻房子、红帐子，里面住了个白胖子"（打一食物）。

◎ 分类。要求儿童按大小或颜色把几何形状进行分类，学会用不同的分类标准将扑克牌分类。

◎ 各种智力拼图。将原本完整的彩图按照一定的规律分成若干个小部分，要求儿童根据原图还原。

◎ 摹写图形。要求儿童把家长写或画在黑板上的具有不同空间位置、不同形状的图形摹写在纸上。

◎ 几何形状的匹配。要求儿童把不同大小或不同形状的盖子盖在相应的瓶子上，或要求儿童按照画着的形状把相同的找出来。

◎ 纸牌游戏。利用纸牌作为教学材料让儿童来匹配数字、图形等。

◎ 数字、简单字或词的游戏。对数字、简单字或词的视知觉与辨别是重要的阅读准备技能。家长（尤其是幼儿家长）可以通过游戏让儿童对字母与数字进行匹对、分类、命名等，如让儿童把图片上的图形与词进行配对，让儿童利用某种特征（如动物、交通工具等）对所有的词汇进行分类。

◎ 寻找遗漏的部分。家长把一些实物（如人、动物、植物、日常用品等）画在图片上，在画的过程中有意识地漏掉某个部分，让儿童把遗漏的部分找出来。

◎ 知觉速度。利用速示器或快速地呈现卡片来提高儿童认图片、图形、字母、数字、字词的速度。

◎ 写、画训练。让孩子通过"涂鸦"的方式适当画一些作品，以训练眼手协调、视觉追踪等能力。

◎ 迷宫训练。给孩子做大量的迷宫练习或自己动手制作迷宫，训练孩子的视觉浏览、视觉追踪等能力。

2 听觉训练不能少，口拙话少心明了
——听知觉问题的咨询

> **案例介绍**
>
> 8岁的东东，在学校学习有节奏的动作（如节律操、跳舞）有困难。妈妈还发现她不能把电话中听到的话准确转达给别人。老师反映她上课时好像总是听不懂老师的指令似的，日记的内容也没有其他同学写得那样丰富，但她书写非常好，整洁，数学运算也没问题，不过应用题令她非常头疼。

东东的问题属于听知觉发展不力，严重地说是听知觉失调，听知觉失调必然会造成学习困难。事实上，许多有学习困难的儿童在听觉加工技能上都有一定的缺陷，即对听到的东西进行解释或再认的能力有缺陷。

我们知道，人主要是通过视动和听说两大通道来获取外界信息并做出相应反应的。而听说通道对儿童上课听讲则更为重要，小学生在课堂中有50%以上的时间是在听老师讲课。听说通道包括听觉收讯、听觉联合、语言发讯三个过程，任何一个过程出现障碍都会影响到儿童对教师讲课内容的接收。可以说，听说通道的通畅或者说好的听知觉是孩子有效听课的基础。

一、听知觉能力的构成

听知觉能力可以分成听觉辨别能力、听觉系列化能力、听觉记忆能力、听觉理解能力和听觉混合能力等几个方面。

听觉辨别能力是指对不同声音之间差异辨别的能力，以及辨别一组或一对词之间差异的能力。它可以通过一些特殊的测验来评价。如向孩子呈现发音差异很小的一对词，要求孩子背对测试者（避免孩子从说话者的口形中找

出视觉线索），判别这对词的同异，如"再—才""为—会""百—白""b—p"等。

听觉系列化能力是把别人口头所述的一系列信息按次序回忆出来的能力，它对孩子将所学的知识有系统有组织地保留下来是非常有帮助的。许多测验都有这个方面的内容，如伊利诺斯心理语言能力测验（ITPA）中的听觉系列化测验——听觉系列记忆、韦氏智力量表中的数字广度测验、底特律学习潜能测验（Detroit Test of Learning Aptitude）中的无关词的听觉注意广度等。

听觉记忆能力是指贮存与回忆所听到信息的能力。例如，和孩子玩"打电话"的游戏时说："喂，您好，我是你妈妈的同事刘阿姨，我找你妈妈，让她明天上午八点在单位门口等王处长和我，我们一起去开会。"要求被测孩子尽量回忆刚才"电话"里的相关重要信息：谁、找谁、什么时候、在哪儿、和谁、干吗等。上述小测验，一般2岁孩子能记住2点，3岁孩子能记3点，6岁孩子能全部记住（顺序不做要求）。有一些测验可测量听觉记忆能力，如底特律学习潜能测验中的口头指示与口头传授项目。

听觉理解能力是指孩子对所听到信息的理解程度。有些孩子虽然智力水平、知识结构具备了听课能力，但对教师讲课内容却听而不闻，原因之一就在于听觉理解能力差。这就需要家长多与孩子交谈，多让孩子接触各种声音，多充实与孩子生活相关的词汇，以增强孩子的听觉理解能力。

听觉混合能力是一种把单个语音或音素混合成一个完整的词的能力。有这方面缺陷的孩子不能把音素"g—uāng"合成"光"的发音，或把"pú—táo"形成词"葡萄"。

二、听知觉训练的内容

听知觉发展不力的孩子可以通过一些听知觉训练来提高听知觉能力，具体的训练内容可以包括以下几个方面。

1. 听觉感受性。

◎ 对环境中声音的听觉。要求孩子闭上眼睛倾听环境中的各种声音，这些声音包括汽车声、飞机声、动物叫声以及邻近教室的声音等，然后说出自己听到了什么。

◎ 对录入声音的听觉。要求孩子辨别录音机或光盘上的声音，如飞机、火车、动物和打字机等发出的声音，并辨认听到了什么。

◎ 对人为发出声音的听觉。要求孩子闭上眼睛，辨别大人发出的声音。这些声音包括铅笔落地的声音、撕纸声音、拍球的声音、敲玻璃杯的声音、开窗的声音、开灯声、翻书声等。

◎ 对食物声音的听觉。要求孩子辨别吃、切、撕各种食物的声音等。

◎ 对摇动声音的辨别。把一些小的、硬的东西，如石子、珠子、豆子、粉笔或米等放入一个小容器中，要求孩子辨别这些东西在摇动时所发出的声音。

2. 听觉注意。

◎ 对声音模式的注意。要求孩子闭上眼睛或背对大人，大人拍手、击鼓、拍球等（注意以不同节奏出现），问孩子刚才所听声音的模式并要求孩子模仿。

◎ 两个物体的声音模式。将上述活动进行变通，如用筷子有节奏地敲碗和桌子，"碗—桌—碗—桌—碗碗碗—桌"等，然后要求孩子重复。

3. 听觉辨别。

◎ 辨别近或远的声音。要求孩子把眼睛闭上，判断房间里的一个声音从什么地方来，近还是远。

◎ 响或轻的声音。帮助孩子判断与辨别声音的轻与响。

◎ 高或低的声音。帮助孩子判断与辨别高与低的声音。

◎ 搜索声音。把一个音乐盒或有声音的东西（如钟）藏起来，让孩子根据物体所发出的声音去寻找。

◎ 追踪声音。在广场上，蒙起孩子的眼睛，大人移动某不断发出声音的物体，如手铃等，让孩子追踪声音。

◎ 捉迷藏。在家里蒙上孩子的眼睛，让孩子根据声音去找藏起来的人。

◎ 在背景音中辨别声音。帮助孩子注意背景中的声音，忽视同时出现的无关的环境噪音，如把一个听觉刺激与音乐背景加以区别，在嗡嗡的空调声音中找出闹钟的位置等。

4. 对语音或字母声音的知觉。

对语音或字母声音的知觉与认识是阅读学习的前提条件。儿童必须能够知觉语言中的语音，学习辨别根据字母的形状而发出不同的语声。为了让孩子能够顺利地学习阅读，父母在孩子早期就可以有意识地进行有关的训练。

◎ 最初的辅音。要求孩子说出一个与"苹果"一词中第一个字（苹）第一个音（P）相同的词，如"怕人""碰撞""盆子""平常"等。

◎ 元音混合、元音辅音混合等，如两个字母并成的一个单音（如 ou、ai 等）、音尾（an、ing、ong 等）、元音的听觉辨别（ou、uo 等）。

◎ 词的节奏。学习听词的节奏，帮助孩子认识音调、语调，如"我—是—在—江苏—出生—的"等。

◎ 读诗词。让孩子朗读一些诗词、谚语等，让他们体会其中的节奏与韵律。

一般听知觉发展不力的孩子多数是父母工作繁忙、缺乏与孩子交流的机会，或看护人内向、与孩子交流少，或孩子看电视时间过多，或孩子过早学习认字、对外交流少，或幼儿园重视手工操作、忽视言语教学等原因导致的。家长在给孩子训练的同时，不妨检讨上述因素并及时进行相应的补偿。

3　运动缺陷手脚笨，运动训练要勤奋
——运动知觉问题的咨询

> **案例介绍**
>
> 　　小睿上小学三年级了，学业方面还行，但是体育、手工、美术课比较犯愁。早在幼儿园时，老师就反映她在教室里和在教室外简直是判若两人，在教室里除了学习舞蹈动作外，学习儿歌、学习认识事物、背诵、记忆等各个方面都还可以，一到室外参加各种运动时就都不行了。

　　从儿童发展心理学的角度来看，小睿属于知觉—运动缺陷儿童，这类儿童很难通过视觉模仿学习运动或者难以将他人的指令转变为自己的运动行为。追踪研究表明，这类孩子将来要么学业后劲不足，要么高分低能。

　　运动对人十分必要，儿童活动时的各种动作直接受神经系统的支配和调节。人在活动时，肌肉中的神经可将各种刺激冲动传到大脑，从而促进大脑的功能，使大脑对动作反应更加灵敏。研究表明，学习游泳的儿童长大后，其智力、独立能力和自信心都要比其他儿童强。从生理角度看，孩子运动可以增加他们大脑的血流量，能供给脑细胞更多的养料和氧气，运动对孩子智力的发展起着十分重要的作用。

　　另外，家长也要清楚，孩子身体自然的生长及好动的行为，是不能取代户外体育运动的，尤其是奔跑、跳跃、攀爬、骑车等大运动量的活动，能发展儿童大肌肉的力量，增强他们身体的协调性，是孩子成长过程不可或缺的。因此，父母不要认为给孩子吃好，孩子长胖长高，不生病，就是身体健康，应切实给儿童创造更多的运动机会。

一、儿童运动的发展和动觉缺陷的成因

儿童体能的发展是有阶段性的。2岁的幼儿已能完成坐、立、行、走、爬、跳等所有基本动作，但上楼梯较为笨拙。这时的幼儿手指运用已接近成熟，能手眼配合灵巧地叠起多块积木。

到了3岁，幼儿的大肌肉发展较快，身体动作也比以前协调，一般都喜爱跑、跳，以及踏三轮车。一部分刚进入此年龄段的幼儿在上、下楼梯时，仍要双脚踏在同一阶梯后，才能继续前进，但3岁半以后，就能双脚交替前行了。

4岁幼儿的手指已较灵活，可以使用画笔或剪刀，画简单的圆和做简单的剪贴画，也能自己穿脱衣裤、扣纽扣、刷牙、穿鞋袜。此时，他们的体力增长，跑、跳、攀、爬、单脚站立、抛接球等基本动作都很熟练，还可以步行较长的一段路。

5岁的幼儿能自如地控制手腕，能折纸和纯熟地用剪刀，会使用筷子夹菜吃饭。他们的一些运动速度已与成人类似，行走、跑跳相当稳健，可自如地在一条窄线上行走，不再左右摇摆。同时，他们攀、爬、滑、滚等运动的技巧已相当纯熟。

幼儿活动的重点在于为他们提供大量的知觉动作经验，促进姿势与动作的发展与成熟，并奠定未来生理成长与功能发展的基础。父母应多抽出些时间，每天和孩子到户外做各种运动。

家长需要注意的是，不论何种锻炼活动都要遵守幼儿体能发展的顺序。一般来说，儿童动作功能发展的顺序分为：姿势摆位（主要发展时期为0~2岁）、粗大动作（主要发展时期为2~4岁）、精细动作（主要发展时期为4~8岁）、技巧技能（主要发展时期为5岁以后）。每一阶段的发展都在为下一阶段打基础，只有基础扎实了，身体素质才能循序渐进地得到提高。所以，儿童运动的重点应放在基础姿势和大肌肉动作的发展上，即保证运动的时间和适当的强度，不必要求多高的技能和技巧。

一般动觉缺陷的孩子多有大肌肉运动问题和精细肌肉运动问题，导致儿童产生这类问题的原因包括："襁褓期"延长，家长（尤其是隔代老人）过度保护；家长繁忙，忽视了对孩子成长的重视；孩子从小看电视，缺乏运动

或活动机会；幼儿园教育中偏重认知学习，轻视儿童的运动和活动；许多家长望子成龙心切，过早地让孩子学这学那，揠苗助长，剥夺儿童自由活动和运动的需要等。这些都人为地造成了儿童知觉—运动缺陷，其实不是这些孩子"笨"，只是他们缺乏这方面的学习经验而已。

二、动觉缺陷儿童的训练

对动觉缺陷儿童，教师和家长能做的就是组织一些运动性的补偿活动，"偿还"运动学习的机会，通过练习让孩子掌握运动技能，从而达到矫治缺陷的目的。

（1）走的训练。训练儿童向前走、向后走、侧身走、带着物体走、边走边放物体（如把小球放到瓶子中）、蒙着眼睛或眼睛注视某一特定位置走、学着各种动物样子走（如学大象走，弯腰、垂臂、左右摇摆大步走；学鸭子走，把双手按膝，深度屈膝向前走）、跳跃着走、跳格子走，以及各种练习走的游戏（如"踢石子游戏""盒子游戏"）。

（2）爬行训练。发展心理学的研究证明，爬行有利于大脑发育和动作发展（尤其是协调能力的发展），可以让儿童腹部贴着地板爬、侧着爬、学习各种动物爬等。

（3）跨越障碍物训练。让儿童按照事先规定好的路线通过跨、爬、钻、绕等方法，通过桌子、椅子、箱子等障碍物。

（4）平衡木训练。让儿童在平衡木上向前走、向后走、侧着走等，以进行平衡能力、协调能力方面的训练，还可以要求儿童在平衡木上表演各种动作（如跳跃、旋转、抬物体、丢物体等）。

（5）其他动作训练。如滑冰、游泳、起立（让儿童坐在地上，双膝弯曲，双脚放在地上，先在双手协助下起立，然后不用手协助起立）、双脚跳、单脚跳、节律操以及各种游戏等。

（6）扔与接动作的训练。要求儿童把某一物体扔进特定的目标中，如把球扔进篮子中。接是一种比扔更难的动作，让儿童练习接住他人扔过来的各种东西，开始时接的物体可以大一些，随着儿童的进步，物体逐渐地变小。另外，可以利用一些游戏来训练扔和接的动作，如滚动旧轮胎、拍球比赛等。

（7）手眼协调训练。抄写训练，让儿童描或抄写各种线条、图形、字母、数字，为了帮助儿童观察，在样本中可以利用箭头、颜色、数字等来标志一些关键的地方。倒水训练，让儿童把水倒到各种容器中，并要符合规定的要求（如到某一刻度，不准洒）。另外，使用剪刀、系鞋带、扣纽扣、使用针线、折纸等活动也有利于手眼协调能力的发展与提高。

（8）纸—笔训练。点点联结，让儿童用笔（或粉笔）把画在纸（或黑板）上的两点连成直线。当儿童学会两点之间的联结以后，教师可以增加点的数量，变换点与点之间的位置，要求儿童在联结前仔细地观察与计划。画圆圈，让儿童学习画各种各样的圆圈，大的、小的、扁的、圆的等。画几何形状，让儿童画正方形、长方形、菱形、三角形等规则图形与各种不规则图形。

（9）听觉—视觉与动作训练。要求儿童听一个有节奏的打击声，然后把它转换成视觉—动作形式，即用点和破折号把它写出来；或要求儿童把听到的字、字母、数字写出来。

（10）听觉—言语与动作训练。通过一个游戏，要求儿童把听到的一些要求用身体各部位的动作把它表现出来。

（11）触觉—视觉与动作训练。要求儿童触摸某件物体并确定所摸的物体是否与所看到的物体相同；或者隔着一层布摸物体（不许看），然后把它描述出来或画下来等。

儿童发展总是遵循运动—操作—直观形象—抽象思维的过程，运动、操作是儿童发展高级思维活动的基础，其中某一阶段的延误或缺失都会影响到个体正常的发展，所以家长一定要重视儿童的运动。

4 知觉风格有差异，取长补短有奇迹
——知觉风格问题的咨询

> **案例介绍**

有些学生观察事物喜欢从宏观、整体的角度，有些学生更愿意把目标看成一个一个的细节。比如语文老师要求学生预习一篇新课文，老师事先不提要求，也不介绍预习的方法，结果检查时发现：有的学生把全文通读了一遍，能说出大概的意思，但没有解决课文中的生字词；有的学生读了全文，把生字词找出来并学会了，但课文的大概意思说不出来；也有一部分学生既读懂了文章，也解决了生字词。

根据学生感知课文的不同表现可以判断出不同学生的不同知觉风格。传统教育心理学对知觉风格的差异在场独立性和场依存性、反思性和冲动性、整体性和系列性、聚合思维和发散思维、内倾和外倾等方面有丰富的研究。如果再换个角度，就会发现，导致学生之间学习差异的更多地表现为整体知觉和部分知觉之间的差异。

一、学生知觉风格的分类与分析

第一类：偏整体性风格者。年幼孩子、性格男性化倾向者居多，他们通常静不下来，学习只求一知半解，不爱细追究，知识广博但不扎实；字迹多不工整、偏大且笔顺易出错，错别字也不少；作业通常速度快，匆匆交差而得不到满分，因为不是忘了写单位就是忘了写"答"，要么就是运算错误；做事情大大咧咧、毛毛躁躁；处世不拘小节；点子多、决策果断、凭直觉；将来发展趋向艺术与社会科学。

第二类：偏部分性风格者。性格女性化倾向者居多，通常文静听话；死记硬背的知识掌握得一清二楚，但知识面不够广；字迹工整且笔顺正确，但偏小或间架不合理；作业通常一丝不苟，做事情稳稳当当，条理性强，循规蹈矩；爱扎堆，爱计较，爱钻牛角尖；优柔寡断；将来发展趋向文学与经济学等。

第三类：整体加部分风格者。性格中性化或兼性化者居多，通常是妈妈管得多的男孩和爸爸管得多的女孩，男教师班上的女生偏多、女教师班上的男生偏多；该静时静、该动时动；全面发展、求知欲强；善于发现问题、爱钻研；做作业快、专心且自己检查后才罢休；做事粗中有细、创造性多；处世谨慎有分寸；决策不草率也不拖沓；将来发展趋向理工科与管理等。

第一、二类孩子在成功的道路上要走的弯路往往比第三类孩子要多得多，成功的几率也比第三类孩子少些，因为正规的学习过程从知觉风格角度来看是个体整体知觉和部分知觉交替、交叉的过程，知觉风格常常决定个体的学习策略，进而影响个体的学业。例如，学生在学习生字时，既需要整体认读又需要把生字拆解为偏旁部首进行记忆与书写；阅读时必须具有根据阅读目的灵活地从整体到部分再回到整体的转变能力，在精读时既需要宏观把握课文的大意，又需要搞清楚每个字、词、句、段的含义，有时需要把字、词、句、段作为一个整体来看待，有时却需要仔细地认字、解词、会意等，最后又回到全篇结构、中心思想等整体知觉层次，阅读中偏重于整体知觉或偏重于部分知觉都会导致阅读效率的降低。解数学题也是整体与部分的整合过程，既需要整体理解题意、判断用什么方法解题、确定思路，也需要找出已知条件进行逐一分析、运算、检验等。教师反复训练学生做完作业后自己检查一遍的原因在于孩子解每一道题时偏于整体知觉，重点在思路、方法等方面，而对具体的书写、格式、单位等部分知觉的细节问题很少关注，检查就是由整体知觉回到部分知觉的过程。

二、学生知觉风格的"保长补短"

知觉风格差异导致学习策略差异，最终导致学业结果不同。孩子知觉风格差异的起源目前尚缺乏强有力的实验证据,但与遗传、成长环境、早期教育、抚养人性别与风格、家庭民主程度、个性、教师性别、教学风格等有关,解决问题的关键在于教师和家长帮助孩子及时诊断出知觉风格,"保长补短"——对薄弱环节加以特别的强化训练。

对第一类孩子,教师或家长指导时应注意多向孩子展示知识的细节部分,强调知识的点滴积累。如生字教学中侧重于解构(解读字的结构、笔顺),不但要会认,还要会写、会讲,同时加大形近字的比较教学与练习;词句教学侧重解释词义;阅读教学侧重"咬文嚼字"和具体细节的分析;作文教学从引导观察事物的细节、季节的变化、人物的外貌和动作等处入手。小学数学抓好应用题的分析技能培养,学会从文字中分析出解题的有用信息;初中数学要注意洞察隐蔽在图形或叙述文字中的已知条件以及做辅助线的技巧等,而且养成做完每道题后检查解题格式、得数的单位等细节部分的习惯。外语学习要加强单词量的积累、形近词的比较(如 horse 与 house)、不规则动词形态的记忆、介词的固定搭配、时态和语法分析等。

对第二类孩子,教师或家长指导时应注意多从宏观角度展示知识,强调知识的连贯、融会贯通。生字教学宜采用集中识字的方法,这样学得既快又准,并且过一段时间就把学过的生字进行总结;词句教学重在让学生用自己的语言概括句子大意;阅读教学侧重概括每段、全文的大意和中心思想;作文教学要求先列提纲,再根据提纲罗列素材,文章写完之后再检查各部分的比例是否恰当。小学数学应用题要求多读几遍,学会抓解题方法的关键字词;初中代数侧重抓公式的应用、函数与曲线的关系等;几何则侧重从宏观角度分析已知条件,注意定理与题目的具体结合与应用。外语学习应让孩子加大阅读量,培养表达能力,加强翻译训练,培养时态及语法的应用技能。

越是复杂的学习活动,对个体整体知觉和部分知觉之间相互转化的灵活度要求越高,如果学生仅仅依赖某一种知觉风格,综合学习能力的提高就会遇到困难。许多老师和家长给学业不良的孩子布置大量的练习,试图通过"题海战术"改变状况,结果收效甚微。如果从知觉差异角度,通过观察诊断问题,针对问题进行补偿性训练,会收到事半功倍的效果。

5 算术障碍有原因，对症下药增信心
——算术障碍的咨询

> **案例介绍**

算术是数学的基础，许多小学高年级和中学数学成绩差的学生，十有八九其算术基础不好。儿童算术学不好的因素很多，包括数学本身的抽象性、学生的认知风格和认知能力、教学因素等。算术学不好，即便应用题能读得，运算时出错了，同样没有用。算术基础不好，复杂的代数、几何运算就难了，更不用说物理、化学等理科课程了，所以许多理科学习成绩不好的孩子都应该回过头来补习算术。

常见的儿童算术障碍的原因包括数学学习准备技能不足、运算方法混淆、计算错误、没有掌握运算法则、省略运算步骤、不能进行心理上的迁移、空间组织困难等。算术障碍的训练一般从补习数学准备技能、加强空间组织能力训练、培训计算技能等几个方面开始。

一、补习数学准备技能

儿童入学时如果没有具备一些必要的数学准备技能与知识，在数学学习上出现困难的可能性就比较大。准备技能除了正数 0 到 100 和倒数 10 到 0 之外，还应包括以下几点。

（1）一一对应。家长应该利用一切机会教儿童数字与物体之间的关系，帮助儿童更好地理解数字的含义。教师可以把一些熟悉的物体，如玩具汽车、积木等，按照指定的数目（如三个或五个）分配给每个同学。给学生一套数字卡片，要求学生认数字。之后，要求学生按照每张卡片上的数字，把相应的实物（如积木、小珠子、笔等）放在卡片边上。把上述活动反过来进行，即给学生各类数目不同的实物，让学生按照每类实物的数目，把相应的数字卡片放在实物上。另外，也可以让学生通过口述以下短句了解——对应："人有一张嘴""两只耳朵""家里有三口人""椅子有四条腿"……

（2）分类。分类是指把物体按照一种或多种性质进行分组或组合，它关系到儿童对物体一般性质的了解。通过分类，儿童学会把大量物体按大小、颜色、形状等性质分成数量较小的几组物体。可以让孩子把物品分组，然后再问他们在分类时用了什么规则。也可以要求孩子先按某特质进行分类，然后再按其他特质进行分类等。

（3）次序排列。次序排列能力与分类能力相似，也依赖于对物体一般属性的认识。在次序排列中，物体按照其本身所具有的属性进行排列。例如，可以根据长度、重量、颜色、高度、大小、多少等属性对物体进行有次序的排列。

二、空间组织能力的训练

有的算术障碍儿童不能把数字排成一行，不能准确地阅读数字或运算符号，不能把数字写在正确的位置等，把数字颠倒或反向（方向混淆）。例如，6和9混淆，把3反写，2与5混淆，把3读错为8，把71读成17，或者被减数与减数混乱，或者在运算过程中数字的位置排列发生错误等。另外，儿童也可能存在阅读与书写符号上的困难。例如，把3+5读成或写成3×5，而且数字越长，困难越明显，读三位数的数字要比两位数的数字难得多。

针对此类问题，经常进行读写练习是很有帮助的。儿童在写数字的同时，边写边念，有助于加深对数字的印象。另外，家长或老师可以让儿童进行定向练习与描写——要求儿童边描边说，加深对数字的印象；也可以编些儿歌，在儿童写数字的同时，边写边念。

三、计算技能的培训

学生计算技能的形成取决于他们对运算过程的理解，也就是对数理的理解。有些儿童能够进行计算，但不理解所作运算的含义，注意力只集中在所计算问题的一小部分上，算术就会发生障碍。有些活动有助于儿童理解基本的运算：一是用图来表示乘法的含义；二是要求儿童在运算时"大声地说出"其运算过程；三是要求儿童用实物（如积木）来解释另一个儿童的运算过程；四是要求儿童把眼睛闭起来，利用声音来帮助运算，例如，为了表明乘法的含义，家长利用敲击声音来帮助儿童理解6的乘法，家长问孩子："每一次我都敲6下，你听清楚我敲了几次？"

四、运算思维策略的学习

理解基本的数学计算过程与结果有助于儿童掌握数学运算以及提高运算的速度。如果儿童不知道基本的数学计算过程与结果，他们在计算时就会速度很慢，且正确性较低。这些儿童在理解数学过程时会有困难，因为他们的注意力只集中在所计算问题的一小部分上。因此，儿童必须在数学学习上运用一些思维策略以改进运算水平，以下是常用的几种策略：

（1）两个相同数字的连加。让儿童学会利用两个相同的数字相加来解决基本的数学运算问题。如 1+1、2+2、3+3、6+6 等。

（2）数数。儿童在进行加或减运算时，不需要从1开始数数，有时只要从最大的数字开始数就可以解决问题了。例如，在计算 3+7=？时，学生可以从7开始加，不要从3开始加，如先掰出三个指头来代表3，掌心已经有7了，再"8、9、10"数完掰出的三个指头，答案就是10。同时可以运用这个方法来进行减法运算，只要倒数就行了。

（3）利用交换方法。让儿童知道任何两个数字相加（或相乘），交换两个数的位置，结果不变。例如，3+6=9，6+3=9；4×5=20，5×4=20，数字的位置虽然不同，但得数总是相同的。

（4）进行多一个或少一个的比较。这个方法可以与第一个方法结合起来使用，儿童利用已经掌握的数学计算过程与结果来进行多一个或少一个的比较。例如，一般儿童都知道 5+5=10，这样，当儿童不会算 5+6 时，可以告诉他6比5多了一个，所以，结果应该是比10多一个，是11。同样，在儿童计算 5+4 时，告诉儿童 4 比 5 少了一个，结果应该是比 10 少一个，就是 9。

（5）利用 10 和 9 来进行运算。儿童很容易学会"10 加任何一个简单的数字"的算法，因为 10 加任何一个数，实际上只是在 0 上加一个数字。一旦儿童学会以后，就会容易学 9 加任何一个数字，开始时，教儿童分两步进行，先把 9 当成 10，得到一个答案，然后只要把答案减去 1 就可以了。

（6）教儿童成倍地加某个数。例如，先可以教儿童成倍地加 10，即 10，20，30，……，然后学习成倍地加 5，如 5，10，15，……，再成倍地加 2，如 2，4，6，……，或成倍地加 3，依次学习 4、6、7、8、9 等的倍数。这个方法可为学习乘法和除法打基础。

（7）了解加法与减法、乘法与除法之间的关系。在儿童学习减法时就向儿童说明加法与减法之间的关系：加法的和就是减法的被减数。同样可以让儿童了解乘法与除法之间的关系。

总之，孩子的算术基础是孩子将来一切理科知识的基石，如果孩子算术不过关，必须找个机会猛补一下。

6 视动结合多读写，拼音障碍能化解
——拼音障碍的咨询

> **案例介绍**
>
> 一年级的孩子在第一学期学习拼音时，有的把"d"和"b"、"q"和"p"、"m"和"w"等搞混，有的常把"ou"和"uo"、"ui"和"iu"颠倒，有的"z、c、s"和"zh、ch、sh"、"n"和"l"不分，有的会读"sh"和"ǎng"但就是拼不了"shǎng"的音。根据调查，第一学期期末掌握拼音的学生只有70%，一年级结束时达到85%。拼音水平影响着孩子的生字学习，所以家长必须利用寒假的机会帮助孩子尽快攻克拼音难关。

一、拼音障碍的原因

研究发现，拼写困难的发生主要是以下几方面的原因。

（1）空间关系障碍。空间关系的知觉是指对物体空间位置的知觉，如果孩子小时候没爬或爬得少、操作性游戏不足等，其视觉功能在对物体或符号（图片、字或数字等）的位置以及与他们周围一些事物的空间关系的知觉时容易发生左右颠倒、上下混淆等困难，辨认"b""d"等发生困难是难免的。

（2）视觉记忆问题。许多拼写困难与视觉记忆缺陷有关。有些儿童在记住单个字母以及字母在拼音中的次序时有困难。如果儿童有视觉再认字母困难，那么他们在拼写中会有全面的困难，因为他们能够记住与回忆的拼音很少。另外，儿童也常把词中字母的次序颠倒，如把"zou"拼成"zuo"，把"dou"拼成"duo"。这些儿童的困难主要在记忆字母的排列次序上，他们能够回忆单个字母，但按顺序回忆字母时却有困难。

（3）动作技能不佳。有些学习障碍儿童在动作技能上的缺陷，使他们缺乏用动觉来"感觉"拼音并记住它们的能力，主要表现在书写拼音时，手的运动会被遗忘，不知道该怎么用笔运作了。

（4）语音能力缺陷。有的孩子在听觉记忆、听觉辨别以及不同语音的概括上有困难，也会干扰拼写过程。具体表现在：回忆与字母相应的音有困难、不能肯定所听到的词的发音次序、回忆发音规则错误、不能把看到的视觉符号变换成言语信息、不能把听到的信息转换成拼写形式等。

（5）注意力问题。无论儿童在与拼写有关的能力上是否正常，如果儿童有注意缺陷就有可能导致拼写困难。如果让注意不良的儿童在词出现以前先思考——哪些字音是相似的、哪些在拼写方式上不同、哪些字拼写比较困难等——可以促进他们在拼写上的进步。

大部分学习障碍儿童在拼写方面都需要特别的指导，因为他们往往不能自己发现拼音之间、音与字之间的关系。传统的拼写教学并不一定适合学习障碍儿童。主要原因是传统的教学程序与方法不能进行个别化教育，不能适应不同性质拼写缺陷的学习障碍儿童的需要。另外，传统的拼写教学往往过分强调单音的学习或重复练习。

二、拼音学习策略

（1）激发学生的学习兴趣。为了激发儿童的学习兴趣，可以运用多种方法教拼写，如游戏（猜字谜、抽字的卡片、连词等）、字的想象（让儿童想象这个字像什么，然后把字大声念出来，再把它写下来）、字的联想等。在教学中常用的抄写方法，如一个拼音抄10遍，对学习障碍学生来说并不是很有效，因为他们经常是只抄不记，应付教师。例如，某生在抄写拼音"xue"时，先写10遍"x"，然后写10遍"u"，再写10遍"e"，这样的抄写方法好似工厂的流水作业，对拼音不可能有一个完整的认识。因此，家长帮孩子复习时，不仅要说明学习拼音的重要性与用途，更重要的是要激发学生的学习欲望。

（2）检查错误的方法。检查错误是一种自我发现的方法。首先，引导儿童注意错误的拼写与正确的拼写之间有什么差异，如何发现这些差异，如果儿童不能觉察自己的错误，可以把错误记下来或指出来，然后写出正确的拼写方法，但不要说明，让学生自己把错误的与正确的进行比较，这样有助于学生提高拼写能力。

（3）语言学方法。语言学的方法是通过相似的字来达到教学目的。如教汉语拼音时将音或形相近的"ou"和"uo"、"an"和"ang"、"f"和"t"等进行比较，加深学生的印象。

（4）视听动结合法。学生通过视、听、动等多种感觉来学习。如先把拼音和字写给孩子看，拼读给孩子听；然后要求儿童在拼读的同时重复地进行描写；再要求儿童按照样本写拼音和字，同时边写边读；最后拿走样本，默写拼音和字。

三、拼音教学的对策

1. 研究儿童心理，激发学习兴趣。

拼音教学是抽象的、枯燥的。由于儿童无意注意占优势，所以在教学中可采用图片、实物、录像、儿歌、猜谜、讲故事、做游戏、开展竞赛等方式保持学生的注意力。

2. 采用丰富多彩的形式，帮助学生读准韵母。

（1）解决"o"和"uo"混读问题可以利用对镜校对法。二者的区别在于："o"是单韵母，发音时嘴形圆，舌头位置和嘴形均无变化；发"uo"时先发轻短的"u"音，然后舌位略低，开口略大，发"o"，舌和嘴形都有变化。教师可让学生对照镜子看口形变化，自我校对。这样做有利于调动学生学习拼音的兴趣，同时很直观，容易使儿童及时发现发音过程中的错误，并进行自我纠正。

（2）解决丢失介母的问题。一是可以用彩色笔加以强调；二是讲清介母的作用，即连接声母和韵母，在二者之间搭起一座桥梁。

3. 想方设法在声母形成读音之间架设联系的桥梁。

"b"和"d"、"p"和"q"等互混，一直是拼音教学中的难题，而在声母中，记住了其中一个，另一个就迎刃而解了。在分辨"b"和"d"时，可以让学生想象自己是骑马的人，用右手举起皮鞭狠抽马背，马"嘚嘚嘚"跑得更快了，举起的右手就像"l"，左半圆像人的身体。学生只要一做打马的动作，再联想到跑马"嘚嘚嘚"的声音，"d"的读音就想起来了。分辨"p"和"q"时，可以让学生想象一个小朋友端着一盆水，"○"像盆子，人站在"○"的右边，水应从左边流下，形成"p"，如果水从右边流下成"q"就会打湿自己的衣服。学生只要联想到泼水的画面，再联想到"泼"的音，"p"就不会读成"q"了。

4. 多听、多读、多观察、多体验。

通过大量操练逐步形成发音技巧，此方法适用于学生知道怎么读但发音器官就是不听使唤的情况，如阴平和上升调的读法，老师可安排多种形式的读，如教师范读、开火车读、小组比赛读、同桌互读、学生当小老师领读等，在读中观察体验，在读中形成发音技巧。

在拼音教学过程中，只要教会学生基本的发音常识，了解他们在学习过程中存在的问题，及时采取措施，对学生加以引导，就一定能使学生较好地掌握拼音知识，为以后的识字和写作学习打下良好的基础。

7　书写障碍缺技能，坚持练习贵有恒
——书写障碍的咨询

> **案例介绍**
>
> 雨濛的作业很少得到红旗，第一次数学作业就得了个"脏"字，爸爸怕伤害了孩子的自尊心和学习兴趣，告诉他那是个"好"字并要求他今后写作业要认真些，但一个星期之后爸爸发现雨濛的作业太不像话了，字写得东倒西歪，到处是橡皮擦过的黑印，有的地方甚至都擦破了，爸爸开始意识到孩子可能有书写障碍问题。

书写障碍也称为书写困难、书写缺陷或视觉—动作整合问题。有书写困难的儿童在书写过程中会出现各种各样的错误。

一、儿童书写障碍的表现

（1）用力过重。用在铅笔上的力量太大，书写时，时常会折断铅笔芯或戳破纸。刚学习书写的儿童往往会出现这种情况，随着书写的不断熟练，运笔慢慢会自如起来。

（2）握笔过紧。刚学书写的儿童由于不熟练，肌肉紧张，妨碍儿童稳定、精确地完成书写动作，也很容易使儿童感到疲劳。正常儿童随着熟练程度的增加，这种现象会慢慢消失，但学习障碍儿童则可能一直保持下去。

（3）身体姿势与握笔方法不正确。不正确的姿势包括：手臂过于贴近身体，手指过于接近笔尖，只用食指来运笔，纸的位置不正确（纸常移动、纸放得太斜等），手指生硬，身体太接近桌面，手指握笔过高等。

（4）字不匀称。对字的各部分缺乏理解，写出来的字该小的地方不小，该大的地方不大。另外，手和手臂的运动过慢、灵活性不够，也会使字体大小不一。还有的字与字空间关系不明确,使得字与字之间的间距大小不一。

（5）笔顺问题。汉字书写讲究笔画顺序（笔顺）的正确性,而低年级儿童,特别是学习障碍儿童在笔顺方面经常犯错误。主要的错误有：一是书写时不遵循笔顺规则；二是把一笔分成两笔,或者把几笔连成一笔；三是笔画倒着写,如把从右至左的撇写成从左至右的提；四是对某些不规则的字,机械地按照某一规则来写。

（6）字迹潦草。小学高年级学生或中学生中常见这种现象,包括：所写的字没有结构,字写得不正,东倒西歪,不成比例；所写的字没有笔画,横不像横,竖不像竖,信手乱涂,很难认得清。

（7）字反写。特别是在写拼音字母、数字时,如把"于"的钩向右,"雪"的下半部开口向右,"3"写得像大写字母"E"等。

另外,有书写困难的儿童在书写时往往写得很慢,很吃力。他们写出来的字经常很不整洁,也很难看得清楚。书面测试会给他们带来困难,因为他们费力地书写妨碍了他们的思维过程。

二、儿童书写障碍的原因

有书写困难的学习障碍儿童可能是由于书写前准备技能不足或各种动作困难造成的。还有些儿童精细动作协调能力没有得到较好的发展,也会给书写带来困难。这些儿童经常在持笔、运笔、抓笔、用力等方面缺乏经验与技巧。另外,书写障碍还表现在不能准确抄写几何形状,如不会按照样本来画正方形、三角形等,有些儿童则往往在抄写时多一笔或少一笔。

此外,书写问题还可能与视知觉困难、动作协调不良或注意问题有关。视知觉困难的儿童,约有25%是书写困难儿童。这些儿童会在中途停止书写,因为他们不能在头脑中形成字或字母的形象。动作—运动协调不良是造成书写困难的最普遍原因之一。这些儿童的手不能自如地运动,在书写过程中他们需要有意识地提醒自己去注意一些书写线索（如空间大小、间架结构等）。注意不良也会影响信息的输入和书写结果。注意不良会造成许多细节不能被观察到或难以回忆,儿童不能理解与发现一些内在关系,不能预先计划在空间上的动作。他们发现自己的错误后，也只是冒失地擦掉，重写一遍，因此他们的作业和书本等都不整洁，甚至凌乱不堪。

三、书写障碍的矫治

人们常说"字是一个人的外表，从一个人的字就能看出他是一个什么样的人"，书写的重要性随着儿童年龄的增长而变得越来越重要，至少教师通常使用书面考试与文章来评定学生是否掌握了知识。书写困难还会干扰学生记笔记、写文章以及考试等，对他们以后求职也是不利的。因此，教师和家长要尽最大努力来帮助学生提高书写技能。

书写教学的目标是使学生能够正确地握笔、运笔，姿势正确，位置正确，并且能够正确、轻松、快速、清楚地形成书写的字形。研究表明，许多学习障碍学生有精细动作困难，这种困难是妨碍他们书写技能发展的重要原因。书写主要依赖于各种技能的协调运用，如果学习障碍儿童有某些动作发展上的缺陷，就有必要进行矫治。矫治的方法很多，所选择的方法不仅要有效果，还要使儿童有兴趣，不觉得枯燥。

教师和家长可以教儿童描几何图形、画图画；可以让儿童在沙子上写字，提高他们的兴趣；也可以运用各种书写辅助工具。在教孩子写字时，要强调不能总是看一笔写一笔，要对整个字进行细致的观察，记住以后再写。多次反复练习，熟练以后，书写就会流畅起来。

另外，针对书写困难的教学方法要根据书写困难的类型与特征来决定，如果是由于对字的形状的不良视觉认识或不良运动协调、不良视觉—空间判断等，那么困难的原因可能是在知觉—动作方面，这就需要在认识和回忆大小、形状以及字母方向上进行指导。指导的重点应放在对字的空间位置、形状以及组织等方面的掌握上。

书写工具的运用合适与否（如握笔的方法、纸放置的位置与角度、手臂的位置以及身体的位置等）也会影响学生书写的能力与结果。

具体来说，对有书写障碍的孩子，首先要让孩子恢复对写字的信心及兴趣，改善学习环境，多采用一些辅助的方法以减少孩子因写字而带来的压力。教师和家长可从以下几点出发给孩子提供帮助。

◎ 学校尽量减少功课的抄写量。如果孩子的能力及速度不足以应付功课的抄写量，要求孩子完成所有功课，只会加重孩子的挫败感，增加家长的精神压力和教师的教学负担。功课的抄写量最好能依孩子的能力而设定，不强迫孩子做过度的抄写。

◎ 鼓励学生多从事有关手指精细动作的活动，给学生提供特殊方式以保证书写正确，如使用数学计算用的方格纸以保持行列的平直，或使用横式或直式的活页纸；允许并鼓励学生列出适当的字体样版，记在笔记本上或贴在桌上，随时可供参考。

◎ 学习用的桌椅高度要合适，坐姿要正确及安稳。合适的高度和坐姿能帮助孩子有效运用手部力量。

◎ 书写环境安静，以免孩子不专注。电视机的画面及声音、街外的景象、桌面上的小物件等，都会妨碍孩子的专注，因此，家长要特别留心控制孩子学习时的影响因素。此外，要保证孩子书写时光线充足，避免背光。

◎ 有书写困难的孩子，手部较容易疲累，可适量增加休息次数。例如，15分钟抄写后可休息5分钟，而不是1小时抄写后休息20分钟。

此外，让学生"描红""画沙"、练习写毛笔字、连点成字、改错字等是救助书写障碍儿童的有效途径。在班上，教师也可以将学生配对，让他们用手指在彼此的背上写字，利用触觉，强化对字体的记忆。

8 阅读障碍眼不灵，究因训练脱困境
——阅读障碍的咨询

> **案例介绍**

小峰今年上三年级，入学前一切正常，谁也没想到他上学后会出现如此严重的学习困难。他最明显的弱点就是阅读与记字困难，学过的字很快就忘记；阅读时读不成句子，不是增字就是减字，读后也不知意思。他读文章时，给人的感觉是在读字；做数学应用题时，由于不认得的字太多，必须要家长给他读题。

阅读障碍是指智力正常，但是阅读水平明显落后于同龄人的一种学习障碍。阅读障碍有两种类型：一是儿童在阅读理解方面并不落后，其主要困难是记不住字，将字和词搞混，如将"演出"读成"表出"；二是儿童不伴有记字困难，只是在阅读理解测验中低于同龄儿童，缺少阅读的策略和技巧，经常用手协助阅读，阅读时嘴也在不停地喃喃，字形向字音转变速度不够，阅读没有自动化。

阅读障碍是学习障碍的一种，主要出现在小学阶段。家长和老师发现有些孩子读课文时结结巴巴，丢字落字，错字错行，还以为是孩子看书不认真，就经常训斥或讥讽。其实，孩子的这种行为不是态度问题，也不是智力问题，而是学习能力的发展不足造成的。

儿童阅读能力的发展一般要经过准备、学习阅读、阅读技能的迅速发展、泛读、精读等几个阶段，任何阶段的发展滞后都会影响到孩子的阅读能力发展。此外，阅读能力还受身体成长、心理成熟、情绪发展、社会调节、教育状况、家庭等多方面的综合影响。

一、常见的阅读障碍类型

（1）视觉辨别困难。视觉辨别困难主要表现在难以再认和记住字母、词的形状等。例如，在认字词时会出现混淆，特别是一些形状相近的字与字母，阅读时经常读错；在阅读时省略字词或加入多余的字词；读着读着就串了行；不能阅读换了颜色的同一个字，或不能阅读变了大小的同一个字，或不能阅读用其他材料写或做的字。

（2）听觉加工困难。在记住字母的发音、分析词中的个别发音，以及把这些发音按次序排列、混合成词的能力上有困难。例如，常常睁着眼睛读"白字"而自己却听不出来，有的是用形状相似或发音相似的词代替，有的用意义相近的词代替，有的字词发音错误，有的将句子中词的位置进行颠倒……

（3）字词分析技术不当。学习阅读的一个重要技能就是有效地进行字词的分析。汉语字词的分析技能中，结构、图形线索、形状、语音分析以及前后关系分析等是应用得最广泛的技术。有阅读障碍的儿童不能或者不合适地使用许多字词分析技术，如在遇到不熟悉的字词时不能选择一种有效的分析技术，有的则过分依赖于某一种技术。所以，应该指导他们同时使用多种词分析技术。

（4）常见字或词辨别困难。有些字（词）在基础阅读材料和口语中一遍又一遍地重复出现，如我、你、的、得、地、不、一、有、是、而、个、和、就、可、了、在、才等，人们经常从整体上直观地感知这些词，直观地认识一些词汇的能力能够促进早期的阅读成就。

（5）字或词反向。有的阅读障碍儿童在阅读时会反向或颠倒着读字或词，如字母的左右颠倒、上下颠倒，字的左右、上下反向颠倒，词的前后顺序颠倒等。

（6）记忆困难。视觉记忆缺陷可能影响记忆字词的能力，视觉顺序记忆困难则影响字的笔画次序记忆和在句子中词的排列次序记忆，听觉记忆困难会影响记忆字词发音的能力，继而影响声音混合能力。

（7）理解技能缺陷。阅读的最终目的就是从阅读中得到有关信息，这就需要理解文章的意义。理解文章的意义首先从理解文章中出现的字词开始，有的阅读障碍儿童往往是在理解字词的含义方面出现了困难；有的虽然理解了每个字词，但不能理解由一堆字词所组成句子的意义；有的理解了句子的意义，却不能从众多信息中将一些无关细节分离而找出文章的中心思想。

二、阅读障碍的训练方法

不同的原因导致的阅读障碍其训练方法也不一样，如果种类或原因判断不正确，就等于没有对症下药，会严重影响训练的效果。

对视觉辨别困难儿童，训练的入手点在于训练其视觉辨别能力，先从训练寻找图形中遗漏的部分开始，然后是形近字的辨别，即训练学生读准每个字，之后进行词的训练，如词的认读、词的辨认、寻找词中的错别字等，再进行句子的阅读训练，要求学生一开始读时必须用右手指逐字逐词地指着大声朗读，左手放在所读行的开始。

训练听觉加工困难学生最有效的方法是让学生将自己所读的东西进行录音，然后逐字逐句地进行校对，找出错误所在。阅读材料应该选择学生比较感兴趣或者比较熟悉的内容，阅读量应由少到多逐步增加。

对字词分析技术困难学生，应重点加强字的音、形、意教学，使其第一信号系统和第二信号系统之间建立正常的联系。同时，加强字的构词能力训练，即在字的教学过程中加强字的组词能力训练。

对直观字词有问题的学生，训练的唯一方法就是将直观字词做成卡片，每天一有空闲时间就拿出来反复练习，加强记忆。

对记忆困难的学生和理解困难的学生，则可以遵循由单字—双字词—多字复合词—短句—完整句—复合句—段—篇的顺序，由直观—形象—抽象的难度，由熟悉或感兴趣—不熟悉或不感兴趣的原则，按照不同水平和进度选择相应的内容，学生阅读之后应立即让其复述阅读内容，一遍不行两遍，两遍不行三遍，直到能基本复述为止。

在整个过程中，教师和家长要帮孩子树立自信，自信是克服阅读困难的原动力。阅读障碍并不可怕，最可怕的是自信和进取心的丧失。因此，对阅读障碍的孩子，教师及家长要给予关爱和正面期望，理解他们的难处，以温暖消除孩子的负面情绪。只要对儿童充满爱心、耐心和信心，帮助孩子树立自信，他们就会努力克服自身的能力缺陷，用长处弥补短处，取得学习的成功。

对阅读障碍学生而言，应注意其良好阅读习惯的培养以及阅读量的适当增加，当然其中适当的评估与奖励也不容忽视，教师和家长要及时对孩子的进步进行表扬，必要的时候可以给予一定的奖励。另外，不要把孩子的阅读障碍当成不能消除的大问题，说起来就如临大敌，父母可以常常以游戏的方式来训练，比如，做拆字游戏，玩词语接龙，猜字谜语，朗诵诗词比赛等，以激发孩子的学习兴趣，让孩子轻松学习，提高孩子的阅读水平，丰富孩子的阅读经验。

9 写作障碍发现晚，补救及时也不难
——写作障碍的咨询

> **案例介绍**

"嘴上厉害笔头短，笔头不听嘴使唤"，这用来形容青青最合适了。全班就数她话多，没人说得过她，常常是说得别人"没词儿"，薄嘴皮儿上下翻飞，唾沫星子四溅。可是如果要让她把说过的话写出来，她一定一脸苦相："饶了我吧，写的时候我就没词了！"即便写出来也常常是漏洞百出，错别字满篇。

写作是语言成就的最高水平，涉及语言协调、知觉、动作、注意等认知能力。它需要儿童把语言理解、推理和表达技能转变成用来阅读的符号系统。写作过程依赖于许多技能和能力的发展与应用，几乎与语言的所有领域，如说、读、书写、拼写等有关。

一、写作障碍的表现

写作困难一般直到小学三年级才能被发现。写作困难儿童可能有很好的听语言能力、阅读能力和抄写能力，但是他们不能用文字表达自己的思想，不能把思想转变为符号。许多儿童学业表现一直都很好，直到他们开始写作。写作困难具体表现在以下几方面。

（1）观点表达困难。写作困难儿童不能把自己的思维理清楚，然后有条理地写下来。许多研究者认为，口头言语能力与书面语的质量之间有很大的关系。写作教学首先强调培养儿童口头表达观点的能力，教师和家长应该给孩子更多口头表达自己想法的机会。

（2）句法和语法问题。许多写作困难表现在儿童不能正确运用句法和语法规则。句法上的困难主要表现在字词省略不当、字词顺序不正确、不正确地运用动词和代词、误用音形义相近的字词，以及缺乏标点符号等。有些儿童则表现为语法规则的混乱，如因果关系混乱、主谓不一致等。

（3）使用不合适的词汇。有些儿童词汇贫乏，经常出现词不达意的现象。

在书写组织上有困难，主要的原因就在于儿童在视觉编码上存在困难，他们的听觉编码能力要大大好于视觉编码能力，尽管口语与书面语并不是一回事，但是我们还是应使这两者得到合理整合，使口语帮助书面语发展。

二、写作困难的教育对策

1. 让学生意识到自己的问题。

首先，教师可以让学生自己写句子，然后教师大声地念出这些句子，从而让学生在听觉上识别出自己的错误。当学生通过听觉识别出错误后，教师再让学生自己在书面上修改，这样，学生就能认识到所遗漏的词的正确位置或是词的正确用法。接着，教师不再替学生念出句子，而是让学生自己大声地、逐字逐句地读出所写的句子，自己核查。

2. 建立听—视整合。

如果学生意识到自己的错误后，仍会犯各种错误，那么就有必要采取听—视整合技术。教师要根据儿童的具体情况设计特殊的句子，这些句子应包含学生所有的错误类型，然后要求学生尽可能地找出其中的错误。

◎ 写出一个句子，其中包含1~2个错误，教师读出正确的句子，让学生注意到自己所听的句子与自己所看到的句子有差异。开始时，教师可以读得很慢，让学生能够有时间核查每一个字词，逐渐地，当学生有进步时，教师就要以正常的速度读句子。

◎ 教师可以写一些没有大的语法错误但词语用法有错误的句子，让学生找出其中的错误。或者，教师可以给学生一些词，让学生按照教师说出的顺序排列这些词（如按照教师说的"奶牛进谷仓"排列卡片），然后学生再阅读自己排列出的句子，并写下来，核查卡片的排列是否正确。

◎ 教师可以要求学生就某一动作图片说出几个句子，然后教师写下学生所说的句子，但从中省略一个词或改变句子的表达方式，最后教师把句子呈现给学生，让他找出错误。

◎ 教师可以给学生呈现几张图片，在每张图片下写出几句话来描述图片中的内容，教师写出的几个句子中有一个是正确的。例如，图片上描绘的是一个女孩正在滑冰，教师可以写出这样几个句子："这个女孩正在滑冰""这个女孩被滑冰""这个女孩滑""这个女孩冰"。起初，教师可以让学生默声地做这个练习，但如果他们不能做，则让他们大声地读出每个句子，再做练习。在这个过程中，教师可只要求学生辨认错误，让学生不断地回忆再认，整个过程不必要求学生书写。

3. 扩句练习。

教师可以让学生进行一些扩句练习，通过扩句，丰富写作经验。如教师可以在黑板上写"女孩滑冰"的字样，让孩子依次来扩展：

一个女孩在滑冰。

一个扎小辫子的女孩在滑冰。

一个扎小辫子的女孩在学习滑冰。

一个扎小辫子的女孩在爸爸的帮助下学习滑冰。

一个扎小辫子的女孩在爸爸的帮助下高高兴兴地学习滑冰。

……

4. 构思的训练。

有的孩子总是说"我想不出写什么"，这种现象并不局限于写作障碍儿童。对这些儿童，教师应该为他们提供大量的经验刺激和鼓励。

（1）教室环境应利于儿童自发表达。教师要允许学生自由地谈论他们的想法，让他们感到有东西可说，也要允许他们放开思路写，甚至胡写（西方称作"信手写"），鼓励他们别怕写错了。

（2）教师要指导学生把自己所说的转变为书面文字。教师可以从与学生口头讨论经验、思想和感受开始，然后鼓励学生把讨论结果转变为书面语。

这一过程遵循一定的程序，即经验—口头语—书面语，这种程序不仅仅适用于学习障碍儿童，也适用于正常儿童。学习障碍学生"听觉转换"的时间比一般学生长，有的儿童一直到口头说出后才能写。训练应从有趣的、可讨论的、可写的刺激经验开始。

5. 从具体到抽象。

发展学生的写作能力，除了要考虑使听觉与视觉建立整合，还要考虑如何帮助学生完成从"具体的表达"到"抽象的描述"的过渡。"具体的表达"包括描述性的字词和与经验直接有关的句子，"抽象的描述"则包括口语中的数字、寓言以及道德故事等。从具体到抽象的发展可以遵循以下四个步骤。

（1）具体—描述性阶段。这一阶段的重点是帮助学生以简单的、描述的方式写出他所看到的东西。教师可以选择一些东西放在学生面前，让学生分别写出每件东西的名字，然后让学生想出一个词来形容每一件物品，并把它与物品的名称放在一起。接着，让学生想第二个词、第三个词来形容这个物体，如大的、绿的等。

在教学生用词描述物品后，教师就可以介绍简单的句子了。教师可以给学生呈现一个物体，让学生写出一个句子来描绘这个物品，如介绍何时使用它、怎么使用等。如果教师没有给学生具体的指导，就可以让学生先坐下来思考一下应该怎样在一个句子中用到这个词。另外，教师也可以提供给学生一些动作图片和指导语，这些图片和指导语都是高度结构化的，如教师给学生这样的指导语："分别就每一幅画写一句话，描绘出在每一幅画里，什么人正在干什么或说出这个人要去哪里。"这样，学生可能会写出"狗正在吃东西""男孩正要去学校""这个妇女正要去商店"这样的句子。

（2）具体—想象阶段。在这个阶段，教师可以教儿童从图画或经验中作推论，如当儿童看到一个人正捧着一个碗吃着什么，学生就不能仅仅写"这个人正在吃"，而应该写出"这个人正在吃面"。这一步骤对于有的学习障碍学生来说是很困难的。教师要尽可能耐心地帮助学生理解、根据经验概括，并接受做出这类判断的合理性，给儿童一个框架性的提示性问题，如"图上画的是谁？发生了什么事？你想想碗里可能有什么？"

（3）抽象—描述阶段。这个阶段教师要呈现有更多细节的故事，重点放在发展学生正确的时间概念和序列概念上。许多学习障碍儿童在这方面都有缺陷，因此，教师要作好心理准备在这方面投入较多的精力。这一阶段最有效的技术就是使用连环画。教师一次呈现给儿童一幅画，让学生写出一个相应的句子。在他完成整个序列后，他要复习这些句子。然后教师教给学生正确的过渡词、表明场景和时间的词等，如"后来、接着、之后"等。许多孩子不能写出整个完整的故事，但是他们能够就每一幅图写出一个完整的句子。教师应根据这一特点，教给学生正确的过渡词，从而让学生完成一个完整段落的写作。

要发展学生时间概念和顺序概念，另一个有效的技术便是记日记。教师可以要求学生每天写出几个句子，以记下一天的活动。在学生第二天到学校时，教师要求他们总结这些事件。起初，教师可以要求学生进行详细的总结，随着学生抽象水平的提高，教师可以要求学生用一个句子整合这些事件。

在抽象—描述阶段的后期，教师可以要求学生写一些故事，故事中包含了一定的角色。教师可以让学生写一个"剧本"，让他们参与假设的情境，如让学生去商店，然后让学生把说过的话记录下来，再整理出来。

（4）抽象—想象阶段。这个阶段写故事，应包含一个情节、想象的情境以及涉及道德价值的含义。教师要用开放性的问题指导学生认知和想象各种关系，如，我们的新衣服像……一样蓝；这个男人像……一样壮；这颗糖像……一样硬。

在写作前，教师应让学生列提纲，同时附上关键词，如事物的名字、重要地点，还要讨论事件发生的顺序。学生在看提纲时说出故事，再录音，之后再听这些句子。许多教师让学生录下他们的故事，却没有写下来。这不能促进学生的书面语发展，它仅仅提供了一种无关的表达方式，利用听觉再现的目的是为了提高学生的书面语言。因此，让孩子把录下来的故事写下来是十分必要的。